安全技术经典译丛

U0588102

# 区块链安全理论与实践

萨钦·S. 谢蒂(Sachin S. Shetty)

[美] 查尔斯·A. 坎胡亚(Charles A. Kamhoua)　著

洛朗·L. 吉拉(Laurent L. Njilla)

栾　浩　姚　凯　周苏静　　　译

## 清华大学出版社

北　京

北京市版权局著作权合同登记号 图字：01-2019-6519

Blockchain for Distributed Systems Securtity

Sachin S. Shetty, Charles A. Kamhoua, Laurent L. Njilla

EISBN：978-1-119-51960-7

Copyright © 2019 by the IEEE Computer Society, Inc.

All Rights Reserved. This translation published under license.

本书中文简体字版由Wiley Publishing, Inc. 授权清华大学出版社出版。未经出版者书面许可，不得以任何方式复制或抄袭本书内容。

Copies of this book sold without a Wiley sticker on the cover are unauthorized and illegal.

本书封面贴有 Wiley 公司的防伪标签，无标签者不得销售。

版权所有，侵权必究。举报：010-62782989 beiqinquan@tup.tsinghua.edu.cn。

图书在版编目(CIP)数据

区块链安全理论与实践 / (美)萨钦·S. 谢蒂(Sachin S. Shetty)，(美)查尔斯·A. 坎胡亚(Charles A. Kamhoua)，(美)洛朗·L. 吉拉(Laurent L. Njilla) 著；栾浩，姚凯，周苏静译. —北京：清华大学出版社，2021.5

(安全技术经典译丛)

书名原文：Blockchain for Distributed Systems Security

ISBN 978-7-302-57895-6

Ⅰ. ①区… Ⅱ. ①萨… ②查… ③洛… ④栾… ⑤姚… ⑥周… Ⅲ. ①区块链技术—安全技术—研究 Ⅳ. ①TP311.135.9

中国版本图书馆 CIP 数据核字(2021)第 061079 号

责任编辑：王　军
装帧设计：孔祥峰
责任校对：成凤进
责任印制：丛怀宇

出版发行：清华大学出版社
　　　　　网　　址：http://www.tup.com.cn，http://www.wqbook.com
　　　　　地　　址：北京清华大学学研大厦 A 座　　　　邮　　编：100084
　　　　　社 总 机：010-62770175　　　　　　　　　　邮　　购：010-62786544
　　　　　投稿与读者服务：010-62776969，c-service@tup.tsinghua.edu.cn
　　　　　质 量 反 馈：010-62772015，zhiliang@tup.tsinghua.edu.cn
印 装 者：天津鑫丰华印务有限公司
经　　销：全国新华书店
开　　本：170mm×240mm　　　印　　张：17.5　　　字　　数：352 千字
版　　次：2021 年 6 月第 1 版　　　印　　次：2021 年 6 月第 1 次印刷
定　　价：98.00 元

产品编号：086022-01

# 译者序

2009 年，一位自称"中本聪"的人士发表了一篇论文，宣告了比特币的诞生。之后十年间，市场上先后诞生了以太坊、EOS、Libra 等诸多数字货币体系。数字货币本身不足为奇，令人惊叹的是支持实现这些数字货币的技术，即区块链技术。译者曾经仔细研读过中本聪的这篇创世之作，以及随后出现的一些著名的区块链白皮书。这些资料无一例外，都包含数字签名、公钥加密、哈希碰撞等密码学领域相当成熟的概念和算法。将这些成熟技术"结合起来"，就掀起了目前仍在延续的一场技术变革，其影响远远超越了技术范畴。这是多么令人惊叹的事。

近几年，我国先后出台了一些强力支持区块链技术的政策。2016 年 10 月，工信部率先发布《中国区块链技术和应用发展白皮书》，表明我国真正开始重视区块链技术，并进行政策引导。2016 年底国务院印发的《"十三五"国家信息化规划》中，区块链技术作为战略性前沿技术首次列入其中。

欧美各国也在积极引导和倾力支持区块链技术，一场不见硝烟的竞争悄然开始。美国国防高级研究计划局已经启动了一些小型研究项目，创建安全的消息传递和交易平台。该平台使用去中心化架构传输消息。消息的创建与平台分离，从任何地方通过多种渠道发送消息或进行交易时，任何人都能通过去中心化的账本保持可追溯性。2018 年俄罗斯国防部宣布 ERA 将建立一个专门的实验室，研究区块链技术能否用于识别网络攻击并保护关键设施。该实验室的首要任务之一就是研发智能系统，可检测和防御对重要数据库和武器系统的网络攻击。俄罗斯国防部希望利用这些系统打造基于区块链的安全平台，以追踪黑客攻击的来源。2018 年，英国政府启动新的加密货币研究工作，探索加密货币的潜在安全风险。2019 年，德国政府发布《区块链战略》，建立测试环境，助力企业开发安全的智能合约并进行全面评估。

区块链为什么获得各国如此重视？作为一种前所未有甚至是变革性的信息技术，区块链技术会给人们带来什么呢？

信息技术的发展经历了几个阶段。在开始的数码化(Digitization)阶段，数码化的信息替代了纸笔；接下来是数字化(Digitalization)阶段，人们不满足于仅仅数字化地展现和存储，开始将流程数字化。小到公司内部的流程管理，大到跨领域跨行业的协同合作，无一不在进行升级。现在我们正处于第三个阶段，即数字化转型(Digital

Transformation)。信息技术和数字经济全方位融入几乎所有应用领域，用户获得全新的体验和前所未有的价值。在 2020 年这个特殊的疫情年份，我们更是看到了数字化转型的必要性和价值。世界经济数字化转型是大势所趋。

区块链系统和技术的特点，如去中心化、不可篡改，成为数字化转型的利器。如本书所展示的，人们已在积极探索区块链技术在支付和加密货币之外的应用。2020 年 5 月，国家发展改革委员会在官方网站发布"数字化转型伙伴行动"倡议书，倡议集成区块链技术和其他创新技术，形成更多有创新性的共性技术解决方案及标准。

在数字化转型的背景下，区块链系统的安全性更应引起人们的关注和研究。区块链系统具有之前 IT 系统不具备的安全性，但同时引入了新的攻击面。近几年新闻报导的区块链安全事件层出不穷。据记载，2018 年发生的区块链安全事件高达 138 起，与 2017 年相比增加了 820%，造成的经济损失达 22.38 亿美元。其中针对区块链基础设施的攻击造成高达 11.6 亿美元的损失，同比增长 38 倍。区块链可能面临的攻击来自方方面面，最有特色的攻击主要来自三个方面：面向区块链结构(共识层和激励层)的攻击、面向区块链网络(网络层)的攻击、面向区块链应用(合约层和应用层)的攻击。译者深切地感到，在区块链技术广泛应用之前，尤其是应用在某些关键领域之前，如果不进行充分研究分析，后果不容乐观。区块链技术在安全方面的影响更是如此。区块链固然提供了一些安全机制，但新的系统架构可能同时引入其他攻击面；只有深刻了解技术的利弊，趋利避害，才能更好地驾驭技术并提供更好的服务。

有鉴于此，我们引进并翻译了《区块链安全理论与实践》一书，希望通过本书，让广大信息技术从业人员，尤其是区块链技术从业人员，对区块链系统的安全性有比较全面和深入的认识，加强安全意识，从而在区块链技术的应用设计中，提升系统的安全能力。

《区块链安全理论与实践》一书填补了区块链安全方面的空白，书中各章来自最前沿的学术论文，涉及对区块链结构、网络以及应用等方面的安全分析，对区块链基础设施的安全性进行了全面介绍。同时，本书介绍了一些场景下区块链的应用探索。相信读完本书后，读者会对区块链安全有全面和一定深度的认识。

本书翻译从 2020 年初开始，经过近一年的艰苦努力才全部完成。翻译中译者力求忠于原著，尽可能传达作者的原意。在此，要感谢栾浩先生对组稿、翻译、校对和定稿所投入的大量时间，保证全书内容表达的准确、一致和连贯性。同时感谢姚凯先生和周苏静女士。姚凯先生负责整体翻译项目，全程参与文稿的翻译和校对，投入大量业余时间对文稿进行了多轮校对。周苏静博士是区块链行业的从业者，她不但参与了部分章节的翻译，还对所有章节进行了审校，从技术角度把关翻译内容，保证了全书的质量。本书先后有多名译者参与翻译，在此感谢他们的辛勤付出。

同时，感谢本书的审校单位北京金汤科技有限公司(简称"金汤科技")。面对区块链产业和大数据产业日益迫切的安全需求，金汤科技坚持"面向产业前沿、面向一线需求、面向行业痛点"的发展方向，提供专业可信的区块链安全和数据隐私安全服务，包括并不限于区块链风险评估、智能合约安全审计、App 安全监测、数字资产综合防护、数字资产流转可视化等方向，可服务于比特币、以太坊、EOS、MOAC、井通等多个公链平台，已经为多家区块链企业和组织提供安全服务，获得锌链接 2020年度"产业区块链安全卫士"称号。金汤科技联合业界优秀研究学者，深入研究安全多方计算、秘密分享、零知识证明、联邦学习、数据围栏、隐私保护计算等核心技术，携手用户共建"区块链安全多方计算联合实验室"，解决大数据产业面临的用户隐私保护问题，共同探索和推进区块链和隐私计算技术在金融等行业的应用。在本书的翻译和校对过程中，金汤科技的专家结合在区块链和密码技术领域的深厚积累，确保了本书的技术底蕴和翻译质量，为推动区块链的安全应用做出了贡献。

最后，再次感谢清华大学出版社和王军编辑团队的严格把关，悉心指导，正是有了他们的辛勤努力和付出，才有了本书中文译稿的出版发行。

本书涉及内容广泛，立意精深。因为能力局限，在翻译中难免有错误或不妥之处，恳请广大读者朋友不吝指正，不胜感激。

# 译者介绍

栾浩，获得美国天普大学 IT 审计与网络安全专业理学硕士学位，持有 CISSP、CISA、CCSK、和 TOGAF9 等认证。现任 CTO 和 CISO 职务，负责金融科技研发、数据安全、云计算安全、区块链安全和风控审计等工作。担任(ISC)²上海分会理事。栾浩先生担任本书翻译工作的总技术负责人，负责统筹全书各项工作事务，并承担第 1 章的翻译工作，以及全书的校对和定稿工作。

姚凯，获得中欧国际工商学院工商管理硕士学位，持有 CISSP、CISA、CCSP、CEH 和 IAPP FIP 等认证。现任欧喜投资(中国)有限公司 IT 总监职务，负责 IT 战略规划、策略流程制定、IT 架构设计及应用部署、系统取证和应急响应、数据安全、灾难恢复演练及复盘等工作。姚凯先生承担本书第 5、6 章的翻译工作以及全书的校对和定稿工作，同时担任本书的项目经理。

周苏静，获得中国科学院信息安全专业工学博士学位，持有 CISSP 认证。现任墨子安全实验室(北京金汤科技有限公司)技术总监职务，负责区块链与 DeFi 安全技术研究及测评、隐私计算安全总体设计等工作。周苏静女士承担第 2、11 章的翻译工作，以及全书的校对和通稿工作，并为本书撰写了译者序。

王向宇，获得安徽科技学院网络工程专业工学学士学位，持有 CISP、CISP-A、CCSK 和软件开发安全师等认证。现任京东集团企业信息化部高级安全工程师职务，负责安全事件处置与应急、数据安全治理、安全监控平台开发与运营、云平台安全和软件开发安全等工作。王向宇先生负责本书前言和第 4 章的翻译工作，以及全书的校对工作。

吕丽，获得吉林大学文秘专业文学学士学位，持有 CISSP、CISA、CISM 和 CISP-PTE 等认证。现任中银金融商务有限公司信息安全经理，负责信息科技风险管理、网络安全技术评估、信息安全体系制度管理、业务连续性及灾难恢复体系管理、安全合规与审计等工作。吕丽女士负责本书第 3、7 章的翻译工作。

吴潇，获得中国科学技术大学信息安全专业工程硕士学位，持有 CISSP、CISA 和 ISO27001 等认证。现任战略咨询总监职务，负责网络安全战略规划、网络安全治理、数据安全、云安全和法律合规等工作。吴潇女士负责本书第 8、9 章的翻译工作。

张宏，获得中国科学院信息安全专业工学博士学位，持有 CISSP 和 CISP 认证。现从事渗透测试、APP 安全和安全测评等工作。张宏女士承担第 10、13 章的翻译工作。

顾伟，获得英国伦敦大学学院信息安全理学硕士学位，持有 CISSP、CCSP、CISA 和 CIPM 等认证。现任 GSK 公司大中华区技术安全风险总监职务，负责业务技术安全和风险管理等工作。顾伟先生承担第 12、14 章的翻译工作。

苗光胜，获得中国科学院信息安全专业工学博士学位，现任北京金汤科技有限公司首席科学家。苗光胜先生承担部分审校工作。

# 序 言

对军队而言，要想在未来战场上占据优势，需要保护网络基础设施，免受个人身份信息丢失、敏感数据被篡改和服务中断等威胁。尽管所有网络风险都至关重要，需要加以解决，但与数据完整性有关的问题最严重，因为数据篡改会对依赖可靠数据的关键任务产生巨大影响。当前的网络防御解决方案还无法有效地应对数据损坏威胁，从本质上讲，目前的应对通常是被动抵御，无法跟上指数级增长的网络威胁。网络防御解决方案应该在试图破坏有效性的敌对者面前，仍能保护数据。

下一代网络防御战略的发展迫切需要范式转换。区块链是一项新兴技术，可应对分布式系统的身份管理和数据溯源等网络安全挑战。区块链技术在构建弹性网络防御解决方案方面具有一定优势。首先，区块链是共享的、分布式的、具有容错机制的数据库，网络中的每个参与者都可共享但没有实体可以控制，而且区块链能抵御单点故障；其次，可确保数据的完整性，这是因为区块链关注的是加密数据结构而不是加密信息，因此对区块链的篡改极具挑战性；最后，区块链会假设网络中存在敌对者，而敌对者想要实施破坏就需要付出高昂代价。网络安全的区块链解决方案可能代表一种范式转变，即通过在去信任的环境中创建可信系统来防止数据操纵。目前所应用的一些分布式平台，如云、IoT(Internet of Things，物联网)和 IoBT(Internet of Battlefield Things，战场物联网)等受到诸多漏洞的困扰，这些漏洞会让敌对者获取敏感信息并破坏服务。区块链赋能的安全平台可确保这些系统中所交换数据的完整性，并降低数据泄露攻击带来的风险。

根据"2018 财年国防授权法案"，美国国防部将对区块链开展全面研究(特别是在网络安全方面)，采取了研究补助、SBIR/STTR 奖励等方式，确保在战术场景、增材制造和供应链保护中的安全消息传递。另一方面，人们开始担心恶意软件或其他非法内容一旦引入区块链就很难去除，也越来越担心量子计算对区块链构成的威胁。

本书重点讨论如何为分布式系统提供基于区块链的解决方案，确保为运营和任务提供可靠且具有弹性的网络基础设施。目前大多数关于区块链技术的图书只关注区块链在金融领域的影响。对于区块链在加密货币之外的影响，以及区块链如何解决云、IoT 和 IoBT 平台中的安全和隐私问题，相关的图书十分罕见。本书所提供的基于区块链的解决方案，可用来保护云、IoT 和 IoBT 平台；另外，本书也探讨必须解决的区块链安全问题，以使区块链技术能充分发挥潜力。

——Ananthram Swami 博士[1]

---

1　Ananthram Swami 博士是网络科学高级研究科学家(ST) 、ARL 研究员、IEEE 研究员，目前就职于位于马里兰州阿德尔菲的美国陆军研究实验室。

# 前　言

　　针对商业、政府和军事企业的网络攻击越来越多，其目的在于窃取敏感信息和/或破坏服务。由于未来的运营会涉及多领域融合和竞争激烈的网络空间，因此迫切需要网络防御解决方案，以确保可以追溯指挥和控制、后勤和其他关键任务数据，获得防篡改的可问责性和可审计性。有鉴于此，网络防御解决方案应着重关注在敌对者试图阻挠正常运作的情况下确保弹性运作。目前的网络防御解决方案都是被动防御的，无法抵御网络威胁呈指数级上升后产生的影响。中心化或同质的信息保障系统和数据库必须向分布式、去中心化和具备安全能力的方向演化。

　　网络战争的战略实质是能在安全可信的环境中操作数据。为了赢得网络战争的胜利，军方需要通过以下方式保护数据操作：①防止敌方访问包含关键数据的网络；②在网络上存在敌对者的情况下确保数据的完整性；③能灵活应对敌对者操纵数据的行为。由于云计算和物联网支持按需计算、动态资源调配和自主系统管理，因此有必要进一步提高安全性。云内和云间数据管理和传输的安全保障是一个关键问题，因为只有对数据的所有操作都能可靠地追踪，云审计才有效。能够可靠地对数据进行溯源还有助于检测云计算基础设施中的访问冲突。军事环境中的物联网(Internet of Things，IoT)会将传感器、弹药、武器、车辆、机器人和可穿戴设备等作战资源互连，来执行感知、通信、行动以及与作战人员协作等任务。物联网设备的大规模和分布式特性也带来一些安全和隐私方面的挑战。首先，底层的物联网和通信基础设施需要具有灵活性和适应性，以便支持不断变化的军事任务。而通信基础设施的这种动态变化需要以自治方式进行，不能依赖集中的维护服务；其次，必须确保物联网设备所提供信息的准确性，即需要一个可信平台来确保作战人员使用的信息是准确的。

　　总体而言，区块链和分布式账本技术展示了一个真正的分布式和去中心化的机制在可问责性和可审计性方面的潜力。区块链是共享的、分布式的、具有容错机制的数据库，网络中的每个参与者都可共享，但不由任何实体控制。区块链会假定网络中存在敌对者，但利用诚实节点的计算能力可瓦解这些攻击策略，并且交换的信息能抵御操纵和破坏。尽管敌对者企图造成破坏，但区块链的这种主动防御能力可使领导者继续执行军事行动。用于网络安全的区块链解决方案代表了数据操纵防御方式的范式转变，因为区块链能在去信任的环境中创建可信系统。

由于使用的是加密数据结构而非加密信息，篡改区块链极具挑战性。区块链具有增强网络防御的潜力，例如可通过分布式共识机制防止未经授权行为，通过其不变性、可审计性和操作弹性(即承受单点故障的能力)机制保护数据的完整性。尽管区块链并不是应对所有网络安全挑战的灵丹妙药，但该技术确实能帮助组织解决诸如身份管理、溯源和数据完整性的网络安全风险问题。

本书的重点在于为分布式系统提供基于区块链的解决方案，确保为运营和任务提供可靠且具有弹性的网络基础设施。首先介绍区块链如何在加密货币之外发挥作用，以及如何解决云和物联网平台中的分布式安全和隐私问题。书中各章分别描述区块链技术底层的基础属性以及在云和物联网平台中部署的实际问题。此外，本书还提出一些安全和隐私问题；要想充分发挥区块链技术的潜力，就必须解决这些问题。本书第4章、第5章和第8章这三章的内容主要基于在2019年Blockchain Connect Conference会议上评选出来的顶级区块链论文。

本书基于美国空军研究实验室(AFRL)根据协议号 FA8750-16-0301 赞助的研究，感谢 AFRL 的财政支持、合作和指导。本书同样得到其他一些来源的部分支持，具体可查阅每个章节中的致谢部分。

## 参考资源

本书正文中穿插一些引用，供读者进一步阅读；具体做法是将相关资源的编号放在方括号中。读者可扫描封底的二维码，下载"参考资源"文件夹。例如，对于第3章中的[1]，读者可打开"参考资源"文件夹中名为 c03 的 PDF 文件，找到编号[1]对应的文章题目和相关信息，进一步研究和学习。

## 致谢

感谢以下人员的贡献(按字母顺序排列)：Abdulhamid Adebayo、Philip Asuquom、Shihan Bao、Yue Cao、Haitham Cruickshank、Ali Dorri、Peter Foytik、Arash Golchubian、Y. Thomas Hou、Raja Jurdak、Salil S. Kanhere、Kevin Kwiat、Adriaan Larmuseau、Ao Lei、Jin Li、Xueping Liang、Wenjing Lou、Andrew Miller、Aziz Mohaisen、Mehrdad Nojoumian、DaeHun Nyang、Danda B. Rawat、Muhammad Saad、Devu Manikantan Shila、Jeffrey Spaulding、Marco Steger、Zhili Sun、Deepak Tosh、Yang Xiao 和 Ning Zhang。感谢 Misty Blowers、Jerry Clarke、Jim Perretta 和 Val Red 提供的宝贵支持和指导。感谢 Paul Ratazzi、Robert Reschly 和 Michael Weisman 对技术评审的支持。最后，感谢 Jovina E. Allen、Walter J. Bailey、Sandra B. Fletcher、Lisa M. Lacey、Sandra H.

Montoya、Lorri E. Roth 和 Jessica D. Schultheis 帮助编辑内容和收集素材，感谢 Wiley 的 Mary Hatcher 和 Vishnu Narayanan 在本书出版过程中给予的帮助。

## 免责声明

本书表达的是作者的观点和内容，并不反映美国政府或国防部的官方政策或立场。

# 目　录

## 第 III 部分 区块链安全分析

**第I部分**

# 区块链简介

# 第1章

# 概　　述

本章由 Sachin S. Shetty[1]、Laurent Njilla[2]和 Charles A. Kamhoua[3]撰写。

## 1.1　区块链概述

区块链(Blockchain)技术引起了来自金融、医疗、公共设施、房地产和政府机构[1-5]等领域的众多利益相关方的极大兴趣。区块链技术适用于索赔处理、业务运营透明性和持续审计、身份管理，适用于通过供应链溯源解决假冒产品的威胁，还适用于确保从物联网(Internet of Thing，IoT)设备所获取信息的完整性等。区块链是一个共享、分布式和容错的数据库，网络系统中的所有组件都可共享该数据库，但没有一个实体可控制该数据库。区块链技术的目的是在竞争激烈的环境中，抵御那些企图发起攻击的敌对者(Adversary)。区块链假定网络环境中存在敌对者，因此利用诚实节点(Honest Node)的计算能力瓦解敌对者的攻击策略，使信息交换过程能抵御恶意控制和破坏。区块链技术有助于在去信任环境中建设值得信赖的网络。

区块链的前提是：不需要一个可信中央机构(Trusted Central Authority)就可用去中心化(Decentralized)的方式运行应用程序。区块链可用于建立去信任网络，使实体能在互不信任的情况下开展交易。假设通信介质可能受到内外部人员的攻击，区块链可使无信任(Distrusting)网络成为可能，并允许实体在缺乏互信的情况下交易。区块链由于没有可信中央机构或中介机构，加快了实体之间的协调进程。由于使用了加密数据结构而不是加密信息，因此想要篡改区块链极具挑战性。区块链网络具有容错机制，允许排除受损的节点。

---

1　就职于美国弗吉尼亚州诺福克市欧道明大学弗吉尼亚建模、分析与仿真中心。
2　就职于美国纽约罗马美国空军研究实验室网络保障分部。
3　就职于美国马里兰州阿德尔菲美国陆军研究实验室网络安全分部。

与中心化数据库相比，区块链具有以下优势：①在难以确定受信的可进行强制授权和有效性证明的中心化仲裁机构这一约束情况下，能跨越不同的信任边界直接共享数据库。在区块链中，交易利用自身的有效性，基于由多个验证节点管理的验证流程的授权机制和共识机制确保同步；②以经济实惠的方式提供健壮性(译者注：指韧性和高可用性)，不需要昂贵的复制和灾难恢复基础架构。区块链以对等(Peer-to-Peer，P2P)方式连接和同步节点，不需要配置，具有内置冗余，不需要密切地持续监测；可容忍多个通信链路故障，允许外部用户将交易传输到任何节点，并确保那些断开连接的节点事后可补录错失的交易。

区块链的分布式数据库维护着一个不断增长的通过分布式存储和持续验证防止篡改和修订的记录列表，业界将这个记录列表称为区块(Block)。区块包含一个按时间排序的交易列表，交易使用一个持久不变、仅可追加的数据结构存储在公共账本中。底层 P2P 网络中的每个参与者都可查看该数据结构。这种巧妙的数据结构用于在分布式环境中跟踪数据交易。区块结构包含用户交易集、时间戳、对区块链中前一区块的引用、交易的默克尔根等属性。通过这种方式把区块链接在一起形成一个链，其中前一区块的哈希有助于保持整个区块链的完整性(见图 1.1)。

图1.1　区块结构

## 1.1.1　区块链的组件

区块链技术的有效性取决于三个主要组成部分：去中心化网络(Decentralized Network)、分布式共识(Distributed Consensus)和密码安全算法(Cryptographically Secure Algorithm)。图 1.2 说明了基本的区块链架构。

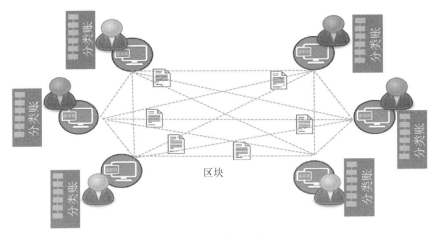

图 1.2　区块链架构

每个组件的核心功能如下。

- **去中心化网络**——去中心化网络的功能是保证交易信息在负责维护分布式账本(Distributed Ledger)的节点间传播。网络协议允许交易消息从任何节点广播到分布网络中的所有节点。然而，这个网络不只是纯粹的广播介质，允许节点传递表明有效交易的消息，还可以是对网络性能和安全有影响的私有或公有区块链的一部分。不管区块链是公有的还是私有的，这个去中心化的网络都基于 P2P 架构，没有中心化的仲裁机构，节点可自由加入和离开。该网络内置了冗余和健壮性，可缓解节点和链路故障。

- **分布式共识**——向公共账本添加区块之前，区块链先在去中心化网络上通过共识协议验证交易。共识协议接收来自 P2P 网络的消息，并在分布式账本中插入交易。共识协议负责挖掘区块并就能否将区块集成到区块链中达成共识。共识协议筛选出验证通过的交易集。用户决定验证过程，不需要中心化的管理机构。共识协议确保新添加的交易与区块链中已确认交易不冲突，并保持正确的时间顺序。待确认的新增交易打包后提交给区块链网络进行验证。

- **密码安全算法**——区块链技术的基础是密码体系(Cryptosystem)。最先进的区块链密码体系使用椭圆曲线密码等公钥算法和 SHA3-256 等消息摘要算法。在典型的区块链应用中，基于 Secp256K1 椭圆曲线生成包含公钥和私钥的密钥对。按照传统用法，私钥需要严格保密，并用于签署交易。例如，在比特币用例中，当一个用户与另一个用户交易比特币时，用户将在向网络公告之前使用私钥签署交易。一旦交易签署，网络中的矿工将使用共识算法验证交易签名的有效性并完成验证。

## 1.1.2 区块链的商业用例

**家庭物联网**——"智能家居(Smart Home)"是一种新兴的物联网(Internet of Things，IoT)应用，旨在为所有家用电器配件提供更高的可访问性和个性化的用户体验，是所有智能设备共同组成的家庭区域网络。为了高效运行，智能家居中的物联网集线器收集和分析大量敏感数据。通过收集来的数据可以很方便地分析出家庭环境中的使用模式和用户行为，从而创建家庭数字轨迹(Digital Trail)。然而，IoT 敏感信息极易落入坏人手中，家居供应商也会利用这些敏感信息推销其他产品。因此，当更多智能技术加入智能家居队伍时，严重侵犯用户个人隐私的可能性将急剧增加。传统的安全保护手段很难在物联网环境中达成可信安全和隐私保护目标。物联网框架具有去中心化的拓扑结构、资源受限的设备、有限的网络性能和物联网设备的最低安全标准等特性。基于以下事实，引入区块链技术能有效解决智能家居面临的挑战。区块链并不依赖于中心化的控制；与之相反，区块链恰恰在类似物联网的去中心化网络环境中工作。因此，区块链技术有效地避免了单点故障(Single Points of Failure，SPOF)问题，提高了可扩展性。此外，物联网环境要求身份必须保密，区块链本身内在的匿名性恰好可以满足需求。

不管区块链技术的优势如何，将区块链集成到智能家居环境中可能存在多个障碍。第一个障碍是区块链挖矿在本质上是计算密集型的，要求参与的设备具备相当强度的计算能力。然而，物联网设备具有异构的计算能力，可能不足以在需要的时间内挖掘区块。第二个障碍是数据存储。区块链只不过是本地存储的用于验证交易的分布式账本，而各种传感器等智能设备的存储容量有限。最后一个障碍是区块链协议还将消耗大量的内部通信网络容量，这对于追求带宽的智能设备而言可能不适用。

**交通运输部门**——车辆与车辆(Vehicle-to-Vehicle，V2V)系统是车辆之间的通信系统。车辆与基础架构(Vehicle-to-Infrastructure，V2I)系统是车辆与道路网络基础架构通信的系统，用于提高车辆运输基础架构的安全性和效率。此类系统的早期示例是 Waze 这类支持 Web 的工具，用来提供基于用户、车速和车辆位置的实时交通状况信息。即使是自动收费系统这种简单的系统也源于 V2I 理念。可以预见，在未来社会中，汽车与周围其他汽车在道路上就物理位置进行通信以防碰撞，或者一辆汽车与交通设施(如交通信号灯)进行通信，以便给系统提供更准确信息从而帮助更好地管理交通。在全球范围内，每辆车、每个交通控制器和每个道路设施都可能成为物联网设备，并且每一部分都连接到互联网并通过互联网通信。这些设备产生的数据至关重要，必须确保完整性。区块链技术可用于这一领域，通过跟踪车辆在道路网络上的位置来确认车辆的 ID 与其所声称的一致，这也将防止有欺骗意图的车辆篡改或恶意影响自动化系统。2014 年，以色列学生恶搞 Waze 交通应用程序，在道路空旷(没有车辆通行)的情况下报告严重拥堵[6]。学生们通过报告网络上某个特定路段的伪造车辆数据实现这一欺骗型攻击。区块链解决方案可以解决这个问题，帮助自主管理车辆 ID 及车辆在路网上的移动，不允许 Waze 等系统考虑刚进入某个特定路段的车辆。此外，交通设施可确保车辆数据的完整性，帮助自主系统基于对数据的信任程度，在有效历史数据的支持下做出决策。

**能源部门**——已有提议将区块链技术应用于电力领域：

- 能源交易——支持分布式能源(Distributed Energy Resource，DER)以及与 DER 管理系统(DER Management Systems，DERMS)的交互。
- 电动交通(eMobility)——可在多个服务区域的站点充电。
- 客户直接合同——在零售能源市场中移除中间商。

区块链技术可为电力部门提供供应链安全保障。公共设施(Utility)正在控制系统设备中不断采用新的运营技术(Operations Technology，OT)设备或更新现有的软件和固件。这种方法存在一个问题，就是需要确保软件和/或固件的完整性。一部分供应商在分发软件和/或固件更新时使用数字签名，但这么做并不能解决初始部署的安全问题。而另一部分供应商使用哈希函数算法(通常是 MD5)进行完整性检查。然而，MD5 在技术上并不安全，存在碰撞问题；也就是说，可对两个不同消息计算得到相同的哈希值。区块链技术可用于确保电力部门供应链安全中的软件和/或固件完整性。

**消费电子行业**——区块链技术通过提供供应链网络溯源来影响消费电子(Consumer Electronics，CE)行业[7]，该行业中的客户和供应商都期望能提高产品信息和交付过程的透明度[8，9]。在消费电子行业，区块链技术可提供规划、实施和控制材料和成品流向最终用户过程的开放访问，从而降低供应链网络风险。开发技术和工具提供溯源保障是解决消费电子行业供应链网络风险的首要任务。供应链网络风险一般指假冒、未经授权的生产、篡改、盗窃、插入恶意软件和硬件，以及粗制滥造和糟糕的开发实践。供应链网络全球化导致离岸企业开发软件和固件，并为电子数据系统(Electronic Data Systems，EDS)部门节省了大量资金。然而，对第三方服务的依赖已经导致供应链网络各个阶段都存在更多恶意风险。具体而言，需要能够充分解决供应链流程、采购、第三方供应商(每个对软件代码和/或系统具有物理或虚拟访问权限的参与者)管理、从供应商处获取受损的软件或硬件、在硬件或假冒硬件中嵌入恶意软件，以及第三方数据存储或数据聚合等风险。侧信道指纹、逆向工程和形式化方法等已有解决方案大多数部署在芯片级别，用于检测伪造芯片的存在。这些方法无法扩展到保护整个供应链网络，因此，有必要使用如图 1.3 所示的基于区块链的方法提供跨供应链各阶段的溯源能力。物联网技术的蓬勃发展也吸引了大多数消费电子行业在云基础架构上运营[10]。因此，构建数据溯源系统(Data Provenance System)能实时提醒用户保持交易完整性并防止恶意活动。

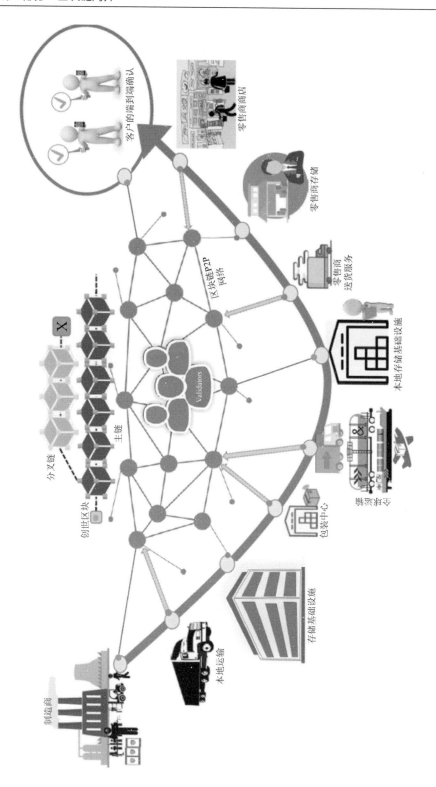

图 1.3　供应链溯源概览

**医疗行业**——最近大量出现的可穿戴医疗设备有望给医疗行业的利益相关方带来丰厚回报。可穿戴医疗设备是一种网络计算设备,配有专用传感器,用于跟踪患者的生命体征和身体活动。病患医疗数据和分析结果还可与电子健康记录(Electronic Health Records,EHR)关联起来。电子健康记录用于帮助医疗机构监测病患的健康状况,辅助医生开具特效药品,并帮助保险公司了解提供医疗保健的成本。

然而,基于安全和隐私方面的考虑,据报道,医疗设备制造商在医院只使用了20%~30%的网络设备,就已发现医疗设备存在多个脆弱性(Vulnerability,亦称漏洞)。例如,ICS-CERT 报告指出,Hospira 公司的 Symbiq 药物输注泵[11]很容易受到攻击。医疗机构使用 Symbiq 设备根据看护者指定的剂量自动为患者给药,而 Symbiq 的漏洞允许攻击者篡改处方药的剂量并威胁患者生命安全。2017 年,美国食品和药物管理局(Food and Drug Administration,FDA)的报告指出了圣朱德医疗中心(St. Jude Medical)设备的漏洞[12]。很明显,医疗设备接入网络的数量继续增长,而破坏医疗设备的可能性也将成倍增长。目前用于身份管理的网络安全解决方案效率较低,无法立即跟踪故障且缺乏可问责性(Accountability)。

除了医疗设备面临遭受攻击的威胁外,从可穿戴设备和 EHR 系统收集的健康数据还存在隐私泄露问题。患者担心医疗保健利益相关方在访问和使用其数据方面缺乏透明性。当前的医疗网络安全解决方案侧重于强化数据提供商检测数据披露活动的责任。然而,保护数据访问和对违规数据披露风险提供即时通知同样重要。此外,超过300 个 EHR 系统使用中心化架构,这种架构容易出现单点故障,并且缺乏互操作性(Interoperability),导致缺乏对个人健康全面彻底的了解。据报道,62%的参保成年人依靠医生管理其健康记录[13],这限制了参保人与主治医生以外的医疗保健提供者互动的能力。此外,尽管医疗服务提供者应遵守多项法律法规及合规要求,如 1996 年施行的健康保险流通和责任法案(Health Insurance Portability and Accountability Act of 1996,HIPAA 1996),但仍有许多实体不在任何法律管辖范围内。因此,至关重要的是,任何有权访问数据的服务提供商都应对其运营的数据负责,任何对数据的行为动作都必须记录在案且执行持续审计活动。

区块链捕获数据来源的能力将有助于对医疗设备从生产到持续使用进行安全跟踪。区块链中编码的溯源信息提供可信的真实数据(Ground Truth)并实现不可更改的可靠工作流。当任何设备发生故障、意外或由于安全攻击而导致故障时,真实数据可用于实现透明的可追溯性(Traceability)和可问责性。这一能力也将有助于医疗设备的自主持续监测和预防性维护。与现有的网络安全防御解决方案相比,区块链的分布共识协议、密码技术和去中心化的控制将减轻医疗设备面临的网络威胁。其他好处包括简化医疗设备的安全跟踪、节约成本,以及通过安全和有针对性地访问患者数据提高对患者隐私的保护能力。

区块链依赖于假名(用标识符替换名称)和公钥基础架构(Public Key Infrastructure，PKI)维护用户的隐私。在美国国家卫生信息技术协调员办公室(Office of the National Coordinator，ONC)和美国国家标准与技术研究所(National Institute for Standards and Technology，NIST)联合举办的研讨会上[14]，曾重点讨论了区块链技术在医疗和研究中的应用场景，旨在阐明区块链对医疗保健行业基础架构的影响，例如预测建模的隐私保护、大规模增加机构间的互操作性、医疗记录的防篡改、医疗保险索赔流程效率提升、医疗信息交换，具有人工智能、身份管理、货币化策略和数据来源要求的医疗保健交付模型等。

**云计算中的数据溯源**——确认云计算中的数据出处，跟踪云中数据操作生成的数据交易并检测恶意活动。当前最先进的数据溯源技术包括对在物理或虚拟资源上运行的软件所生成的日志数据进行比较。但这些技术无法检测违反完整性的行为，并且这些软件由于所有权的原因通常运行在私有环境中。此外，该过程不可以扩展到联盟云环境，成本高昂且缺乏透明性。因此，迫切需要为云计算环境开发一个数据溯源框架。在新的数据溯源框架中，多个代表或虚拟利益相关者可参与维护透明和不可更改的源信息。区块链技术将数据存储在一个公共的、分布式的、不可更改的账本中，并由一个去中心化的计算节点网络维护，从而提供一种去中心化的、永久性的记录保存能力。这对于云数据保护的数据溯源和访问控制至关重要。

## 1.1.3　区块链军事网络作战用例

区块链技术作为一种分布式账本系统，提供了网络运营所需的许多功能，例如历史信息持续审计、数据溯源保障、防御已发生历史数据完整性违规行为，以及审计内容的防篡改。此外，区块链不仅具有成本效益优势，还具有极高的透明性，对于军事网络作战来说是一套极具吸引力的系统。

- 网络资产的生成——区块链可用于生成网络资产，使客户和资产之间直接交互的应用程序成为可能。区块链系统有助于保护网络资产和身份标识的发行、交易处理和存储过程。
- 网络资产所有权转移——区块链系统允许通过区块链在所有者之间转移网络资产，一旦交易确认就无法逆转。任何变更都必须追加，且不会导致已验证交易的变更，从而确保所有权转让不可逆。
- 透明且有保障的数据溯源——网络资产上的每一项操作活动都使用公开且不可变更的账本记录在区块链交易中。区块链系统确保记录网络资产的每项操作活动的来源，并保证可追溯。

- 可确认性(Verifiability)和审计——分布式账本跟踪保存与网络资产创建和转让有关的交易。账本的防篡改特性有助于已操作的活动不可改变且可审计。

**军事网络作战**——确保国际伙伴之间军事网络作战的指挥和控制、后勤和其他关键任务数据的可追溯性、不可更改、可问责性以及可审计性至关重要。未来的军事网络作战涉及多个领域的融合和竞争激烈的网络空间。中心化或同质的信息系统和数据库必须演进出分布式、非中介和安全的能力。因此，对涉及国际实体业务的信任不能植根于单个实体。信任必须是去中心化的，并且必须构建健壮的、创新的密码范式(Cryptographic Paradigm)。新的密码范式远远超越了大多数同类企业通常使用的传统PKI。

创新的、分布式的信任和身份管理机制是一项关键的赋能技术，以一种能进一步实现去中介化的可问责性和可审计性的方式确保身份标识、身份验证和授权。新兴的区块链和分布式账本技术作为一个整体展示了一套真正的分布式和去中介机制，展现了可问责性和可审计性的潜力。当前使用的加密货币应用程序已创造了前所未有的可问责性和可审计性范畴，颠覆了传统的法定货币，使人们能通过非许可制公有区块链使用假名身份管理钱包进行国际交易。

去中介国际伙伴关系和信息交换的细微差别涉及一些相互排斥的研究和开发方面的挑战，这些挑战不同于非许可和公开的区块链实施。对于身份标识、身份验证、授权、可问责性(Accountability)和可审计性(Auditability)水平方面的挑战，包括国际化运营的整体完整性，必须研究更强大的分布式身份管理机制。此外，底层的共识实现必须不同于加密货币要求的延迟容忍和高负载实现。最重要的是，分布式账本技术机制可以是私有的和许可制的。但是，如果以一种不经意的，由单个供应商使用中介和中心化信息交换的方式实现就具有讽刺意味了。必须彻底评估(Assess)和要求目标数据区块链实现的互操作性(Interoperability)和标准化，从而进一步实现多个日益复杂的国际化运营领域所需的去中介可问责性和可审计性。

## 1.1.4　区块链面临的挑战

区块链技术确实有解决分布式系统中网络安全问题的巨大潜力，但不能将区块链视为解决所有网络安全问题的灵丹妙药。区块链确实具有解决完整性违规的内在能力，但区块链无法保证机密性、可用性和真实性，并且需要与多个安全解决方案集成。正在考虑使用区块链解决网络安全问题的组织应审慎评估区块链技术是否适用于组织的业务场景。具体来说，以下问题是确定组织是否需要使用区块链替换现有安全解决方案的主要考虑因素[15]：

- 是否担心中心化数据库抵御单点故障的能力？

- 是否存在多个利益相关方负责修改数据库的内容？
- 多方(Multiple Parties)是否在不同的信任域下运行？
- 是否有明确规定的规则控制数据输入？
- 是否存在促使验证者形成共识的价值主张？

一旦对使用分布式区块链的需求得到确认，接下来的步骤是选择适合组织业务场景的区块链解决方案。有几个方面的问题需要解决，例如，区块链交易中编码的数据类型、交易频率、用于存储区块链的基础架构(公有或许可)、密钥管理系统、验证者数量、启动时间、智能合约动态学习规则的能力，以及区块链解决方案的攻击面等。医疗行业需要仔细识别存储在区块链中的数据类型，因为任何敏感信息都可能遭受针对机密性的攻击。任何想要确保区块链参与者的活动合规的组织都倾向于采用许可制区块链[16]。

下面简要说明实现合理区块链解决方案需要解决的关键研究挑战。

**可伸缩性(Scalability)**——比特币当前的实现方式是不可扩展的，需要 10 分钟或更长时间确认交易，7 个交易是可实现的最大吞吐量。开发可扩展的区块链平台需要进行大量基础研究。在开发可伸缩的区块链平台前，不仅要在区块链背景中定义可伸缩性，还要确定量化的可伸缩性指标。已经有研究人员试图通过修改区块大小和间隔等参数提高区块链的可伸缩性。然而，这些优化措施仅通过调整参数实现扩展的努力只能增加极其有限的收益，不能从根本上解决网络性能问题。区块链的 P2P 覆盖网络协议、去中心化程度和网络中的对等节点数量会导致网络性能恶化。区块链的吞吐量取决于覆盖网络的吞吐量，覆盖网络决定了区块在特定时间间隔内传播的速率和参与区块交换的节点百分比。如果交易速率达到吞吐量的 80%，则可能有 10%~20% 的 P2P 节点无法提供服务，降低了有效的网络挖矿能力。

为区块链开发新的架构时，十分有必要确保在不牺牲去中心化的情况下有足够的可伸缩性。新架构应该包括跨网络层、共识层和存储层等多层协议设计战略，还需要确定和度量可伸缩性，指标包括吞吐量、延迟、启动时间、存储、已确认交易的成本、公平性和网络利用率等。新架构还需要解决"利用系统参数提高可伸缩性是否牺牲了安全属性"以及"在网络攻击期间，系统的恢复能力如何"等一系列问题。

**网络层(Network Layer)**——区块链架构中网络层的目标是提供一种有效的交易消息传播机制。网络层确保来自任何参与者的消息可传输到区块链网络中的所有节点。但网络层不在完全广播的模式下运行，节点交换的消息包含已验证交易，而且在区块链网络的大多数当前实现中，网络的利用率严重不足，吞吐量有所限制。因此，区块链中的网络层是交易处理的瓶颈。

**共识层(Consensus Layer)**——共识层负责验证交易，使用网络层传递消息并将交易记录在分布式账本中。共识协议包括工作量证明(Proof of Work，PoW)、权益证明

(Proof of Stake，PoS)和拜占庭容错(Byzantine Fault Tolerance)等不同协议。传统的区块链技术在很大程度上依赖于底层的 PoW 机制在分布式系统中达成共识。在分布式系统中，矿工必须利用其计算能力解决密码难题，以便成功地将区块包含到区块链中。矿工们可选用各种专用硬件提升计算能力，最终目标是赢得添加区块的比赛并获得奖励，而这样做需要付出大量精力。以比特币为例，矿工们竞争 25 比特币的奖励，价值约为 20 000 美元，网络每 10 分钟为获胜的矿工重新生成一个比特币。因此，奖励额是 33.30 美元/秒；假设工业电费是 0.01$/kW·h，比特币矿工大概每秒使用 1100MW 的电量。使用 PoW 方法花费大量的时间达成共识，其中大部分用于计算不可逆的 SHA256 哈希函数。由于直接激励的价值最终会降低，必须解决"如何激励矿工去挖矿"这一问题，以便顺利开展共识进程。PoS 共识协议很有吸引力，为那些在系统中拥有股份的实体提供包含决策权的区块，而不必理会区块链的长度或公共账本的历史。该计划背后的主要动机是将区块链更新过程中的领导者选举权交到利益相关方手中。这样做是为了确保在成员的利益受到威胁时保护系统的安全性。粗略地说，这种方法除了计算以外的部分都类似于 PoW 共识。因此，利益相关方将自己的区块扩展到区块链的机会和其在系统中拥有的股份数量成正比。

有必要开发这样一个定制的共识引擎，该引擎将不要求参与者在计算方面进行重大投资，并在处理的交易数量、交易验证时间、激励措施和参与者设置的安全规则之间进行权衡。定制的共识引擎将选择共识协议的最佳组合实现上述目标。

**隐私保护(Privacy Protection)**——Hyperledger Fabric 和 JP 摩根的 Quorum 之类的许可制区块链平台，声称隐私保护是其目标之一，但实际上实现隐私保护的方式相当有限。这些系统由若干验证节点组成，每个节点都可查看以明文形式存储的所有交易日志。也就是说，尽管系统设计为即使在某些节点发生故障时也提供可用性/一致性保障，但如果其中一个节点发生数据泄露，系统将无法保护隐私。一些许可制区块链平台提供了这样一种功能：可在其中创建一个"私有通道(Private Channel)"，仅包含这些节点的一个子集。但这个子集仍然存在这样的情况：任何数据泄露都会泄露交易数据，而且私有通道无法与其他通道交互。在现有系统中，韧性和可表达性与隐私之间存在内在平衡。

更好的运营方式可通过多种技术方法来实现，如门限密码(Threshold Cryptography)/多方计算(Multi-party Computation)、零知识证明和同态加密等。简单来说，这些技术方法都已建立了相对完善的理论，但巨大的公开挑战在于：①为投资的应用程序找到更高效的算法；②与现有系统集成。因此，专注于建立更好的隐私保护机制可能是一个很好的动机，也是有趣的技术挑战。

**安全性**——尽管使用区块链保护分布式系统的安全性有很多优点，但仍有许多实例报道了与此技术相关的安全风险[17-19]。2016 年，有报道称，一名攻击者从"The

DAO"盗取了 5000 万美元。DAO 是一个去中心化的自治组织,其运营基于区块链的智能合约[20]。2017 年 6 月,Bitfinex 报告由于一次分布式拒绝服务(DDoS)攻击导致暂时停止业务运营。比特币和以太坊(一个基于区块链的分布式计算平台)的多个交易所也经常遭受 DDoS 攻击和域名系统(DNS)攻击,严重影响了用户服务的可用性。

区块链中的攻击面大致可分为以下三大类:①与用于创建/维护分布式账本的技术相关的威胁(如区块链分叉、陈旧区块或孤立区块等);②对区块链系统底层网络基础架构的威胁(例如导致延迟、吞吐量降低、不一致、DDoS 攻击、DNS 攻击、FAW 等对共识协议的攻击,其中的 FAW 指"扣块后分叉");③与区块链技术集成的前端/后端应用程序相关的威胁,包括窃取私钥、攻击证书颁发机构、攻击许可制区块链中的会员服务、区块链摄取(Blockchain Ingestion)、双花(Double Spending)或钱包盗窃等。

# 1.2　本书主要章节内容概述

本书涵盖多项研究者贡献的主题,包括基于区块链的云环境以及物联网安全数据管理和存储、云存储中的数据溯源、安全物联网模型、持续审计架构、区块链在军事和医疗领域的典型用例,以及许可制区块链平台的实证验证。本书综合讨论早期的研究成果(包括区块云中的数据溯源和区块云安全分析),以及新颖的前沿研究成果。这些研究成果有望激发读者对基于变化的供应链保护、信息共享框架以及可信信息联盟等的强烈兴趣。这些贡献解决了区块链在关键领域的安全和隐私问题,包括:防止数字货币矿工对矿池发起攻击、区块链攻击面的实证分析、对抗区块链的双花攻击、区块链共识协议的安全分析,以及许可制区块链平台的隐私保护。

## 1.2.1　第 2 章——分布式共识协议和算法

容错共识(Fault-tolerant Consensus)在分布式计算环境下得到深入研究。通过在分布式处理者网络中规范信息的传播,容错共识机制在出现处理者故障和不可靠的通信链路时保证所有处理者同意共同的数据值,响应服务请求并执行相同的操作过程。这种一致性保障对于分布式计算系统的正常运行至关重要。与此类似,作为分布式系统的一种实现方式,区块链需要一个共识协议,确保 P2P 网络中的所有节点在考虑故障节点和不可预测的网络条件等不利影响的情况下,就单一交易历史链(或"公共账本")达成一致。到撰写本书时,加密货币市场上有 100 多个区块链系统,包含 10 多种共识协议。针对分布式共识协议的基本原理,该章概述从分布式计算中的经典容错共识协议到目前阶段的区块链共识协议。共识协议的性能分析本质上借助于数学建模。该章首先概述分布式计算中容错共识的基础知识，接着对中本聪协议(Nakamoto Protocol)这一比特币首创的 PoW 区块链共识协议进行形式化分析。该章还将介绍几种新兴的非 PoW 区块链共识协议及其应用场景，并对上述区块链共识协议进行定性评价和比较。

## 1.2.2 第3章——区块链攻击面概述

该章探讨区块链的攻击面以及可能的攻击方法，将攻击面的可行性归因于以下几点：①区块链的密码构造；②使用区块链的系统的分布式架构；③区块链应用程序的上下文背景。对于其中每一个影响因素，该章概述了几种攻击，包括自私挖矿和相关节点行为、51%攻击、DNS 攻击、DDoS 攻击、两可攻击(Equivocation)、由于私利行为或分布式拒绝服务攻击导致的共识延迟、区块链分叉、孤立和陈旧区块、区块摄取、钱包盗窃和隐私攻击等。随后，该章探讨这些攻击之间的因果关系，并展示一个欺诈活动如何导致其他潜在攻击。还概述区块链技术采取的或研究人员提出的有效防御措施，以减轻这些攻击的影响并修补区块链中的漏洞。

## 1.2.3 第4章——ProvChain：基于区块链的云数据溯源

该章主要讨论云存储中的数据溯源和关键挑战，提出 ProvChain 这一提供可靠数据溯源的区块链平台，实现了以下目标：①实时云数据溯源；②防篡改环境；③增强隐私保护；④来源数据验证。还给出在 ProvChain 中实现上述目标的详细设计。该章提供一个在开源云存储服务 ownCloud 上实现的 ProvChain，然后给出详细评价(Evaluation)，证明 ProvChain 可有效地在云存储平台中提供有保障的数据溯源及所需的隐私保护和可用性。最后，该章描述云平台中图形数据处理的挑战并给出一些解决方案。

## 1.2.4 第5章——基于区块链的汽车安全和隐私保护解决方案

智能车辆越来越多地与邻近的其他车辆以及路侧的基础设施(如高速公路上的交通信号灯和高架显示屏)联系起来，而且更广泛地与互联网相连，使车辆成为物联网的一部分。这种高连接性(High Degree of Connectivity)为智能车主以及车辆制造商、供应商和保险公司等服务提供商(SP)引入新的、复杂的个性化服务。然而，这种高连接性也使智能车辆极易受到安全威胁，并引发各种隐私问题。

该章提出一个去中心化的、保护隐私和安全的基于区块链架构的智能车辆生态系统架构。智能车辆、原始设备制造商(Original Equipment Manufacturer, OEM；即汽车制造商)和其他服务提供商共同形成一个可相互通信的覆盖网络。覆盖网络中的节点构成集群(Cluster)，选定的称为集群头(Cluster Head，CH)的节点负责管理区块链并执行核心功能，这些节点也称为覆盖区块管理器(Overlay Block Manager，OBM)。交易广播至 OBM 并由 OBM 验证，从而消除对中央代理的需求。为保护用户隐私，每辆车都配备车内存储器存储位置跟踪等隐私敏感数据。车主定义哪些数据和粒度的交易可提供给第三方以换取有益的服务，哪些数据应该存储在车内存储器中。因此，所有者对要交换的数据拥有更大的控制权。

网络中的所有交易(即通信)都使用非对称加密算法加密。节点使用私钥(Private Key，PK)进行身份验证。区块链引入强大的通信安全和身份验证功能，降低了车辆遭受远程入侵的风险，提高了乘客的安全性。该章对提议架构的安全性和隐私保护进行定性分析，讨论多个可能的攻击以及提议框架所采用的保护方法，以表明框架对抗攻击的韧性。该章开发了一个原型实现作为概念验证，以证明提议的可行性，并分析数据包和延迟开销。

## 1.2.5　第 6 章——用于保护交通 IoT 安全的基于区块链的动态密钥管理

IoT 是下一代平台，目的是最大化网络平台和物理世界之间的连接，这包括但不限于车辆、基础架构、家庭传感器、智能医疗系统和可穿戴电子设备等。然而，在物联网环境中，安全仍是重点关注的问题。尽管近几年来在通信工程领域中，安全保障方案取得重大进展，但应用层安全，特别是跨域、跨场景(异构)的安全方案，仍然是一个有待研究的课题。此外，区块链技术为这些安全挑战提供了可行的解决方案。该章描述了一个基于区块链的物联网交通安全平台。具体来说，这是一个基于区块链的解决方案，是一个新兴的物联网用例——车辆通信系统(Vehicular Communication System，VCS)。VCS 是智能交通系统(Intelligent Transportation System，ITS)的子系统，是最重要的物联网组件之一。该方案主要适用于异构 VCS 域的分布式密钥管理，提出一个动态交易收集周期，最小化车辆移交过程中的密钥传输时间。此外，该章还展示了区块链技术在隐私保护领域的潜在发展。

## 1.2.6　第 7 章——基于区块链的网络安全信息共享框架

该章探讨基于区块链的信息共享(Blockchain-based Information Sharing，BIS)框架设计、开发和评价过程。BIS 的核心是利用区块链技术，提供一种保护机密信息和基础架构免受未来网络攻击的机制。区块链是比特币系统中使用的概念，目前正在探索将区块链用于多个领域提供透明的 P2P 交易。在 BIS 中，多个组织在共享与安全相关的信息的同时也保护组织的隐私，共同护卫网络空间安全。更重要的是从多个组织收集高分辨率的网络攻击信息，而这些组织并不能了解其他组织的数据使用情况或特定公司的网络安全攻击信息。BIS 通过区块链提供一种去中心化的方法，通过对交易进行数字签名确保合法组织的身份。使用哈希指针可从公共账本学习，从而检测出假冒合法用户的敌对者。此外，该章利用 Stackelberg 博弈分析了 BIS 中非参与用户的安全攻击和相应的防御行为。

该章还包括基于区块链的网络威胁信息共享协议、综合信息共享框架(iShare)、保护机密信息免受恶意威胁的区块链协议以及分析针对 iShare 的攻击的博弈论方法。

## 1.2.7　第 8 章——区块云安全分析

该章重点分析基于区块链的云数据溯源的安全性。区块链的公共和分布式 P2P 账本功能有利于云计算服务。云计算服务需要有保障的数据来源、持续审计(Auditing)、数字资产管理和分布式共识等功能。区块链技术的基本共识机制允许建立一个防篡改的环境，其中任何数字资产上的交易都由一组真实的参与者或矿工验证。然而，达成共识需要矿工们以计算能力换取丰厚回报。因此，贪婪的矿工总是试图通过增强挖矿能力来利用这个系统。该章首先讨论区块链在云计算中提供可靠数据溯源的能力，以及区块链云中存在的漏洞。考虑到不同矿池的奖励机制，研究人员对区块链云中的扣块攻击(Block Withholding，BWH)建模。BWH 攻击在区块链云中为流氓矿工提供了充足资源以干扰诚实矿工的挖矿工作，这一攻击已通过模拟环境验证。

## 1.2.8　第 9 章——许可制与非许可制区块链

到目前为止，本书中所看到的对区块链协议的大多数分析，从传统的 Paxos 和 PBFT 到中本聪共识，都依赖于"多数诚实(Majority Honest)"假设，即假设大多数缔约方如实地遵循协议。但为什么要假设任何一个同行都是诚实的并愿意严格执行协议呢？该章讨论两个安全设计方面，并应用于许可和非许可模型。第一个方面是选举委员会，即从大量参与者中选出代表，组成一个数量较少、公平抽样的子集，由于数量限制，攻击者不太可能出现在这个委员会中。这种设计方法同样适用于非许可制和许可制区块链。与所有参与者参与相比，这种方法可提高性能。第二个方面是隐私保护问题。区块链应用程序通常需要为用户提供隐私保护，例如涉及金融交易或物联网设备实时位置的敏感信息。这些可通过使用密码学技术实现。如果设计者高度信任对等节点，像在许可制环境中一样，可假设大多数对等节点不会遭受破坏，那么秘密分享就是一种自然的解决方法。另一方面，在信任度较低的环境中，零知识证明 (Zero-knowledge Proof)技术使客户端可防止任何对等方看到受保护的数据。

## 1.2.9　第 10 章——用未确认交易冲击区块链内存：新的 DDoS 攻击形式及安全对策

2017 年，基于区块链的系统的价值有所上升，因此遭到多种形式的拒绝服务攻击。在安全和分布式系统领域，对区块链的攻击面进行了广泛研究。该章提出一种新的攻击形式，可攻击区块链系统的内存池(Mempool)。为此，研究人员深入研究了内存池攻击对合法用户交易费用结构的影响，并提出遏制这种攻击的安全对策。安全对策包括基于费用(Fee-based)和基于交易龄(Age-based)的设计，新设计可优化内存池的规模，并有助于抵御该攻击的影响。还使用仿真系统进一步评价这些设计，并分析这些设计在不同攻击条件下的有效性。该分析可扩展到各种使用证明概念并将费用作为参与激励的区块链系统。

## 1.2.10　第 11 章——使用基于声誉的范式防止数字货币矿工对矿池的攻击

区块链中的挖矿过程非常耗费资源，因此矿工组成联盟验证每个交易块。作为回报，只有第一个完成 PoW 的联盟才会得到回报，这导致矿工之间的激烈竞争，并因此出现了扣块攻击(BWH Attack)、自私挖矿(Selfish Mining)、日蚀攻击(Eclipse Attack)和顽固挖矿(Stubborn Mining)等不诚实的挖矿策略。组织有必要规范挖矿过程，让矿工为任何不诚实的挖矿行为负责。该章提出一个新的基于声誉的区块链 PoW 计算框架。该框架不仅激励矿工进行诚实挖矿，还阻止矿工对其他矿池进行任何恶意活动。研究人员首先说明基于声誉的范式(Reputation-based Paradigm)的架构，解释了在模型中如何奖惩矿工，然后通过博弈论分析说明这个新框架如何鼓励矿工避免不诚实的挖矿策略。在研究的场景中，在一组矿池管理者和矿工之间反复进行挖矿博弈，其中每个矿工或矿工联盟的声誉都将不断经受度量(Measure)。在博弈的每一轮，矿池管理者只会根据由矿工的信誉值定义的非均匀概率分布，向矿工的一个子集发送邀请。研究人员发现，通过使用所提议的这种设计方案，诚实挖矿在环境中达到纳什均衡(Nash Equilibrium)。换言之，即使获得短期效用，采用不诚实的挖矿策略也不符合矿工的最佳利益。这是由于在设计模型中考虑了长期效用及时间对矿工效用的影响。

## 1.2.11　第 12 章——提升物联网安全性的私有区块链配置

　　区块链可为物联网提供安全的设备身份验证、可信事件日志和互操作性。有几个区块链平台可满足上述要求。但是，对于最佳区块链平台和适用于物联网部署的必要配置还没有达成共识。该章将重点讨论如何配置区块链技术以满足物联网的安全需求。

　　该章描述、实现并比较了两种可能的私有区块链配置策略：区块链网关和区块链终端设备。这两种策略的测试用例分别使用流行的以太坊(Ethereum)和超级账本结构(Hyperledger Fabric)区块链框架在树莓派(Raspberry Pi)设备网络上实现。虽然更流行的区块链网关方法更适合当前主流区块链框架的架构和计算要求，但区块链终端设备方法在技术上是可行的。该方案极具前景，支持更可靠的数据收集和复杂的设备管理策略。该章重点讨论物联网设备在区块链部署中扮演的不同角色，以及区块链能以特定角色提供物联网设备的安全保障。该章还对配置为区块链全节点的物联网设备定义了系统功能和网络安全保障。

## 1.2.12　第 13 章——区块链评价平台

　　该章提供一个模拟、测试和评价区块链平台的系统方法。该章介绍的方法可用于评价前几章所述方法的有效性。该章旨在概述一些区块链理论模型如何在实际平台上模拟和测试。该章描述可用于进行性能和安全评价的区块链模拟系统的开发，还深入探讨 Hyperledger Fabric 这一由 Linux 基金会管理的开源区块链应用程序和工具集上的区块链实现。Hyperledger Fabric 示例是一个功能齐备的区块链平台，修改后可在真实环境中工作。这两个例子都可根据需要扩展以测试协议和理论的效果，使其成为可使用的良好用例。软件代码通过在线存储库提供，读者可下载并在任何满足某些开源软件需求的系统上运行。

# 第 2 章

# 分布式共识协议和算法

本章由 Yang Xiao、Ning Zhang、Jin Li、Wenjing Lou 和 Y. Thomas Hou 撰写[1]。

## 2.1  简介

容错共识(Fault-tolerant Consensus)在分布式系统中已得到广泛研究。容错共识算法通过规范分布式网络内的信息传播方式，在出现组件和通信链路故障时，保障所有组件能就输出的数据和行动过程达成共识，以响应服务请求。这种共识保障对分布式系统的正常运营至关重要。

区块链作为分布式系统的一种实现，依靠共识协议，确保在出现故障节点和恶意节点时网络中所有节点能就交易历史的单一链达成一致。在撰写本书时，已有超过1000 种加密货币提议，采用的共识协议达 10 个类别。本章将概述分布式计算中的经典容错共识协议，并介绍一些流行的区块链共识协议。

本章 2.2 节介绍分布式系统容错共识协议的基础知识以及两个实用的共识协议。2.3 节介绍中本聪共识协议(Nakamoto Protocol)，这是最先在比特币中使用的基于工作量证明(Proof-of-Work，PoW)的开创性共识协议。2.4 节介绍几种新兴的非 PoW 区块链共识协议及其应用场景。2.5 节对提到的区块链共识协议开展定性评价(Qualitative Evaluation)和比较。2.6 节总结区块链共识协议的设计思想。

## 2.2  分布式系统中的容错共识

在分布式系统中，所有组件尽管分布在不同地理位置，但都努力实现一个共同目标。所谓共识，简而言之就是指这些组件在数据取值上达成一致。在一套真实运转的系统中，

---

1  Yang Xiao、Wenjing Lou 和 Y. Thomas Hou 就职于美国弗吉尼亚理工学院暨州立大学。Ning Zhang 就职于美国圣路易斯华盛顿大学。Jin Li  就职于中国广州大学。

系统组件及通信链路极易受到不可预测的故障和攻击的影响。本节将讨论消息传递系统(Message-passing System)[1]在系统崩溃故障(Crash Failure)和拜占庭故障(Byzantine Failure)这两种组件故障下的共识问题。然后将研究两个能在分布式计算环境中容忍组件故障的实用算法。为方便起见,本节中术语"处理器(Processor)""节点(Node)"和"组件(Component)"可混用。

## 2.2.1　系统模型

分布式系统中有三个影响共识的主要因素:网络同步性、组件故障和共识协议。

### 1. 网络同步性

网络同步性是分布式系统的一个基本概念,定义所有系统组件的协调程度。在进行任何协议开发或性能分析前,需要假设一个网络同步性条件。具体来说,有三种网络同步性条件。

- 同步(Synchronous)——对组件的操作以轮(round)为单位进行协调。一般通过集中式时钟同步服务实现。所有组件在每一轮都执行相同类型的操作。例如,所有组件在第 $r$ 轮都向其他组件广播消息,在第 $r+1$ 轮都处理接收到的消息并将处理的输出广播出去。
- 异步(Asynchronous)——对组件的操作完全不进行协调,这通常是由于没有时钟同步服务或组件时钟的漂移效应(Drifting Effect)造成的。每个组件不受任何协调规则的约束,以机会方式(Opportunistic Fashion)执行自己的操作。对组件间的消息传送或消息传输延迟的上限没有保障。
- 部分同步(Partially Synchronous)——对组件的操作不进行协调,但消息传输延迟存在上限。换句话说,尽管可能不及时,但消息传送是有保障的。这是大多数实际的分布式系统假设具有的网络条件。

大多数应用场景假设系统或者是同步的,或者是部分同步的。例如,认为选举投票过程是同步系统,而认为比特币网络是部分同步系统。[2]

### 2. 组件故障

组件故障是指组件发生了失败,无法正常运转。组件可能遇到两类故障。

---

1　还有一种分布式系统称为共享内存系统(Shared-memory System),更多细节请参考[1],本章仅考虑消息传递系统,因为该系统与区块链相似。
2　许多研究论文称比特币网络为"异步"网络。但由于比特币基于互联网,而互联网保证了消息传递,因此作者遵循前述分类,认为比特币网络是部分同步网络。

- **系统崩溃故障**——组件突然停止工作且无法恢复。其他组件可检测到崩溃并及时调整本地决策。
- **拜占庭故障**——组件可采取任意行为而不受限制。一个组件可向其他组件发送相互矛盾的消息，或干脆保持沉默。在整个网络历史中，这个组件可能从外部看起来一切正常，不会引起其他组件的怀疑。

拜占庭故障得名于 Lamport、Shostak 和 Pease 等人对拜占庭将军问题的研究[2]。拜占庭将军问题(Byzantine Generals Problem)与口头消息传递(Oral Messaging，OM)算法一起在稍后讨论。拜占庭故障通常是由于系统进程故障或恶意参与者的操纵引起的。当网络中存在多个拜占庭组件时，这些拜占庭组件可能串通起来对网络造成更大破坏。通常认为拜占庭故障是最严重的组件故障，而系统崩溃故障是拜占庭故障的良性特例。

### 3. 共识协议

共识协议为网络中的所有组件定义一组消息传递和处理规则，使这些组件在一个共同主题上达成一致。消息传递规则规定组件如何广播和转发消息，而消息处理规则规定组件在收到消息后如何改变其内部状态。一般而言，所有无故障的组件在同一主题上达成一致就可称为达成共识。

从安全角度看，共识协议的强度通常由其所能容忍的故障组件数衡量。特别是一个共识协议能容忍至少一个组件发生崩溃，称为崩溃容错(Crash-Fault Tolerant，CFT)。类似地，如果一个共识协议可容忍至少一个组件发生拜占庭故障，就称为拜占庭容错(Byzantine-Fault Tolerant，BFT)。由于拜占庭故障和系统崩溃故障之间的包含关系，BFT 共识必然是 CFT 共识。此外，在异步网络中，即使只有一个组件发生系统崩溃故障，也不能保证达成共识，更不用说发生拜占庭故障了。感兴趣的读者可参考[3]中的不可能性证明。

本章的剩余部分将重点讨论同步网络或部分同步网络中共识协议的拜占庭容错。

## 2.2.2　BFT 共识

考虑一个包含 $N$ 个组件 $C_1, C_2, ..., C_N$ 的分布式消息传递系统，每个组件 $C_i$ 的输入为 $x_i$，第一轮协议执行完后的输出为 $y_i$，组件通过通信链路相互连接，将输出消息发送到全网。

**共识目标**——上述系统的 BFT 共识必须满足以下条件[4]。

- 可终止(Termination)——每个无故障组件均可决定一个输出。
- 一致性(Agreement)——所有无故障组件最终决定相同的输出 $y$。
- 有效性(Validity)——如果所有组件都以相同的输入 $x$ 开始，则 $y=x$。

- 完整性(Integrity)——每个无故障组件的决策和最终的 $y$ 必须由某个无故障组件提出。

完整性条件确保共识结果 $y$ 不应该来自敌对者。因为没有重视 $y$ 的来源，许多较早的教科书和研究论文通常不包括完整性，只要求输出是共识过程的合法结果(有效性)并得到所有无故障组件的认可(一致性)。本文重视共识结果的正确来源，并将完整性视为共识目标的重要部分。

一个 BFT 共识算法要求绝大多数(超过三分之二)组件必须是无故障的，定理 1 给出更精准的描述。

**定理 1**：在有 $n$ 个组件的消息传递系统中，如果 $f$ 个组件发生拜占庭故障且 $n \leq 3f$，则系统不可能达到共识目标。

定理 1 很容易用反证法证明。假设一个场景将组件分成三组，其中一组的所有组件有拜占庭故障。感兴趣的读者可参考[1，5，6]中不同风格的证明，所有这些证明都基于上述分组方案。

图 2.1 可更好地说明定理 1。图中显示一个包含三个组件的系统示例。在该系统中，$C_1$、$C_2$ 是诚实的，而组件 $C_3$ 有拜占庭故障。所有输入/决策值都取自二元集 $\{v_0, v_1\}$。

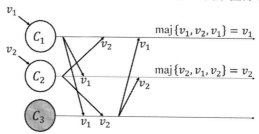

图 2.1    定理 1 的示例——三个组件构成的消息传递系统，其中一个组件有拜占庭故障

假设 $C_1$ 和 $C_2$ 的初始输入值分别为 $v_1$ 和 $v_2$，而共识算法非常简单，即只需要从接收到的所有值中选择多数值即可。$C_1$、$C_2$ 广播其值后，$C_3$ 将 $v_1$ 发送给 $C_1$，将 $v_2$ 发送给 $C_2$。结果 $C_1$ 决策输出 $v_1$，$C_2$ 决策输出 $v_2$，违背了共识目标的一致性。因此，为容忍一个拜占庭组件，网络至少应包含四个组件。一般情况下，在任何具有 $N$ 个组件且有 $f$ 个拜占庭故障组件的分布式系统中，要保障达成共识，需要满足 $N \geq 3f+1$。

## 2.2.3    OM 算法

首先描述拜占庭将军问题。假定 $N$ 个拜占庭将军，每人指挥一支同等规模的军队，包围了一座敌方城市。拜占庭将军在地理上相互分离，只能通过信使交流。为打破僵局，每个将军通过向其他将军派遣信使传送消息进行投票的方式决定进攻或撤退，每位将军根据收到的选票在本地做出决定。更复杂的情况是将军中间有叛徒，叛徒通过向不同的将军发送相互矛盾的选票破坏共识。最终目标是让所有诚实的将军能达成一致的行动计划，否则三心二意的进攻或撤退将导致溃败。

口头消息传递(Oral Messaging，OM)算法是作为拜占庭将军问题[2]的最初解决方案提出来的。该算法假设在 $N$ 个将军中间，有一个"指挥官(Commander)"负责启动算法，其他 $N-1$ 个将军作为"中尉(Lieutenant)"，口头传递收到的消息。网络是同步的，协议以轮为单位进行。特别是，假设指挥官知道包括自己在内最多有 $f$ 个将军会有故障，通过执行 OM($f$)算法启动共识过程。注意，DEFAULT 为预定值，可能是"撤退"或"进攻"。

---

**算法 1：OM($f$), $f > 0$**

1　指挥官将值发送给每个中尉；

2　**for** $i = 1 : N-1$ **do**

3　　中尉 $i$ 将从指挥官收到的值存储为 $v_{i,i}$；
　　　　$v_{i,i}$ =DEFAULT，如果没有收到任何值；

4　　中尉 $i$ 以指挥官身份执行 OM($f-1$)，将值 $v_{i,i}$ 发送给其他 $N-2$ 个中尉；

5　**end**

6　**for** $i = 1 : N-1$ **do**

7　　**for** $j = 1 : N-1$ **and** $j \neq i$ **do**

8　　　中尉 $i$ 将从中尉 $j$ 收到的值存储为 $v_{i,j}$；
　　　　　$v_{i,j}$ =DEFAULT，如果没有收到任何值；

9　　**end**

10　中尉 $i$ 使用 majority$\{v_{i,1}, v_{i,2}, ..., v_{i,N-1}\}$；

11　**end**

---

**算法 2：OM(0) (OM[$f$]的基础用例)；**

1　指挥官给每个中尉发送值；

2　**for** $i = 1 : N-1$ **do**

3　　中尉 $i$ 将从指挥官收到的值存储为 $v_{i,i}$；
　　　　$v_{i,i}$ = DEFAULT，如果没有收到任何值；

4　　中尉 $i$ 使用 $v_{i,i}$；

5　**end**

由于 OM 算法是终止于 OM(0)的递归算法，需要执行 $f+1$ 轮。本质上，只要 $N \geqslant 3f+1$，$f+1$ 轮递归执行能保证在算法结束时，每个将军输出完全相同的结果，即达成共识。由于算法的递归方式，OM($f$) 算法的消息复杂度为 $O(N^{f+1})$。当 $N$ 很大时，计算将不现实。

## 2.2.4　分布式计算中的实用共识协议

现已讨论了同步网络中的单值共识(Single-value Consensus)。在典型的分布式计算系统中，客户端自发地发出计算请求，分布式服务器结合在一起提供正确可靠的计算服务。正确性意味着不仅要正确处理每个请求，还意味着来自一个客户端(或一组客户端)的请求序列应按正确顺序处理，这称为总排序要求。这两个要求使分布式计算比前述的单值共识问题困难得多。此外，现实世界的网络异步性使问题更复杂。在实践中，假设现实世界的分布式计算网络是部分同步的，即两个无故障服务器之间的通信延迟存在上限。

**复制(Replication)**——在实际的分布式计算系统中，采用复制机制保障服务器发生故障时的可用性和完整性。一个基于复制机制的分布式系统维护许多冗余服务器，以防主副本服务器(Primary Server)崩溃或出现故障。那些冗余服务器也称为备份(Backup)或副本(Replica)。复制机制主要有两种，即主备份和状态机复制。

- **主备份(Primary Backup，PB)**——PB 也称为被动复制(Passive Replication)，最早在[7]中提出。基于 PB 的 $N$ 个副本系统中，一个副本指定成为主副本，其他副本则为备份。主副本与客户端交互并处理客户端的操作请求。主副本完成一项任务后会将完成的工作发送给备份服务器。如果主副本崩溃，将挑选一个备份副本担任主副本的角色。PB 仅能容忍系统崩溃故障，但无法容忍任何数量的拜占庭故障。

- **状态机复制(State-Machine Replication，SMR)**——SMR 也称为主动复制(Active Replication)，在[8]中提出。在基于 SMR 的系统中，每台服务器上运行确定性状态机，以"有组织的"方式接收输入、改变状态及生成输出，共识协议就在每台这样的服务器上执行。分布式网络在多台服务器副本上复制状态机、协调处理客户端操作请求并提供容错服务。一套运转良好的 SMR 协议应该保证满足两个基本的服务要求——安全性(Safety)，即所有处理器执行相同的请求序列；活跃性(Liveness)，即所有有效请求得到处理。

接下来介绍两个著名的基于 SMR 的分布式计算共识协议：基于视图标记的复制(Viewstamped Replication，VSR)和实用拜占庭容错(Practical Byzantine Fault Tolerance)。

### 1. 基于视图标记的复制(VSR)

基于视图标记的复制(VSR)技术是早期为分布式复制系统开发的协议。这里使用的是 Liskov 和 Cowling 在 2012 年提出的 VSR 的更新版本[9]。感兴趣的读者可参考 Oki 和 Liskov 的原始设计[10]。一个具有 $N$ 个副本的 VSR 系统中有一个主副本和 $N-1$ 个备份。每个副本都运行着一个本地状态机，其状态变量如表 2.1 所示。"视图标记"指的是<$v, n$>对，复制网络主要依靠视图标记按正确顺序处理客户端的操作请求。

表 2.1　VSR 中副本 $i$ 的状态变量

| 变量 | 描述 |
| --- | --- |
| $i$ | 自身序号 |
| rep-list | 网络中的所有副本列表 |
| status | 操作状态：正常(Normal)、视图更改(View-change)或恢复中(Recovering) |
| $v$ | 当前视图编号 |
| $m$ | 客户端的最新请求消息 |
| $n$ | $m$ 的序号 |
| $e$ | = execute($m$)，$m$ 的执行结果 |
| $c$ | 最新提交的客户端请求的序号 |
| log | 目前已收到操作请求的记录 |
| client-table | 为客户端执行的所有最新操作记录 |

VSR 由三个子协议组成，每个子协议对应三种状态之一。所涉及的消息如表 2.2 所示。下面省略消息细节，重点关注这些协议的总体工作流程。

表 2.2　VSR 中的消息

| 消息 | 发送方 | 接收方 | 格式 |
| --- | --- | --- | --- |
| Request | 客户端 | 主副本 | <request, $m$> |
| Prepare | 主副本 | 所有备份副本 | <prepare, $m, v, n, c$> |
| PrepareOK | 副本 $i$ | 主副本 | <prepareok, $v, i$> |
| Reply | 主副本 | 客户端 | <reply, $v, e$> |
| Commit | 主副本 | 所有备份副本 | <commit, $v, c$> |
| StartViewChange | 副本 $i$ | 所有副本 | <startviewchange, $v+1, i$> |
| DoTheViewChange | 副本 $i$ | 新的主副本 | <dotheviewchange, $v+1, i$> |
| StartView | 主副本 | 所有副本 | <startview, $v+1, log$> |
| Recovery | 副本 $i$ | 所有副本 | <recovery, $i$> |
| RecoveryResponse | 副本 $i$ | 恢复者 | <recoveryresponse, $v, n, c, i$> |

**(1) 正常操作协议(Normal Operation Protocol，NOP)**——当所有正常运行的副本都具有相同的视图并且主副本(Primary)处于良好状态时，执行正常会话操作。一个会话包括客户端发送请求和副本处理请求。三副本系统的正常操作协议如图 2.2 所示。在会话开始时，客户端向主副本发送请求消息(Request)，表示这是一个新的操作请求。

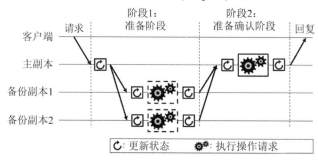

图 2.2　三副本系统的 VSR 正常操作协议(NOP)

(a) 准备阶段(Prepare)——收到请求消息(Request)后，主副本更新其 $n$、log 和 client-table 项，然后将此请求通过 Prepare 消息传递给所有备份副本，传递的消息还包括上次会话中更新过的 $n$ 和 $c$ 项。如果消息包括主副本请求的操作，每个备份副本都执行操作并相应更新其状态。

(b) 准备确认阶段(PrepareOK)——每个备份副本向主副本发送一条 PrepareOK 消息，显示其状态更新为最新。收到 $f$ 个 PrepareOK 消息后，主副本执行请求的操作，然后更新 $c$、log 和 client-table 项。

接着，主副本向客户端发送回复(Reply)消息。当主副本长时间未收到客户端请求时，将向所有备份副本发送一个 Commit 消息而不是 Prepare 消息，表明更新后的 $c$ 项。

**(2) 视图更改协议(View-Change Protocol，VCP)**——如果备份副本长时间未收到 Prepare 或 Commit 消息，则判断主副本出现故障。当主副本出现故障时，系统需要执行视图更改协议。备份副本在检测到需要更改视图后将其状态更新为 View-Change，并将视图编号增加到 $v+1$。然后，备份副本向其他备份副本发送 StartViewChange 消息，消息中包含新视图编号 $v+1$。当备份副本接收到至少 $f$ 个 StartViewChange 消息(新视图编号为 $v+1$)后，该备份副本会向将成为主副本的备份副本发送 DoTheViewChange 消息。当新的主副本收到至少 $f+1$ 条 DoTheViewChange 消息后就相应更新其状态，并向其他备份副本发送 StartView 消息，消息中包含更新后的 log 和新视图编号 $v+1$，并开始处理来自客户端的操作请求。同时，备份副本接收 StartView 消息，并根据消息中的 log 更新状态，最后将其改为 Normal 状态。

**(3) 恢复协议(Recovering)**——副本从系统崩溃故障中恢复时只有通过恢复协议才能参与正常操作和视图更改。副本首先向其他所有副本发送一条 Recovery 消息。每个副本用一条表明当前 $v$ 值的 RecoveryResponse 消息响应。主副本的响应消息包含 log、$n$ 和 $c$ 等更多状态信息。正在恢复的副本将一直等待，直至收到至少 $f$+1 个 RecoveryResponse 消息，然后相应地更新其状态。

- 容错(Fault Tolerance)——如果包括主副本在内的副本总数 $N \geq 2f+1$，则 VSR 可容忍 $f$ 个系统崩溃故障，但不能容忍拜占庭故障。例如，敌对者控制了主副本导致出现拜占庭故障，则主副本可在假装正常工作的同时拒绝所有客户端操作请求。另一方面，备份副本出现拜占庭故障，则可能恶意启动视图更改协议会话，以驱逐当前主副本。
- 复杂度分析(Complexity Analysis)——通过分析 VSR 正常操作的消息复杂度可发现，通信开销主要来自两个阶段——准备阶段(Prepare)和准备确认阶段(PrepareOK)，在准备阶段主副本向所有备份副本广播一个 Prepare 消息，而准备确认阶段则是所有副本向主副本发送一个 PrepareOK 消息，因此 VSR 正常操作的消息复杂度为 $O(N)$。

### 2. 实用拜占庭容错协议(PBFT)

在分布式计算系统的实际场景中，主副本和备份副本都容易受到敌对者的攻击和操纵，导致发生拜占庭故障。PBFT 协议由 Castro 和 Liskov 在 1999 年提出[11]，改进了 VSR 协议以容忍拜占庭故障。

PBFT(Practical Byzantine Fault Tolerance，实用拜占庭容错协议)由三个子协议组成——正常操作(Normal Operation)、检查点(Checkpoint)和视图更改(View-Change)。表 2.3 列出副本的状态变量，表 2.4 列出涉及的消息。作为额外的安全措施，每个消息都由发送方签名并由接收方验证。下面假设最多有 $f$ 个故障副本，而网络大小为 $N$=3$f$+1。稍后将说明 $N \geq 3f+1$ 保证了协议对拜占庭故障的容错能力。

表 2.3　PBFT 中副本 $i$ 的状态变量

| 变量 | 描述 |
| --- | --- |
| $i$ | 自身序号 (0 表示主副本) |
| rep-list | 网络中所有副本的列表 |
| $\sigma_i$ | 副本 $i$ 的签名私钥 |
| status | 操作状态——正常(Normal)或视图更改(View-Change) |
| $v$ | 当前视图编号 |
| $m$ | 客户端最新请求消息 |
| $n$ | $m$ 的序列号 |
| $d$ | = digest($m$)，$m$ 的摘要 |

(续表)

| 变量 | 描述 |
|---|---|
| $e$ | = execute($m$)，$m$ 的执行结果 |
| $s$ | 最新检测点 |
| $h$ | 低水位标记，即 $s$ 的序列号 |
| $H$ | 高水位标记，<$h, H$>形成长度为 $K$ 的滑动窗口 |
| $C$ | 所有证明 $s$ 正确性的合法 Checkpoint 消息集合 |
| $P_t$ | 与序列号为 $t$ 的请求对应的 Pre-Prepare 消息和所有 Prepare 消息的集合 |
| $P$ | 序列号 $t$ 大于 $n$ 的 $P_t$ 集合 |
| $V$ | 所有合法 View-Change 消息的集合 |
| $O$ | 专门选定的 Pre-Prepare 消息的集合 |
| log | 目前已收到选项 Request 的记录 |

表2.4 PBFT 的消息

| 消息 | 发送方 | 接收方 | 格式(经过签名处理) |
|---|---|---|---|
| Request | 客户端 | 所有备份副本 | <request, $m$>$_{\sigma_c}$ |
| Pre-Prepare | 主副本 | 所有副本 | <pre-prepare, $v, n, d$>$_{\sigma_0}$ |
| Prepare | 副本 $i$ | 所有副本 | <prepare, $v, n, d, i$>$_{\sigma_i}$ |
| Commit | 副本 $i$ | 客户端 | <commit, $v, n, d, i$>$_{\sigma_i}$ |
| Reply | 副本 $i$ | 所有副本 | <reply, $e, i$>$_{\sigma_i}$ |
| View-Change | 副本 $i$ | 所有副本 | <view-change, $v+1, n, C, P, i$>$_{\sigma_i}$ |
| New-View | 主副本 | 所有副本 | <new-view, $v+1, V, O$>$_{\sigma_0}$ |
| Checkpoint | 副本 $i$ | 所有备份副本 | <checkpoint, $n, d, i$>$_{\sigma_i}$ |

**(1) 正常操作协议(NOP)**——与 VSR 类似，PBFT 包括若干会话操作，四副本系统的正常操作协议如图 2.3 所示，会话从客户端操作请求开始，顺序经过三个副本交互阶段，即 Pre-Prepare、准备(Prepare)和提交(Commit)阶段，然后回复客户端。

- **Pre-Prepare**——当主副本接收到操作请求消息 $m$ 时，将序列号 $n$ 分配给该请求，并将 Pre-Prepare 消息与消息 $m$ 一起发送到所有备份副本。收到 Pre-Prepare 消息后，备份副本将检查相关签名以及 $v, n, d$ 的合法性。如果一切合法有效且 $n$ 在水位标记范围<$h, H$>内，备份副本就接受此消息，并相应更新其状态，进入 Prepare 阶段。

- **准备(Prepare)**——每个备份副本都向所有其他副本发送一条 Prepare 消息。每个副本收到至少 2f+1 条具有相同 v, n,d 的准备消息后，相应更新其状态并进入提交阶段。

- **提交(Commit)**——每个副本向所有其他副本发送一条提交消息。当副本接收到至少 2f + 1 条具有相同 v, n,d 的提交消息后，首先执行完序列号低于 n 的旧请求，然后执行当前请求 m 并生成结果 e，最后相应地更新其状态。

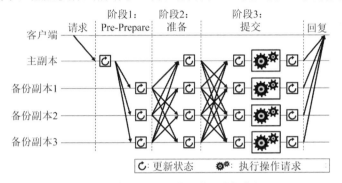

图 2.3　四副本系统中 PBFT 协议的正常操作协议(NOP)

当副本完成提交后，将执行结果 e 以回复消息的形式发送给客户端。客户端只有在收到至少 2f 个包含相同结果 e 的回复消息后才接受执行结果。

**(2) Checkpoint 协议**——副本使用 Checkpoint 协议安全地丢弃 log 中的旧记录项，一致同意一个给 View-Change 协议提供基本服务状态信息的稳定检查点。每个副本定期将已执行的客户端请求标记为 log 中的检查点，并将其序列号记录为 h(称为低水位标记)，以 Checkpoint 消息的形式将检查点多播给其他副本。副本收到至少 2f+1 个具有相同 n,d 值的 Checkpoint 消息后将 n 赋值给变量 h，并将此检查点标记为 stable，同时将这些 Checkpoint 消息保存下来作为来自这个稳定检查点的证明。之后，副本可从 log 中安全地丢弃序列号在 h 之前的所有 Pre-Prepare、准备和提交消息。除了 h，每个副本还更新高水位标记 H，使得<h, H>对成为长度为 K 的滑动窗口。注意，K 是用户定义的。

**(3) View-Change 协议**——由于视图绑定到已知的主副本，当怀疑主副本有故障时，备份副本执行 View-Change 协议选择新的主副本。当备份副本收到请求，但在指定超时期间未执行请求(例如，该副本在正常操作的第二阶段停留了太长时间)，该副本将停止接收与当前视图 v 相关的消息，并将状态更新为 View-Change，给所有副本发送视图为 v+1 的 View-Change 消息。当新的主副本接收到至少 2f 个视图为 v+1 的 View-Change 消息时，会向所有备份副本多播一条 New-View 消息，更新 log 和<h, H>对，然后进入正常操作。副本将验证收到的 New-View 消息，更新状态并进入正常操作。

- **容错**——正常操作中，将 Pre-Prepare 阶段和准备阶段分开对于按正确顺序执行请求和检测主副本故障十分重要。当主副本发送的 Pre-Prepare 消息携带的请求序列号失序，或长时间保持沉默时，只要大多数备份副本没有故障，备份副本会认为主副本发生故障，并启动 View-Change 协议生成新的主副本。现在讨论 PBFT 协议容忍 $f$ 个拜占庭故障副本的条件。在正常操作中，副本需要接收 $2f+1$ 个具有相同状态的 Prepare 消息，才能继续进入 Commit 阶段。然后，副本需要接收 $2f+1$ 个具有相同状态的 Commit 消息才能执行请求。这类似于 OM 算法中讨论的拜占庭将军问题的场景。在一个完全连接的网络中，如果三分之二以上的成员没有故障，就可达成共识。在 Checkpoint 协议和 View-Change 协议中也采用了相同的共识程序，保证选择新副本的安全性。由于假设 $N=3f+1$，因此 $2f+1$ 个来自无故障副本的消息足以容忍 $f$ 个拜占庭副本。一般情况下，假如 $f$ 未知(但假定 $N \geqslant 3f+1$)，消息数应从协议中的 $2f+1$ 更新为 $2N/3+1$，以容忍至少 $f$ 个拜占庭故障。
- **复杂度分析**——分析正常操作的消息复杂性。通信开销主要发生在三个阶段。在 Pre-Prepare 阶段，主副本向所有备份副本广播消息$[O(N)]$；在准备阶段，每个备份副本向其他所有副本广播消息$[O(N^2)]$；在提交阶段，每个副本向其他所有副本广播消息$[O(N^2)]$。因此，PBFT 正常操作的总体消息复杂度为$[O(N^2)]$。除非 $N$ 很大，否则对于完全或几乎完全连接的网络，该复杂度是可接受的。

### 3. VSR 和 PBFT 的比较

表 2.5 对 VSR 和 PBFT 进行比较。总之，PBFT 通过更复杂的协议方案和更高的通信开销实现了拜占庭容错。迄今为止，PBFT 在较小规模的许可制区块链(即联盟链)中的应用引起了区块链社区的极大兴趣。

表 2.5　部分同步分布式计算系统的 VSR 和 PBFT 协议比较

|  | VSR | PBFT |
|---|---|---|
| 提出年份 | 1988 | 1999 |
| CFT 条件 | $N \geqslant 2f+1$ | $N \geqslant 2f+1$ |
| BFT 条件 | 不支持 | $N \geqslant 3f+1$ |
| 消息复杂度 | $O(N)$ | $O(N^2)$ |

# 2.3 中本聪共识协议

比特币自 2008 年诞生以来，已成为加密货币的典型代表。截至 2018 年第一季度，比特币网络拥有约 10 000 个挖矿节点，市值超过 1000 亿美元。比特币和其他加密货币的流行使得学术界和业界对区块链、加密货币和许多新兴分布式账本系统背后的实现技术产生了极大兴趣。

在比特币的诸多方面中，著名的中本聪共识协议[12]是比特币安全性和性能的关键创新。与分布式计算系统类似，区块链的共识目标是网络的整个交易历史。交易历史不仅是交易内容，还包括交易的时间逻辑顺序。在比特币和以太坊等实际区块链系统中，共识协议还需要考虑各种物理因素，如网络连接度、网络规模、敌对者的影响等。本节从分布式系统的角度出发，介绍中本聪共识协议(Nakamoto Consensus Protocol)。

## 2.3.1 共识问题

**共识目标**——中本聪共识协议的目标是让所有节点对网络的交易历史形成统一视图。与上一节中 BFT 共识的四个要求类似，适用于中本聪共识的要求如下。

- 终结性(概率)——对每个已添加到区块链上的区块，其脱落概率渐近减小至零。
- 一致性——每个区块要么得到所有诚实节点的接受，要么遭到所有诚实节点的丢弃。区块一旦接受，则在所有区块链副本中应具有相同的区块号。换句话说，所有诚实节点对同一个区块链达成一致。
- 有效性——如果所有节点都收到相同的有效区块，则应将该区块纳入区块链。创世区块就是一个很好的例子。
- 哈希链完整性(Hash-chain Integrity)——区块链包含当前区块号及之前的所有区块，对于编号为 $t$ 的区块 $B$ 和编号为 $t+1$ 的区块 $B'$，$B$ 的哈希就是 $B'$ 中前一个块的哈希值。

## 2.3.2 网络模型

比特币(Bitcoin)网络与大多数公有链网络一样都基于 Internet 的对等(Peer-to-Peer，P2P)覆盖网络。每个节点都运行中本聪协议的一个实例，并维护区块链的一个副本。该网络建模为一个诚实节点之间传输的"有延迟上限"的部分同步消息传递系统，与第 2.1 节中为分布式计算系统假设的网络模型相同。除了网络同步性，比特币网络还具有非许可访问机制和闲聊般(Gossip-fashion)的信息传播机制。

**非许可访问机制(Permissionless Access)**——比特币系统是首个采用非许可访问机制的区块链系统,新玩家安装节点并加入网络时不需要身份验证。具体而言,只需要加入网络并完成三个步骤就可建立新节点:

(1) 从几个已知 DNS 服务器获取初始对等节点列表。

(2) 通过询问当前对等节点和监听来自其他对等节点的自发通告消息,寻找新的对等节点。确保连接的对等节点数量不低于最低值(目前比特币的对等节点数量为 8 个)。

(3) 从对等节点获取区块链副本并开始正常操作。

节点要离开网络只需要断开连接,该节点将逐渐从其对等节点的列表中清除。由于包含该节点公开地址的交易已写入区块链,节点用同样的相应私钥重新加入网络时可获取相同的公开地址以及未花费的交易输出(Unspent Transaction Output,UTXO)。

**信息传播(Information Propagation)**——在[13]中首次分析了信息传播和消息传递动力学。参与共识流程的消息有两种类型——交易(Transaction)和区块(Block)。图 2.4 显示了一个区块的单跳(One-hop)传播图。交易的传播方式相同。区块验证(Validation)包括对区块中所有交易的验证和对区块头哈希值的验证。通告(Advertise)消息包含已验证区块(或一列已验证区块)的哈希值。如果节点 B 看到一个在其区块链副本中不存在的区块,则会向节点 A 发送一条 get block(获取区块)消息,消息中包含所需区块的哈希值。然后,节点 A 将所要求的区块传输(Transmit)给节点 B,节点 B 与自己的对等节点(节点 A 除外)重复这一过程。

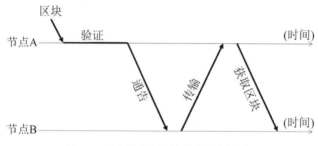

图 2.4　两个节点之间的单跳区块传播

注意,一旦节点 B 有传递这个区块的经济动机,当其他节点知道这个区块时不太可能创建冲突的区块(这将导致分叉),而更可能接受稍后由 B 创建的区块,这么做最终帮助 B 更好地利用其计算能力并获得更多区块收益。

## 2.3.3　共识协议

中本聪共识协议以分布式方式执行。每个节点运行相同的协议,并独立管理自己的区块链副本。共识协议的安全性取决于大多数节点是诚实的，即运行的是中本聪协议的正确版本。对于单个节点，该协议可总结为以下四条规则：

(1) 消息传递规则——所有新接收的或本地生成的区块和交易都应及时广播到对等节点。

(2) 验证规则——将区块和交易广播给对等节点或添加到区块链之前需要对其进行验证。丢弃无效的区块和交易。

(3) 最长链规则——始终选择最长的链。挖矿的目的应该是通过添加新的区块扩展最长链。如果节点接收到一个与自己处理中的区块 B 具有相同高度的有效区块 B*，节点将丢弃 B 并将 B* 添加到区块链，开始在新的链上工作。

(4) 工作量证明(Proof of Work，PoW)——区块的生成包括将一个一次性随机数插入区块头。区块头的哈希值应小于一个特定值，即 PoW 难度。更高的 PoW 难度意味着需要执行更多哈希运算才能找到这样一个一次性随机数。为安全起见，PoW 难度随着总哈希算力的波动而自动调整，使得网络中平均区块生成间隔保持恒定(目前比特币是 10 分钟)。

因此，最长链反映了网络中绝大多数节点的决策，也体现了最大的 PoW 算力。

**概率终结性**——根据最长链规则，未连接到最长链的链分支将遭受丢弃或变成"孤儿"。这意味着区块链中的任何区块(创世区块除外)均可能遭到撤销。强大的攻击者可能从早期的区块开始，一直到当前的区块链高度，重新计算工作量证明，使得网络承认这条新链是最长的。从好的方面看，如果攻击者的总哈希算力达不到网络的 50%，生成区块的速度将慢于网络的其余部分。假设 $p$ 表示攻击者控制的哈希算力百分比，且 $p<50\%$，那么攻击最终从 $m$ 块后面追上的概率是：

$$P\{\text{Catch-up}\} = \left(\frac{p}{1-p}\right)^m \tag{2.1}$$

由于 $p<50\%$，这个概率随着交易确认次数 $m$ 的增加呈指数级下降。换句话说，如果一半以上的哈希算力由诚实节点拥有，并且 $m$ 很大，那么从区块链中撤销区块在计算上是不可能的。目前在比特币中，交易确认次数 $m=6$。所有至少有 6 个后代的区块都可认为大概率是得到确认终结的。

# 2.4 新兴区块链共识算法

由于基于 PoW 的区块链在安全性和可扩展性之间存在固有的平衡问题，研究和开发人员一直在探索新的区块链方案，希望以更低能耗支持更高的交易量和更大的网络规模。本节介绍几种很有前途的非 PoW 共识算法，即权益证明(Proof of Stake，PoS)协议、基于 BFT 的共识协议(BFT-based Consensus Protocol)、Ripple 共识协议(Ripple Consensus Protocol)和运行时长证明(Proof of Elapsed Time，PoET)。这些算法可作为 PoW 替代方案，用于公有链(PoS、PoET)和特定领域区块链(基于 PBFT 的共识协议、Ripple 共识协议)。下面将概述这些共识协议，并简要分析各自的容错上限和安全问题。

## 2.4.1 权益证明(PoS)

权益证明(Proof of Stake，PoS)由比特币社区提出，作为 PoW 的替代方案。在 PoW 中，矿工们通过蛮力计算比赛争夺下一个区块。与 PoW 相比，PoS 更像一种新的区块链设计理念，比赛以节约能源和维护安全的"文明"方式进行。PoS 维护一组验证节点，这些验证节点通过存入一定数量的货币(权益)参与区块生成竞争。权益越大，赢得竞争的机会也越大。

PoS 有两种主要类型：链式 PoS(Chain-based PoS)和 BFT 式 PoS(BFT-style PoS)。链式 PoS 是最初设计的 PoS，因保留了中本聪共识的最长链规则而得名。该协议首先在加密货币 PPCoin(后称为 Peercoin[14])中实现。相比之下，BFT 式的 PoS 利用 BFT 共识的结果确定新区块。本节将介绍链式 PoS、BFT 式 PoS 的基础知识，其他 BFT 共识协议将在第 2.4.2 节介绍。

### 1. 链式 PoS

在链式 POS 中，区块链维护一组验证节点，这些验证节点参与竞争以获得生成下一个区块的权利。在每个区块生成周期，链式 PoS 分两步运行：

- **步骤 1**——每个验证节点在区块生成的竞争中投入一定权益。在此区块生成周期结束之前，存入的权益将遭到冻结。
- **步骤 2**——验证节点投入其权益后，开始按类似于中本聪工作量证明的方式生成新区块，但难度有限，而其投入权益数值会进一步降低难度。将第一个生成的区块立即添加到最长链，对应的验证节点获得区块奖励。

### 2. 容错

与中本聪共识的 PoW 类似，只要所有诚实的验证节点都遵守协议并拥有总权益价值的一半以上，一个区块从区块链中撤销的概率将随着链的增长呈现指数级下降。从经济角度看，与 PoW 系统相比，攻击者应该更不愿意在 PoS 系统中执行 51%攻击。在大多数 PoS 区块链系统中，验证节点的任何欺诈行为都会受到没收权益的惩罚，而在 PoW 系统中欺诈的成本只有使用的电力。因此，对于大多数攻击者，失去所有权益比浪费电力在经济上更不可接受。

### 3. 其他安全问题

尽管如此，链式 PoS 还存在其他许多有关稳定性和安全性的实际问题。下面是其中两个问题。

- 权益的时间价值——PoS 与资本运作方式极为相似，优势权益持有人通过投资-获利-再投资的方式获得垄断地位。为缓解垄断问题，应鼓励小权益持有人参与博弈。一种实用方法是让未使用的权益(验证节点从开始投入后一直未生成区块)随时间的推移而增值。一旦将某个验证节点选为生成节点，该节点的权益值将回归到初始时的缺省值。与此同时，未选中的验证节点的权益继续升值。例如，在 PeerCoin 币中，验证节点的权益值由币龄(Coin Age)衡量，币龄指存入的货币金额与存入时间长度的乘积。只要权益未经使用，小权益持有人的获胜概率将随时间的推移而增大。另一方面，为防止恶意验证节点积累权益，获得过多时间价值来锁定未来区块，权益的时间价值设置了上限，如100 个区块生成周期。
- 双赌问题——这也称为"无赌注"(Nothing-at-stake)问题。因为 PoS 仍然遵守最长链规则，当存在多个并行链分支(分叉)时，PoS 验证节点有动力为每个分支生成新区块，这么做不需要额外成本。在 PoW 中，矿工要为每个分支生成新区块，需要将宝贵的计算能力分配给每个分支。因此，链式 PoS 系统需要对那些双赌的人士制定惩罚机制。例如可没收遭到冻结的权益，取消在正确分支下注获得的区块收益等。然而，如果一组节点合谋维持并行分支，且占据了网络总权益的 50%以上，这些惩罚方案都将无效。

## 2.4.2 基于 BFT 的共识协议

基于 BFT 的共识协议通常需要较高的网络连通性，所有节点都要向其他节点显示其真实身份。这种做法非常适合许可制区块链，即联盟链。联盟链的网络规模较小且事先已知道参与者身份。与中本聪共识类似,基于 BFT 的共识的目标是确保所有参与者就区块的历史达成一致,这要求区块内容和区块顺序都正确。然而,这两个共识协议之间存在一个主要区别:基于 BFT 的共识的终止条件是确定的。换句话说,区块一旦写入区块链,就永远不会遭到篡改。

### 用于区块链的 PBFT 协议

如上一节所述,PBFT 是基于状态机复制的分布式计算的经典共识协议。PBFT 要在区块链场景中使用,需要进行如下调整。

- 并行——在 PBFT 中,针对每个视图,副本分为主副本和备份副本。然而,区块链的去中心化特性要求所有节点都能作为主副本处理客户端交易,并转发其他节点的交易。更具体地讲,当任何节点准备好广播其新区块时,该节点通过广播包含该区块的 Pre-Prepare 消息启动一个新的 PBFT 实例。为处理来自不同节点的 Pre-Prepare 消息,需要修改准备阶段和提交阶段,以便按时间顺序处理收到的区块。换句话说,在准备阶段和提交阶段可能有多个 PBFT 协议实例在并行运行。

- 动态视图更改(Dynamic View Change)——由于原始 PBFT 中每个视图只有一个主副本,因此 View-Change 协议可以相对有序的方式执行。区块链中每个节点都可充当主副本,View-Change 协议应能在单次执行中更新多个主副本。

理论上,如果网络规模 $N \geq 3f+1$,PBFT 能容忍 $f$ 个拜占庭节点。实际场景中,可能有许多与实现相关的问题阻碍 PBFT 充分发挥其潜力,网络连通性则是主要瓶颈。PBFT 中的操作消息是时间敏感的,低连通性网络可能无法正确地执行 PBFT。PBFT 的可靠工作需要全连通网络。

有几个区块链项目使用了 PBFT 的改良版本作为共识协议,例如 Hyperledger Fabric[1][15]和 Stellar[16]。感兴趣的读者可参考其中 PBFT 的具体实现。

**BFT 式 PoS**——BFT 式 PoS 已用于 TenderMint[17]、EOS[18]和 Ethereum 的 Casper[2] [19]。BFT 式 PoS 未遵循中本聪基于竞争的区块链生成过程,而采用更激进的设计。在这种设计中,一组验证节点通过 BFT 共识协议周期性地最终确定主链中的区块。这里以 Ethereum Casper 为例,与 PBFT 类似,Casper 通过检查点确认区块。每个验证节点保存一个区块链副本和一个检查点树。在每个检查点周期,Casper 按以下步骤运行。

- 步骤 1——每个验证节点存入一定数量的货币(权益)。存入的权益将遭受冻结,直到该检查点周期结束。

---

1　尽管 Hyperledger Fabric 目前使用 PBFT,但其设计目的是以插件方式支持任意共识模块。
2　以太坊基金会计划于 2019 年前将以太坊主网由 PoW 部分转换为 Casper PoS。

- **步骤 2**——每个验证节点从一个状态为 justified 的检查点出发，生成新区块，然后用区块提议机制及时广播。此时，验证节点之间不需要达成共识。
- **步骤 3**——到达一个检查点间隔(在 Casper 中为 100 个区块)后，验证节点开始对新的检查点形成共识，每个验证节点为检查点区块投票，并将投票广播到网络。投票消息包含五个字段，即源检查点 $s$ 的哈希、投票的目标检查点 $t$ 的哈希、$s$ 的高度、$t$ 的高度和验证节点的签名。
- **步骤 4**——验证节点收到所有投票后，会根据发送者的权益值对投票重新加权，然后计算每个得到提议的检查点区块的权益加权票数。如果检查点 $t$ 具有 2/3 的批准率(超级多数)，验证节点会将 $t$ 标记为 justified，源检查点 $s$ 标记为 finalized。$s$ 之前的所有区块也都最终确定。

链式 PoS 与 BFT 式 PoS 的根本区别在于，后者提供了确定的终结性。换句话说，BFT 式 PoS 保证经过确认的区块在将来永远不会撤销，而链式 PoS 和 PoW 不能排除这种可能性。重要的是，确定的终结性还可对双赌节点进行惩罚(即解决 无赌注问题)。因为最终确定的每个区块都带有提议者的公开地址，所以验证节点要对提出的所有最终确定区块负责。一旦发现双重投注，共识协议可合法地没收验证节点冻结的权益，并撤销冲突的区块。

**容错**——由于提议的检查点需要 2/3 的批准率才能变成合理的，在理想情况下该算法可容忍多达 1/3 的故障验证节点。尽管如此，由于 PoS 不成熟，而 Casper PoS 更如此，有许多安全和性能问题尚未得到解决。例如，在安全性和通信效率之间权衡后的最佳检查点间隔是多少？如何在下一个检查点之前在没有共识的情况下设计可靠、高效的区块提议机制？作者将持续跟踪 Casper 和其他 BFT 式 PoS 区块链的进展。

## 2.4.3　运行时长证明 (PoET)

运行时长证明(Proof of Elapsed Time，PoET)概念由 Intel 于 2016 年提出，作为 PoW 的替代方案。目前在 Sawtooth 超级账本项目[20]中使用。相比 PoW 中的算力竞争或 PoS 中的货币所有权竞争，PoET 实现了一种基于随机退避(Random Back-off)机制的竞争方案，该机制已广泛用于局域网介质访问控制协议。对于单块生成周期，PoET 只需要以下两个步骤。

- **步骤 1**——每个验证节点等待随机时长(退避)。
- **步骤 2**——第一个完成退避的验证节点成为创建者。

### 1. 可信随机退避(Trusted Random Back-off)

为确保每个验证节点的退避时长是真正随机且足量的，每个验证节点中的退避机制都应得到所有其他验证节点的验证和信任。实践中可通过特殊设计的微处理器实现这一点，而该微处理器可在可信执行环境(Trusted Execution Environment，TEE)或隔离执行环境中执行敏感程序。截至 2018 年，Intel 和 ARM 是此类微处理器的市场领导者。以 Intel 为例，一些六代以上酷睿系列微处理器能运行 Intel 支持隔离和证明等安全服务的 SGX(Software Guard Extensions)[21]。在基于 PoET 的区块链中，验证节点加入网络时会从对等节点或可信服务器获取可信退避程序，并在支持 SGX 的隔离环境中运行该程序。如果可信服务器要求，验证节点可将在隔离环境中的测量结果以证明报告形式发送到网络，证明在隔离环境中确实加载了真正的退避程序。成功完成退避后验证节点生成新的区块。同时，隔离环境中的可信退避程序生成一个完成退避及隔离环境测量的证书，证书与新区块一起广播。

### 2. 容错

理论上，只要在验证节点隔离环境中运行的退避程序可由其他节点远程验证，PoET 方案可容忍任意数量的故障验证节点，甚至可容忍宿主验证节点本身不是可信的。然而，既然每个隔离环境独立地运行相同的退避程序，富有的验证者可投资于多个隔离环境实例，从而缩短预期的退避时长。这类似于 PoW 的经济模式。唯一的区别是，矿工们投资的是 TEE 硬件而非挖矿设备。因此，PoET 需要确保 50% 以上的隔离环境掌握在诚实的验证者手中。

### 3. 硬件供应商依赖

PoET 的另一个主要缺点是依赖于 TEE 平台提供商(即 Intel 和 ARM)提供 TEE 硬件和远程证明服务。以 Intel SGX 为例，PoET 系统的安全性受限于 Intel 微处理器的安全性和 Intel 证明服务器的可靠性。这种明显的攻击面在一定程度上与区块链通过去中心化实现健壮性的理念矛盾。

## 2.4.4　Ripple

Ripple 网络由 Ripple 公司运营，是一个提供货币兑换和汇款服务的实时结算网络(Real-Time Gross Settlement，RTGS)。与任何人都可参与验证的公有链系统不同，Ripple 监管一组已知的验证者，这些验证者主要由公司和机构组成。验证者运行 Ripple 服务器程序并接收来自客户端的交易请求。Ripple 客户端只需要向指定的验证节点提交交易，验证节点网络将通过共识协议完成该交易。本质上，验证节点分布式地运行共识协议[22]，形成对公共交易账本的共识。

### 1. Ripple 共识协议

下面将交替使用"节点"和"验证节点"。在验证节点网络中，每个节点 $p$ 维护本节点的唯一节点列表(Unique Node List，UNL)，这是 $p$ 唯一需要部分信任(不共谋)的子网。Ripple 共识协议由每个节点在每个共识周期内运行。在每个周期，该协议分四个步骤进行。

- **步骤 1**——每个节点准备一个候选集(Candidate Set)，其中包含看到的所有有效交易，这些交易可能包括客户端提交的新交易和上一个共识周期保留的旧交易。
- **步骤 2**——每个节点将自己的候选集与其 UNL 节点的候选集合并，对合并集中每个交易的有效性进行"是/否"投票，并将投票发送给 UNL 节点。
- **步骤 3**——每个节点在收到来自 UNL 节点的投票后，丢弃其中"是"投票率低于最小阈值的交易。丢弃的交易可在下一个共识周期中重用。
- **步骤 4**——若干轮重复步骤 2 和 3。在最后一轮中，阈值增至 80%。每个节点将留下的交易添加到账本中，结束共识周期。

### 2. 容错性

如果交易得到至少 80% 的 UNL 节点的批准，则可最终确认交易。只要 $f \leqslant (m-1)/5$，其中 $m$ 是 UNL 的大小，$f$ 是 UNL 中拜占庭节点的数量，则 Ripple 共识协议能达到 BFT 协议的目标。因为要求每个 UNL 都满足该假设，所以这是一个相当强的安全性假设。实际上，这是通过 Ripple 的节点认证方案实现的，该方案可确保网络中所有节点知晓其他连接的任何验证节点的真实身份。

### 3. 连通性要求

因为每个节点只与 UNL 对等节点保持通信，不同节点可能具有不同甚至不相交的 UNL，这就导致前面讨论过的网络分割问题。在一个简单场景中，一组通过 UNL 关系连接的节点可形成一个完全连接的集团，然而如果两个 UNL 集团之间很少交流，就可能同时形成两个冲突的账本。为预防这种问题，Ripple 网络要求任意两个 UNL 集团 $S_i$ 和 $S_j$ 满足：

$$|S_i \cap S_j| \geqslant \frac{1}{5} \max\{|S_i|, |S_j|\}, \forall i, j \tag{2.2}$$

即任何一对 UNL 集团应该共享至少 25% 的节点。这种集团间连通性保证任何两个 UNL 集团不能同时形成两个冲突的交易，否则就不能满足 Ripple 共识协议中 80% 的批准要求。

注意，这个连通性要求依赖于 Ripple 公司的监管，因此如果比特币有超过 10 000 个假名验证者(矿工)等公有链，这个要求并不现实。

### 4. 复杂度分析

假设每条消息的大小是固定的，大约等于候选集中所有交易的大小。由于节点只需要与 UNL 对等节点通信，因此 Ripple 共识协议的消息复杂度为 $O(Km^2)$，其中 $m$ 为 UNL 的大小，$K$ 为网络中 UNL 集团的数量。

## 2.5　评价和比较

表 2.6 对本章提到的所有共识协议进行了定性评价。

表 2.6　区块链共识算法的比较

| | PoW | 链式 PoS | BFT 式 PoS | PoET | PBFT | Ripple 协议 |
|---|---|---|---|---|---|---|
| 需要许可授权 | 否 | 否 | 否 | 否 | 是 | 是 |
| 需要第三方 | 否 | 否 | 否 | TEE 平台厂商 | 身份管理提供商 | 身份管理提供商 (Ripple 公司) |
| 共识终结性 | 概率式 | 概率式 | 确定式 | 概率式 | 确定式 | 确定式 |
| 连通性要求 | 低 | 低 | 低 | 低 | 高 | 高 |
| 容错能力 | 50%哈希算力 | 50%权益价值 | 33.3%权益价值 | 50%隔离环境实体 | 33.3%投票能力 | 20%的 UNL 节点 |
| 示例 | Bitcoin, Ethereum, Litecoin | Peercoin, Blackcoin | Ethereum Casper, Tendermint | Hyperledger Sawtooth | Hyperledger Fabric, Stellar | Ripple |

具体而言，评价考虑以下几个方面。

- 需要许可授权——"是"表示区块链节点在加入时需要进行身份验证，并向其他节点透露真实身份。"否"表示任何节点可用假名自由加入。
- 需要第三方——网络是否需要一个可信第三方提供公共服务。

- 共识终结性——区块链中区块的终结性。"概率式"指所有已写入的区块(创世区块除外)都可撤销,尽管撤销发生的概率很小。"确定式"指所有已写入的区块永远不会遭到撤销。
- 连通性要求——"低"表示节点只需要保持最少数量的 P2P 连接。"高"表示节点需要与网络的大部分节点连接。
- 容错能力——协议可容忍的故障节点百分比。不同协议有不同的敌对者模型。例如,哈希算力在 PoW 中很重要,而权益价值在 PoS 中很重要。

# 2.6  小结

共识是分布式系统的核心功能。本章介绍分布式共识的基础知识、两个用于分布式计算的实用共识协议、中本聪共识的基础知识、几个新兴的区块链共识协议,并对这些共识协议进行定性评价分析,从安全性和复杂性两个方面进行比较。截至 2018 年,Ethereum Casper PoS、Hyperledger Sawtooth 和 Hyperledger Fabric 这些协议仍在开发中,未来还将出现更多共识协议。

一般而言,在设计区块链共识协议时,需要考虑两个模型——网络模型和信任模型。

一方面,具有高度连通和适应性的网络可保障参与节点及时地传播交易和区块,因此能使用具有高安全性保证的消息密集型共识协议。另一方面,好的信任模型允许使用高效的共识协议,关注性能而不必过多考虑安全性。通常中本聪共识协议和 PoW 共识算法对交易的处理能力较有限,是为不确定的网络条件和几乎零信任的非许可访问场景设计的。相比之下,基于 BFT 的协议和 Ripple 协议效率高,且支持对大量交易的处理,是为特定领域的应用设计的。在这些应用中,高网络连通性得到保证,且实施了许可访问机制。

总之,共识协议对于平衡区块链系统的安全性、性能和效率至关重要。协议设计者需要仔细考虑安全需求和性能目标,以及网络可承担的通信复杂度。

**致谢**

本文的撰写得到美国国家科学基金会(CNS-1446478 和 CNS-1443889)的部分支持。

# 第3章

# 区块链攻击面概述

本章由 Muhammad Saad、Jeffrey Spaulding、Laurent Njilla、Charles A. Kamhoua、DaeHun Nyang 和 Aziz Mohaisen 撰写。[1]

## 3.1 简介

本章将探讨区块链的攻击面以及可能的攻击方法。从如下几个方面考虑攻击面：①区块链的密码构造；②使用区块链系统的分布式架构(Distributed Architecture)；③区块链应用上下文。对于上述每个因素，本章都概述了几种攻击，包括自私挖矿和相关节点行为、51%攻击、DNS 攻击、DDoS 攻击、两可攻击、共识延迟(由于私利行为或分布式拒绝服务攻击导致)、区块链分叉、孤立和陈旧区块(Orphaned and Stale Block)、区块链摄取(Block Ingestion)、钱包盗窃和隐私攻击等，然后探讨这些攻击之间的因果关系，并展示欺诈活动导致其他攻击的可能性。本章还介绍区块链技术采取的或研究人员提出的一些有效防御措施，以减轻这些攻击的影响并修补区块链中的漏洞。

近年来，区块链引发了数字世界中加密货币、智能合约、账本维护和分布式溯源等许多应用。利用区块链透明且完全的分布式 P2P 设计、仅可追加模型、区块链中已接受的 “交易” 不能修改等特点，这些应用程序都可从中受益。区块链的透明性使其可存储可公开验证且不可否认的记录。此外，区块链的 P2P 系统不需要中心化的管理机构即可提供可验证的账本维护，解决了单点故障和单点信任问题。例如，比特币(一种使用区块链技术的流行加密货币)利用上述属性，使金融交易的历史记录易于验证。

尽管区块链为这些应用程序带来上述功能特征，但最近还有报告强调了区块链技术相关的安全风险。例如，2016 年 6 月，虽然去中心化的自治组织 The DAO 执行了基于区块链的智能合约规则，但某个不知名的攻击者还是设法从这个组织中盗取了

---

1 Muhammad Saad、Jeffrey Spaulding 和 Aziz Mohaisen 就职于美国中佛罗里达大学计算机科学系。Laurent Njilla 就职于美国纽约州罗马市罗马研究基地的美国空军研究实验室。Charles A. Kamhoua 就职于美国马里兰州阿德尔菲的美国陆军研究实验室的网络安全分部。DaeHun Nyang 就职于韩国仁川大学计算机工程系。

5000 万美元[1]。2016 年 8 月，香港交易所平台 Bitfinex 价值 7200 万美元的比特币被盗[2]。2017 年 6 月，Bitfinex 还遭受了分布式拒绝服务(DDoS)攻击，导致交易暂停。比特币和以太坊(基于区块链的分布式计算平台)的几个交易所也经常遭受 DDoS 攻击，从而妨碍用户服务的可用性。这些攻击会导致特定的应用程序出现问题。例如，由于比特币涉及运作的资金，这些攻击可能导致加密货币贬值。

区块链系统的安全性对于潜在用户的接受度至关重要。例如，投资者在研究投资和使用比特币技术的相关风险时，会考虑比特币的安全性。要实现基于比特币的应用潜力，第一步通常要全面了解与区块链系统相关的常见威胁。为此，本章将深入探究区块链的攻击面。

设想区块链将用于许多应用程序中，本章揭示可能危害这些应用程序的攻击。这些攻击可分为三大类：①与用于创建分类账本的数学技术相关的攻击(如区块链分叉、陈旧区块和孤立区块)；②与区块链系统中 P2P 架构相关的攻击(如自私挖矿、51%攻击、共识延迟、DDoS 攻击和 DNS 攻击)；③与使用区块链技术的应用环境相关的攻击(如区块链摄取、双花、钱包窃取)。本章介绍区块链技术的攻击面以及针对各种攻击的可能补救措施，展示与区块链技术相关的主要威胁。

本章首先总结与区块链的设计构造、P2P 架构(Peer-to-Peer Architecture)以及区块链的应用等相关的潜在攻击方式，重点介绍攻击的性质以及对比特币的影响。本章还展示攻击序列之间的因果关系，介绍一种攻击促发另一种攻击的可能性。了解这些联系可帮助组织设计出能同时解决多个问题的通用解决方案。最后，对于每种攻击，组织都会深入研究文献中提到的防御策略。

第 3.2 节回顾区块链的设计构造，例如区块链分叉、陈旧区块和孤立区块，这些设计的存在会引发多种攻击方式。3.4 节研究分布式网络的特征，这些特征为自私挖矿、多数攻击(Majority attack)、DNS 攻击、DDoS 攻击、共识延迟等创造了可能性。该节还详细介绍 P2P 架构；在区块链应用中，这个架构中的某些方面存在被敌对者滥用的可能。3.5 节概述在区块链中发现的应用层漏洞，并评估这些漏洞所面临的威胁。3.7 节进行总结并对今后的工作做了展望。

# 3.2　区块链及其运营概述

从概念上讲，可将区块链看作公开交易的数据库(账本)，这是因为其在 P2P 系统中的大量节点上进行了复制，因此可篡改数据。但区块链中只有一个分类账本，这意味着网络系统中的所有节点必须对区块链的状态及包含的数据达成共识。为达成共识，区块链中的所有区块都需要工作量证明(PoW)[3，4]，该功能计算量大却易于验证。

以比特币为例，PoW 涉及解决一个数学难题，这个难题由网络中被称为"矿工"的特殊节点执行。矿工收集比特币交易等特定应用事件并将事件添加到区块中。"挖矿"过程实质上是解决挑战并验证交易，通过使用计算能力创建区块。比特币的挑战在于提出一个一次性随机数(nonce)，该随机数和一个区块进行哈希时产生的哈希值小于系统设置的目标阈值。目标阈值是一个 256 位无符号整数，以 32 位 compact 格式(称为 nBit)编码并存储在区块头中。在解决挑战的过程中，矿工耗费了时间和算力，但解决一个区块并将其添加到区块链中可获得回报。截至 2017 年 10 月，解决区块的奖励为 12.5 比特币。在比特币中挖掘区块的详细信息可参考文献[5]。

如前所述，针对区块链技术的几种攻击都与区块链本身、矿工行为和 P2P 架构对区块链的影响有关。接下来将探讨与区块链结构相关的、与区块链系统中使用的 P2P 架构相关的攻击，探讨与比特币等使用区块链技术的应用相关的攻击，提供应对这些攻击可能的防御措施及补救措施。

# 3.3　区块链攻击

## 3.3.1　区块链分叉

分叉(Fork)表示网络中的节点对区块链的状态存在分歧，而且这种分歧将持续很长甚至无限的时间。这种情况可能是由于协议存在故障或客户端软件升级导致的不兼容而无意产生的，但也可能是恶意引发的，例如，植入遵循冲突验证规则的"Sybil 节点"或执行"自私挖矿"。3.4.1 节将对此做进一步讨论。此外，有意的分叉可以是软分叉，也可以是硬分叉。当网络接受的新区块对分叉前节点无效会发生硬分叉，而某些区块对分叉后节点无效会发生软分叉。无论哪种情况，区块链分叉都代表不一致的状态，攻击者可能利用分叉产生混乱、欺诈性交易并导致网络内部的不信任[6]。图 3.1 展示了一个硬分叉示例，区块链中执行冲突的规则导致该示例的发生。

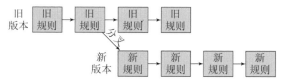

图 3.1　一组遵循冲突规则的对等节点导致的硬分叉

当 The DAO 超过三分之一的数字货币被攻击者盗窃时[1]，以太坊使用硬分叉回滚交易并追回价值数百万美元的以太币(以太坊网络的"燃料")。但这么做需要网络中大多数节点达成共识。这种情况下，如果由于"多数攻击"或 DDoS 事件导致共识延迟发生，欺诈活动将变得难以处理，而长时间的延迟最终导致加密货币贬值。

## 3.3.2　陈旧区块和孤立区块

共识过程可能出现两种形式的不一致，导致有效区块脱离区块链。第一种形式是"陈旧区块(Stale Block)"，即区块已成功开采但未加入当前最佳区块链(即最难重建的链)中。第 3.4.1 节将描述"自私挖矿"形式的区块链攻击导致网络中产生陈旧区块，剥夺了诚实矿工的奖励。

另一种形式的不一致是"孤立区块(Orphan Block)"，即该区块的前一区块(父区块)哈希字段指向与区块链分离的未经认证的区块，导致该区块无法验证。这些不一致可能由攻击者引起，也可能是由于矿工在工作中的竞争状态引起的。起初网络大多数可能接受陈旧区块，但当网络接收到的更长区块链(即当前最好的区块链)不包含该区块后，会拒绝该陈旧区块。图 3.2 展示了一个链，可在其中找到陈旧区块和孤立区块；注意，陈旧区块(底部块 2 和块 4)是有效的但不是区块链的一部分，孤立区块(区块 5)在区块链中没有父区块。比特币中的第一个孤立区块是在 2015 年 3 月 18 日发现的，那是创建了最多数量孤立区块时期的开始。2016 年，这一趋势开始下降，从 2017 年 6 月 14 日到本章撰写之日，列表中没有再添加任何孤立区块[7]。

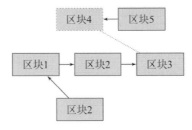

图 3.2　陈旧区块和孤立区块

## 3.3.3　应对区块链结构攻击

解决区块链网络中的软分叉相对容易。网络中的所有节点都可就区块链的真实状态达成共识并从那一点开始恢复。解决硬分叉可能十分困难，因为冲突链可能很长，而交易活动要回溯到冲突发生时。尽管从硬分叉回滚的风险很高，但同样可用之前讨论过的共识原则解决。以太坊在 The DAO 遭到攻击后，使用硬分叉为投资者挽回损失。最终，解决分叉需要网络中对等节点的同意。

在以太坊中，陈旧区块实际上得到奖励，成为区块链的一部分(即所谓的叔块，Uncle Block)[8]。最近，由于转向高度集中的挖矿网络，比特币中的孤立区块数量有所减少，普遍存在于去中心化挖矿网络中的孤立区块出现的可能性降低了。

# 3.4　区块链的 P2P 系统

底层的 P2P 架构是保障区块链提供安全性等特性的主要原因。但令人惊讶的是，区块链所依赖的这种 P2P 架构实际上诱发了多种攻击，本节将对此进行探讨。

## 3.4.1　自私挖矿

正如文献[9]所介绍的，自私挖矿攻击是某些矿工选择的一种策略。矿工试图故意隐瞒自己的区块以增加奖励。这些自私矿工并未在发现区块时立即公之于众，而继续私下挖掘以获得比公开链更长的链。一旦公开链开始接近矿工私有链的长度，自私矿工们就将区块公开以获得奖励。图 3.3 演示了如何进行自私挖矿攻击。

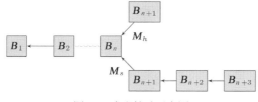

图 3.3　自私挖矿示意图

考虑一个具有区块 $B_1$, $B_2$,..., $B_n$ 的区块链。假设一个诚实的矿工 $M_h$ 成功挖出下一个区块 $B_{n+1}$。在同一个网络中，一个自私的矿工 $M_s$ 也解决了 $B_{n+1}$。$M_s$ 选择不发布区块并成功地挖出另外两个区块 $B_{n+2}$ 和 $B_{n+3}$。假设情况对 $M_h$ 有利，网络中的大多数节点对 $M_h$ 的工作充满信心，但 $M_h$ 仍然可能遭受欺骗。假设 $M_h$ 的 $B_{n+1}$ 区块的哈希值低于目标阈值和 $M_s$ 的 $B_{n+1}$ 区块的哈希值。如果仅将这两个区块提交给网络，由于 $M_h$ 的区块计算复杂度更高，网络会选择 $M_h$ 的区块并添加到公开链上。一段时间后，$M_s$ 释放了自己的所有区块 $B_{n+1}$、$B_{n+2}$ 和 $B_{n+3}$。根据区块链的设计协议，网络会转移到 $M_s$ 的区块，并丢弃 $M_h$ 的区块 $B_{n+1}$。由于 $M_s$ 的自私行为，$M_h$ 在计算区块上付出的努力完全浪费。采用自私挖矿策略的动机是通过发布更长的链以最大化区块的奖励。应该注意，从区块链中排除 $M_h$ 的 $B_{n+1}$ 区块不会销毁该区块，而会导致网络中的"陈旧区块"这一重大问题(3.3.2 节)。

自私挖矿攻击让为区块链做出贡献的诚实矿工的区块无效，对网络的其余部分产生了不良结果。当两个自私矿工争相将链添加到网络的情况下，可能出现"区块链分叉"(3.3.1 节)。这些分叉会导致网络中的共识延迟，并进一步导致 3.5.2 节中所述的"双花"等其他潜在攻击。网络中的自私活动可能破坏整个网络，因此有必要研究攻击者行为之间的关系。

### 3.4.2 51%攻击

51%攻击发生在单个攻击者、一组 Sybil 节点或一个矿池的挖矿哈希算力达到可操纵区块链中大部分网络时。攻击者将能够：①防止交易或区块得到验证(使交易无效)；②在攻击者控制的时间内"逆转"交易实现双花；③防止其他矿工(验证者)在短时间内找到任何区块。与其他人相比，拥有大部分哈希算力的攻击者将区块附加到区块链中的概率更高[10]，而这些区块可能具有欺诈性或重复消费的交易。例如，攻击者和 Alice 进行交易换取产品，攻击者可复制同一笔交易给 Bob 并在区块上公布这笔交易。区块链上的交易是不可逆的，只能认定两项交易中的其中一项是有效的。51%攻击并不超出概率范畴。2014 年 7 月的一天，矿池 GHash.IO 的哈希算力超过比特币全网的 51%[11]，引起了媒体对比特币及其漏洞的担忧。随着矿工的离开，GHash.IO 的规模逐步缩小并最终于 2016 年 10 月关闭。应该指出的是，矿池进行上述欺诈活动[48]并不总是需要达到网络哈希算力的 51%。即使具有较低的哈希算力，也可能以很高的成功概率实现类似目标。如 Bahack [12]所说，大多数攻击可能只使用四分之一的网络哈希算力。

### 3.4.3 DNS 攻击

节点首次加入比特币网络时，并不知道网络中的其他活动节点。要发现网络中由 IP 地址标识的活动节点，需要执行引导步骤。DNS 可用作引导机制。节点加入网络后，会查询 DNS 种子，获得其他活动对等节点的更多信息。正如《比特币开发者指南》[13]指出的，DNS 为比特币网络开启了广泛的攻击面。也就是说，DNS 解析容易受到中间人(解析器)、缓存投毒等攻击。利用 DNS 的攻击面，攻击者可向区块链中的节点提供无效节点列表，从而隔离这些节点、提供伪造的区块或使交易无效等。要了解 DNS 安全性的一般信息，可参考文献[14]。

### 3.4.4 DDoS 攻击

在线服务最常见的一种攻击是 DDoS 攻击[15，16]。尽管区块链技术是 P2P 系统，但仍然容易受到 DDoS 攻击。比特币和以太坊等基于区块链的应用程序屡遭这类攻击 [8，17–20]。DDoS 攻击有多种表现方式，具体取决于应用程序的性质、网络架构和节点行为。例如，在比特币网络中，51%攻击可能导致拒绝服务。具体来说，如果一组矿工获得很大的哈希算力，这组矿工可防止其他矿工将挖出的区块添加到区块链中，使正在进行的交易无效，并导致网络中的服务故障。故意分叉(恶意行为造成的分叉)

可变成硬分叉，从而导致类似的拒绝服务后果。

产生攻击的另一种可能是由比特币网络在给定时间内可处理的区块交易数量有限导致的。例如，平均而言比特币网络需要 10 分钟才能挖出一个区块，该区块最大容量为 1MB。尽管比特币中交易的大小有所不同，但比特币中交易的平均大小约为 500 字节，平均每个区块大约容纳 2000 笔交易。据报告，比特币中添加到区块的最大交易数为 2210 [7]。此外，根据预定义的难度，挖出一个区块所需的平均时间约为 10 分钟。因此，要把网络中的所有当前交易成功地包含在区块链中，每分钟交易数量不得超过 200 个。考虑到这一点，以及每个交易至少需要两个节点(标识为两个不同的公开标识符)，每分钟网络服务的活动节点(交易所在区块得到挖掘并合并)总数不会超过 200 个。

敌对者可通过引入 Sybil 身份充分利用比特币系统的上述操作实现。同一敌对者也可控制多个钱包。此外，敌对者可在控制的各种 Sybil 身份之间发布粉尘交易(Dust Transaction，如每笔交易 0.001BTC)。在短时间内引入大量小额交易，可使网络因为创建包含这些交易的数据区块而拥塞，从而拒绝为网络中的合法用户提供服务。由于拥塞，敌对者还可能发起其他攻击，例如由于拥塞导致代币的双花。

有人可能争辩说，矿工可选择将哪些交易包含在区块中。但如 Satoshi [13]所述，比特币设计中不鼓励这样做。现在的区块甚至包括价值低至 0.0001BTC 的交易，这使低价值交易充斥网络成为可能。

## 3.4.5　共识延迟

与网络的 P2P 性质相关的另一种攻击是共识延迟。在这种攻击中，攻击者可能通过注入错误的区块，延迟或阻止对等节点在区块链中达成共识。引入共识延迟的方式有：迫使网络挖掘币基(Coin Base)较小的区块，或迫使网络消耗时间就损坏的区块达成共识等。确切地讲，由于接受或拒绝伪造区块可能消耗很长时间，恶意节点可通过该过程愚弄整个系统。时间敏感的应用需要在短时间内形成决议，因此这个问题尤为严重。

## 3.4.6　抵抗 P2P 攻击

关于自私挖矿问题，已有人做了研究，并提出几种可能的解决方案[9，21–24]。Solat 和 Potop-Butucaru [25]提出了区块"生命期"，防止自私矿工的扣块攻击。如果由诚实矿工计算的区块达到预期生命期，网络将拒绝该区块。Heilman [22]通过引入一种名为Freshness Preferred 的防御方案阻止自私矿工获得利益。Heilman [22]在 Eyal 和 Sirer [9]先前工作的基础上，在区块上添加了不可伪造的时间戳，让具有较近时间戳的区块更受网络偏爱，降低了自私矿工长时间扣留自己区块的动机。

"多数攻击"也已得到广泛研究，已提出防止区块链网络垄断的应对措施。Bastiaan[11]引入"两阶段工作量证明"(Two Phase Proof-of-Work，2P-PoW)概念应对51%攻击。2P-PoW 是一个连续时间马尔可夫链(Continuous-Time Markov Chain，CTMC)模型，其中包括矿工要解决的两个(而非一个)挑战。CTMC 的状态通过缩小对矿池中矿工的激励防止矿池增加到惊人的规模。而 2P-PoW 可防止大型矿池产生霸权。

Johnson 等人[26]提出一种博弈论模型，解决针对矿池的 DDoS 攻击。其他应对措施包括限制交易中发送的最小金额，或增加区块容量以容纳更多交易。还有一种方法是减少挖掘区块的目标难度，以便开采更多区块从而不会浪费任何交易。上述每个提议都有自己的使用警告。为防止基于 DNS 的攻击，组织可根据大量文献中的方法为区块链系统配备 DNS 攻击防御[27-29]。在 DNS 和 DDoS 攻击方面对区块链技术进行更多研究是组织乐见的。

# 3.5　面向应用的攻击

区块链及相关的 P2P 系统和其上的应用服务是隔离的，不同性质的应用各有不同的缺陷。安全专家估计将有大量基于应用的攻击，本节讨论的就是这部分内容。

## 3.5.1　区块链摄取

区块链是一个公开分类账本，任何想要挖矿的人都可使用。因此，敌对者可通过对公开区块链的分析获得很多有用信息。此过程称为区块链摄取(Blockchain Ingestion)。区块链应用或其用户可能并不希望看到这种情况。例如，公开市场中的信用卡公司可使用数据分析深入研究区块链上的公开信息，优化自身的计划以与数字货币竞争。为证明对公开数据的利用潜力，Fleder 等人[30]使用图形分析，在比特币的区块链数据和相关用户的身份间构建联系。

## 3.5.2　双花

下面将具体解释双花(Double Spending)的概念。在加密货币操作中，交易将资产的所有权从发送者的地址转移到接收者的公开地址,并且交易值由发送者用私钥签名。一旦交易签名就广播到网络并由接收者验证。接收者查看发送者的未花费交易输出、验证发送者的签名并等待交易挖掘到有效区块中。该验证过程需要耗时几分钟，比特币中区块挖掘的平均时间为 10 分钟。

在快速交易环境中[31]，或者如果接收者十分乐观，接收者可在交易进入区块链之前将产品发给发送者。这样，发送者有机会签署相同的交易并发送给另一接收者。用私钥签名同一笔交易并将其发送给两个不同接收者的现象称为双花。双花中，发送者的同一笔未花费的交易有两笔交易输出，但只能将其中一笔合并到区块链中。网络中的共识延迟(3.4.5 节)或 51%攻击(3.4.2 节)都会导致验证过程出现延迟，从而增加敌对者双花的机会。

### 3.5.3　钱包盗窃

如果系统中密钥等与节点相关的凭证存储在数字钱包中，就会发生"钱包盗窃"攻击，将对应用产生一定影响。例如，默认情况下，比特币中的钱包是不加密存储的。这使敌对者可了解到与钱包地址相关的凭证以及发起的交易的性质。即使将钱包安全地放在主机上，敌对者也可通过在主机上发起恶意软件攻击窃取钱包。由于许多第三方服务启用了钱包的存储业务，这些服务可能遭到攻击，从而将钱包泄露给敌对者[1]。

### 3.5.4　应对面向应用的攻击

对于面向应用的攻击，组织有多种应对措施。例如，为保护区块，建议备份钱包并保护用于签署交易的密钥。口令很容易泄露，因此需要使用强口令。但更改口令不会更改由其保护的密钥，如果之前口令泄露过，就可能使密钥受到攻击。安全专家们强烈建议加密钱包，这一做法是原始比特币设计中应对脆弱密钥的标准做法。与安全钱包对应的另一种机制是保险，但该技术只是事后补救，无法从根本上解决该问题。

Zcash 之类的新型加密货币模型在区块链上隐藏交易并保持匿名，从而防止区块链摄取攻击。在快速网络中很容易解决双花攻击，但在网络具有高延迟的情况下则无法解决。解决双花问题的一种可能方法是利用一次性(或多次性)签名，例如扩展默克尔签名方案(Extended Merkle Signature Scheme，XMSS)[32、33]。但这么做需要更改区块链应用当前使用的签名算法。其他建议包括降低区块链的难度参数以启用快速区块挖掘。这是一种合理方法，但会进一步促成自私挖矿的发生。

## 3.6　相关工作

区块链用于加密货币[34]、智能合约[35、36]、电子投票[37]、云计算[38-40]、在线游戏[41、42]和供应链溯源[43]。所有这些应用都使用区块链的密码结构维护分类账本，并使用去中心化的 P2P 模型进行信息流通，因此，可能遇到与本章所述相似的攻击和问题。

Kwon 等人[6]提出一种称为"扣块后分叉"(Fork After Withholding，FAW)的新攻击。研究人员通过实证分析发现，相比自私挖矿和扣块(Block Withholding)攻击，这种新攻击对攻击者而言更有意义。Apostolaki 等人[44]研究了对加密货币的路由攻击，并分析劫持边界网关协议(Border Gateway Protocol，BGP)公告的行为。实验表明攻击者可隔离高达 50%的网络哈希算力。Bradbury[45]回顾了对比特币的各种攻击，即 51%攻击、基于代码的攻击、双花和粉尘交易。

Eyal 和 Sirer [9]研究了自私挖矿及遏制方法。Sapirshtein 等人[21]分析了优化的自私挖矿策略。Heilman[22]、Solat 和 Potop-Butucaru[25]研究了对自私挖矿的遏制。Bastiaan[11]通过对 2P-PoW 的随机分析研究了 51%攻击[46]。Eyal 等人[47]引入可扩展的比特币协议 Bitcoin-NG。上述工作可为大多数区块链网络提供更好的共识机制，避免不必要的延迟和分叉。

在区块链系统中，尚未对 DDoS 和与 DNS 相关的攻击进行研究。与中心化系统不同，DDoS 攻击在 P2P 架构中以不同方式呈现，因此需要不同的防御方法。

# 3.7  小结

本章探讨区块链技术的攻击面，如区块链的密码结构、底层通信架构以及应用环境，重点介绍主要威胁和正在进行的防御研究活动。尽管当前有一定的防御措施，但仍有很多对区块链的攻击，而且其中一些攻击会引发其他攻击。未来安全行业将探索确切的参数和设置，通过试验了解在各种防御能力下发起这些攻击的代价。

# 第 II 部分

# 分布式系统安全的区块链解决方案

# 第 4 章

# ProvChain：基于区块链的云数据溯源

本章由 Xueping Liang、Sachin S. Shetty[1]、Deepak Tosh[2]、Laurent Njilla[3]、Charles A. Kamhoua[4]和 Kevin Kwiat[5]撰写。

## 4.1 简介

云计算广泛用于商业和军事环境，支持数据存储、按需计算和动态资源调配(Dynamic Provisioning)。云计算采用分布式和异构的环境，由不同供应商提供不同的软件和硬件组件，可能带来漏洞和不兼容的风险。云内和云间数据管理与传输的安全保障成为一个关键问题。云审计有效进行的前提条件是能可靠跟踪对数据的所有操作。数据溯源(Provenance Data)是一个从数据的原始来源开始确定历史的过程[1]。来源有保证的数据可帮助检测云计算基础架构(Cloud Computing Infrastructure)中的访问冲突。然而，开发来源有保证的数据仍然是云存储应用程序的关键问题之一。此外，数据溯源可能包含与原始数据和数据所有者相关的敏感信息。因此，组织不仅需要确保云数据的安全，还需要确保数据溯源的完整性和可靠性。溯源数据遭受意外损坏或恶意伪造，会影响即使最先进的基于云的数据溯源服务[2]。

区块链技术由于共享、分布式和容错的数据库引起人们的兴趣。网络中的每个参与者都可通过这个数据库共享诚实节点的计算能力，使得彼此交换的信息能抵御操纵，导致敌对策略失效。区块链网络是一种分布式公共账本，任何一个交易都由网络节点见证和验证。区块链的去中心化架构可为云计算环境开发出有保证的数据溯源能力。

1　就职于位于美国弗吉尼亚州诺福克市的欧道明大学的弗吉尼亚建模、分析与仿真中心。
2　就职于美国得克萨斯大学埃尔帕索分校计算机科学系。
3　就职于位于美国纽约州罗马市罗马研究基地的美国空军研究实验室的网络保障分部。
4　就职于位于美国马里兰州阿德尔菲的美国陆军研究实验室网络安全分部。
5　就职于位于美国佛罗里达州萨拉索郡的 CAESAR 集团的 Halloed Sun TEK 公司。

在去中心化架构中，每个节点都参与网络并提供服务，效率更高。由于区块链的分布式特征，可用性也能得到保证。云服务中经常使用中心化的权威机构，因此常需要在保护隐私的同时保护个人数据。使用基于区块链的云数据溯源服务，所有数据操作都是透明和永久记录的。因此，用户和云服务提供商之间很容易建立信任。此外，维护溯源有助于提高云用户对共享网络威胁信息的信任度[3，4]，从而在减少安全投资的情况下，实现主动的网络防御[5，6]。

本章介绍 ProvChain 这一基于区块链的数据溯源架构，目的是在确保云存储应用程序中数据操作安全性的同时增强隐私性和可用性。 ProvChain 将操作历史记录为可溯源数据，这些数据经过哈希处理后存储在默克尔树节点中[7]。溯源数据的哈希列表构成一棵默克尔树(Merkle Tree)，树的根节点锚定到区块链交易中。区块链交易列表用于形成一个区块，该区块需要由一组节点确认才能包含在区块链中。敌对者只有定位了交易和区块才能试图修改溯源数据记录。区块链底层的密码理论将允许修改区块记录，但前提是敌对者能展现比其他矿工更长的区块链，而这是很难实现的。利用区块链网络的全球规模计算能力，基于区块链的数据溯源可提供完整性和可信赖性。本章提出的架构仅保留用户身份的哈希，防止用户隐私泄露给区块链网络中的其他节点。

本章 4.2 节概述最先进的数据溯源工作和区块链技术。4.3 节描述基于区块链的数据溯源架构 ProvChain 的设计。具体实现可见 4.4 节。ProvChain 的性能评价在 4.5 节中介绍。最后，4.6 节进行总结。

# 4.2  背景及相关工作

## 4.2.1  数据溯源

"溯源(Provenance)"一词可追溯到法语中的 provenir，意思是"来自"，因此溯源描述了一个物体的保管历史。 从信息安全的角度看，数据溯源其实是对由工作流所生成数据的所有操作记录进行审计的过程。区块链环境中可在分布式公共分类账本中找到溯源数据，该分类账本记录了对与资产相关的数据执行的所有操作。资产所有者可对交易进行签名认证，轻松地将资产转移给另一所有者而不需要仲裁者。区块链中的数据溯源利用可验证的审计追踪、数字资产的创建和所有权转移、共识协议以及基于密码的身份标识等功能。

## 4.2.2　云端的数据溯源

云计算环境是动态且异构的，涉及由不同供应商制造并需要多个互操作的存在差异或完全不同的软件和硬件组件。随着企业(无论是私有企业还是公共组织)将云计算作为数据存储、处理和服务资源调配等功能的平台，保护云端数据已成为云供应商的首要任务。对许多人而言，机密性最重要。因此，确保云内和云间的数据传输通常是强制要求。典型的数据保障重点在于确保数据内容的机密性、完整性和可用性。但在云环境中，确认数据的来源(数据来自何处)是一个挑战。跟踪云环境中每个关键数据对象可隐性确保数据内容的机密性、完整性和可用性。这个称为数据溯源的过程将在云数据上记录每笔交易，以便在任何时候导出来龙去脉，证明数据的真实性。数据溯源可通过识别出导致数据对象状态异常的确切来源，防止内部攻击和网络入侵。数据溯源基于数据对象的详细派生关系处理数据谱系。如果云端存在存储的所有数据的真正溯源，将可实现分布式数据计算、数据交换和交易、检测内部攻击、复制研究结果以及识别系统或网络入侵的确切来源。不过，云端数据溯源的最新技术无法提供这种保证，因此需要研发新技术以应对这一挑战。

数据溯源对于云计算系统管理员发现系统或网络入侵至关重要。云计算环境通常以不同系统和网络组件之间数据传输为特征。这些数据交换可在数据中心内或跨联盟数据中心间进行。由于数据存在多个副本以及为确保传输弹性会采用多个路径，因此数据通常不会遵循相同路径。这种设计使管理员难以准确识别攻击源头、引起攻击的软件和/或硬件组件以及攻击的影响程度。安全方面的违规行为需要精细的粒度才能识别，而溯源可在这一点上提供帮助。云端当前最先进的溯源系统通过日志记录和审计技术支持上述任务。云计算跨越了地理和组织边界，使用多层互操作软件和硬件组件，本质上相当复杂，因此这些技术在云计算系统中的使用效果不佳。要确定云基础架构中安全违规的来源、原因和影响，需要从不同来源收集证据和日志，这是一项艰难的任务。同时，日志仅提供与每个应用程序相关的行为的顺序历史记录数据。数据溯源能提供对数据对象所有变更的来源历史，列出转发或处理了该对象的组件，还能列出查看和/或修改对象并有较高保障要求的用户。

云计算平台由位于不同地理位置的不同物理机组成，每个物理机承载一个或多个虚拟资源；虚拟资源指虚拟机(Virtual Machine，VM)。虚拟机属于云用户，由操作系统、软件和数据等组成。运行的虚拟机所创建的动态数据是溯源的关键。因此，在当今的云计算中，提供的数据溯源结合了日志数据(通过在给定的物理、虚拟或应用程序资源上执行软件后生成的数据)和审计数据(仅为溯源提供保证而创建的数据)。云端数据溯源是受限的。除了比较日志和审计数据等有限功能外，目前的溯源功能是通过私有方式建立数字资产所有权。这反过来又有一些限制。第一，溯源成本很高，令人望而却步，需要为每个云服务建立溯源保证；第二，当涉及多个参与者(这在云计算中很典型)时，溯源保证过程缺乏透明性。因此，需要转向一个更加透明、开放和公开的溯源体系。

研究人员展示了一些与数据溯源相关的工作。PASS 是第一个在操作系统级别收集和维护溯源数据的方案[8]。这一文件溯源系统[9]通过截获虚拟文件系统下的文件系统调用来收集溯源数据，而这么做需要更改操作系统。在云数据溯源方面，S2Logger[10]作为一个端到端数据跟踪工具，在内核空间提供文件级和数据块级溯源。除了数据溯源技术和工具外，也有对溯源数据的安全性和用户隐私的研究。Asghar 等人[11]提出一种云环境下安全地进行数据溯源的解决方案，该方案采用双文件夹加密的方法，提高了隐私性，但计算成本较高。SPROVE[12]使用加密和数字签名保护溯源数据的机密性和完整性。但 SPROVE 不具备溯源数据查询功能。Progger[13]是一个内核级日志记录工具，可提供日志篡改证据，但会牺牲用户隐私。此外，有一些工作需要使用溯源数据来管理云环境，例如发现云资源的使用模式、普遍存在的资源重用以及故障管理等[14]。

## 4.2.3   区块链

区块链技术吸引了包括金融、医疗、公用事业、房地产和政府机构在内的众多利益相关方的极大兴趣。区块链是一个共享、分布式和容错的数据库，网络中每个参与者都可共享数据，但没有实体可控制数据。这项技术设计出来是为了在竞争激烈的环境中对抗决心攻陷系统的敌对者。区块链假设网络中存在敌对者，因此利用诚实节点的计算能力使敌对策略失效，而交换的信息具有抗操纵和破坏的能力。区块链没有可信的中央机构或中介机构，加快了实体之间的协调过程。由于使用了加密数据结构而不是加密信息，篡改区块链极具挑战。区块链网络是容错的，允许消除受损节点。尽管如此，仍然存在一些漏洞可能会破坏区块链的完整性[15]。然而，恶意节点需要具有巨大的计算能力才能执行攻击，在成本上很不划算。

区块链的去中心化和安全特性吸引研究人员开发了各种应用，例如智能合约、分布式 DNS 和身份管理等。除比特币外，在公有区块链上设计的以太坊[16]可用于便捷地开发分布式应用。为实现价值传递功能和奖励参与者，以太坊采用了一种称为以太(Ether)的新型加密货币，其价值单位为 Wei。以太坊可提供智能合约功能，由 Solidity 和其他高级语言支持实现。在区块链网络上，这些合约编译成二进制格式，并能运行在以太坊虚拟机(Ethereum Virtual Machine，EVM)上。以太坊平台采用了"每地址(Per-address)"交易模型，每个交易都是独立的。这意味着交易只是在参与节点之间转移资产。

　　Multichain [17]提供一个开源的许可制区块链网络，开发者可在私有云架构上托管区块链。Multichain 使用"每输出(Per-output)"交易模型，可处理高吞吐量[18]。"每输出"交易模型意味着每个交易的输入与前一个交易的输出具有某种关系。通过让同一用户使用不同地址，该模型提供更高的隐私级别。Multichain 支持多币种，因此开发人员可在不同交易类型中处理不同类型的资产。此外，Multichain 项目增加了两个会使开发人员和其他区块链用户受益的功能：区块链消息传递和数据库同步。相比之下，以太坊是为便捷地开发区块链应用设计的，这是"每地址"交易模型最突出的特点之一。此外，由于每个交易只需要一个签名、一个引用和一个输出，因此节省了大量空间。

　　Hyperledger[19]是一个由 Linux 基金会托管的开源许可制区块链项目，基金会包括金融、银行、物联网、供应链、制造业和技术领域的领导者。Hyperledger Fabric[20]是一种在 Hyperledger 平台上提供高度机密性、弹性、灵活性和可扩展性潜力的架构，不同定制组件可通过插件实现。通过在开放平台上集成定制和所需技术，开发人员可从 Fabric 框架中获益。

　　Tierion[21]提供了一个将数据记录上传和发布到区块链网络的平台，通过公共的应用程序编程接口(Application Programming Interface，API)，Tierion 可方便地与需要使用区块链的应用程序集成，而开发人员可使用 HTTP 请求将元数据发布到 Tierion 数据存储中并获取数据记录信息。每个数据记录都有一个记录 ID，可用于检索基于区块链交易生成的区块链收据。而区块链收据包含交易 ID，也可用于定位交易和承载交易的区块。这样，在区块链上发布的数据记录就不会遭到篡改，从而使完整性得以保障。

　　普林斯顿大学的 Blockstack 实验室基于 Namecoin 和基于区块链的命名和存储系统提出一种去中心化公钥基础架构(Public Key Infrastructure，PKI)服务[22]，还提出在以信息为中心的网络中运用区块链实现基于名称的内容分发安全[23]。Enigma 是一个保护隐私的去中心化计算平台，使用区块链网络控制网络、管理访问控制和身份，并创建事件的防篡改日志[24]。Guardtime 使用无密钥签名基础架构(Keyless Signature Infrastructure，KSI)和安全的单向哈希函数提供工业级的区块链服务，对于量子计算机和算法来讲，单向哈希函数要比非对称密码算法(RSA)安全得多[25]。Guardtime 还提出了数字身份的区块链标准，以及身份验证和数字签名协议，提供了撤销管理的简化机制并保证长期有效性[26]。

## 4.2.4　区块链和数据溯源

　　区块链技术提供云端有效溯源所需的许多功能和特性。区块链本质上是一个 P2P 记账系统，物理、虚拟和应用资源构成的溯源信息可公开存储，实现透明验证和透明审计，因此提供了透明性和较高的成本效益。同时区块链通过加密技术确保分类账本上个人用户的访问控制权和隐私安全，个人只能看到分类账本中与自己相关的部分。这样，将区块链技术融入云环境中可实现数据溯源任务，即云节点隐式创建一个分布式网络，将溯源数据记录在分布式容错账本中，账本使用强大的密码机制保护。这个区块链的分布式账本由云环境中的所有节点更新，但这取决于节点一致同意的特定规则。设计这样一种确保区块链上一致性的共识机制具有挑战性。

# 4.3　ProvChain 架构

ProvChain 是建立在区块链上的数据溯源架构，主要作用是审计云存储中的数据操作。ProvChain 实现以下四个目标：

- **实时云数据溯源**——实时监测用户操作并收集溯源数据，用于进一步支持实施访问控制策略[27]和入侵检测。
- **防篡改的环境**——将收集来的数据溯源记录发布在保护溯源数据的区块链网络中。区块链上的所有数据在节点间共享。ProvChain 在不存在可信第三方的情况下，为所有云数据的用户操作构建了带时间戳的公共日志。每个溯源项都分配一个区块链收据供将来验证。
- **加强隐私保护**——数据溯源记录与用户 ID 的哈希值相关联以保护隐私，因此区块链网络节点无法将数据记录与特定用户关联。溯源审计师可访问用户拥有的溯源数据，但永远无法识别真正的所有者。只有服务提供商可将每个记录与其所有者关联。
- **溯源数据验证**——数据溯源记录发布在全球的区块链网络上，一些区块链节点提供对每个区块的确认服务。ProvChain 使用区块链收据验证每个溯源数据项。

为实现上述目标，ProvChain 架构的设计采用了以下方法。

- 使用钩子和监听器实时监测用户活动，以便收集和记录用户对文件的操作，并生成溯源数据。
- 将所有哈希处理过的数据操作以区块形式存储在区块链中。区块链上的每个节点都可通过挖掘区块验证这些数据操作，从而保证数据溯源的真实性和防篡改性。
- 发布溯源数据时对用户 ID 进行哈希，防止区块链网络和溯源审计师确定用户身份和数据操作。
- 溯源审计师通过使用包含区块和交易信息的区块链收据检索区块链网络获取交易详情，验证溯源数据。

## 4.3.1　架构概述

图 4.1 展示了 ProvChain 的架构概要。以下是 ProvChain 的关键组成部分。

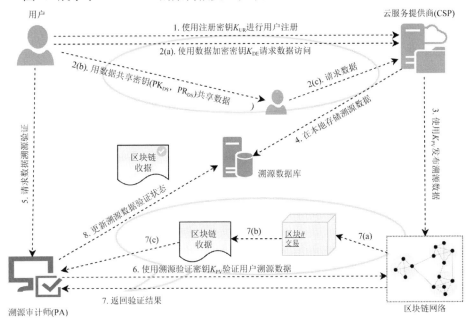

图 4.1　ProvChain 系统交互

- **云用户**——如果用户拥有自己的数据并可共享其他用户的数据,可选择数据溯源服务。在提供服务时,溯源数据存储在公有区块链上。区块链节点可监测和验证用户所做的数据更改,但节点可能不知道其他用户活动的详细信息。溯源数据不会公开真实的用户身份。

- **云服务提供商(Cloud Service Provider,CSP)**——云服务提供商提供云存储服务,负责用户注册。CSP 从这个系统中获得的好处主要体现在多个方面。首先,CSP 可随时审计数据的变化,了解所有用户执行的数据操作,从而更好地改善服务。通过溯源数据,CSP 还可检测异常行为以判断是否有入侵行为。此外,CSP 可像普通用户一样保护自己的日常记录。在商业方面,CSP 通过使用区块链溯源服务提供了可信度,从而获得品牌声誉。

- **溯源数据库(Provenance　Database)**——溯源数据库将所有溯源数据记录在区块链网络上,用于检测恶意行为。所有数据记录都是匿名的。

- **溯源审计师(Provenance　Auditor,PA)**——PA 可从区块链检索所有的溯源数据,并将其输入溯源数据库中验证区块链收据。PA 维护溯源数据库,但无法将溯源项关联到数据所有者。

- **区块链网络(Blockchain Network)**——区块链网络由全球参与的节点组成。所有溯源数据都以区块形式记录，并通过区块链节点验证。

## 4.3.2　预备知识和概念

ProvChain 使用云文件作为数据单元，并监测文件操作以提供数据溯源服务。ProvChain 检测到每个文件操作后将生成一个溯源项。云服务提供商把溯源项上传到区块链网络。本节将详述文件溯源用例和区块结构。

- **文件溯源用例**——文件溯源时可记录文件创建、文件修改、文件复制、文件共享和文件删除等活动。用户 A 可创建一个文件，该文件来源于文件 X。然后用户 A 可能出于备份或其他原因将文件 X 复制到另一个位置。溯源还可记录用户 A 对文件 X 的读写操作。如果用户 B 要求用户 A 共享文件 X，则在用户 A 和 B 上都有一条记录。用户 A 在预定位置共享文件 X，用户 B 根据共享文件 X 创建一个新文件 Y。就像用户 A 可对文件 X 执行读写等操作一样，用户 B 可对文件 Y 执行同样的操作。如果用户 B 删除该文件，则会有一条删除记录。在某个时间点，用户 A 决定将文件 X 公开，因此需要更改文件 X 的访问权限。任何访问该文件的人员也会在各自位置创建一个新文件。系统备份了文件的各个历史记录(文件的不同版本)，以备将来使用。
- **区块结构(Block Structure)**——ProvChain 使用区块链网络提供数据记录验证和防篡改。区块结构由两部分组成：区块头和交易列表。区块头中的主要属性是区块哈希(Block Hash)、高度(Height)、确认(Confirmations)、一次性随机数(Nonce)和默克尔树根(Merkle Root)。区块哈希由前一区块的哈希和一次性随机数计算得到。高度表示全球区块链网络中的区块索引。区块的确认表示已挖掘此区块的节点数，区块链节点使用一次性随机数检查区块的完整性。默克尔树根是区块中所有交易创建的二叉哈希树的根。交易列表位于区块头之后。每个交易都有一个哈希值，该哈希值包含交易的输入和输出数据。ProvChain 中每个数据记录都经哈希处理后记录在默克尔树节点中。默克尔树根节点将锚定某个区块中的一个交易。

## 4.3.3　威胁模型

分析一下 ProvChain 中的潜在漏洞。云服务提供商提供数据溯源服务和云存储服务，允许云用户在云平台上存储数据，并提供"启用数据溯源服务"选项。由于虚拟机管理程序(Hypervisor)和云操作系统中存在已知漏洞，云服务提供商无法保证数据记录保持不变。一旦启用数据溯源服务，用户将能追踪数据，并允许溯源审计师(PA)访问所有溯源数据。然而，PA 也不能完全信任，其原因是敌对者可偷偷地访问或修改用户数据和/或用户溯源数据。ProvChain 的主要目标是保护溯源数据，所以假设存储在云端的用户数据是加密的，没有解密密钥的话，任何人都无法访问。

## 4.3.4　密钥初始化

要使用 ProvChain，用户需要注册服务并创建凭证。对于云存储应用程序，用户生成数据加密密钥对，以加密云数据实现机密性。如果用户想要共享文件，需要提供一个数据共享密钥。在溯源数据时，为加强隐私的安全性，云服务提供商生成密钥对以加密溯源数据。下面是对每个密钥的描述。

- **用户注册密钥 $K_{UR}$**　在 ProvChain 中，用户需要注册云存储服务才能在云端存储数据。用 $K_{UR}$ 表示密钥，每次用户想要操作云数据都需要使用注册密钥。
- **数据加密密钥 $K_{DE}$**　注册后，用户生成一个加密密钥 $K_{DE}$，以加密云端存储的所有数据。创建文件时，用户可选择对文件加密，这样只有密钥持有者才可访问文件。
- **数据共享公钥/私钥对($PK_{DS}$, $PR_{DS}$)**　为共享数据，将生成一个公钥/私钥对，表示为($PK_{DS}$, $PR_{DS}$)。在常见情况下，私钥用于所有者生成签名，而其他用户使用公钥验证数据所有权。当用户要和其他用户共享数据时，可共享私钥以更改数据所有权。
- **溯源验证密钥 $K_{PV}$**　区块链上的每个区块都保存多个溯源数据项。在检测到文件操作时生成数据溯源项。每一个数据操作都会触发云服务提供商生成一个密钥 $K_{PV}$ 加密溯源数据。如果用户指定一个 PA 审核溯源数据，那么云服务提供商将与 PA 共享这个密钥。

## 4.4　ProvChain 实现

ProvChain 的实现采用三层架构，包括数据存储层、区块链层和溯源数据库层，如图 4.2 所示。各层功能描述如下。

- **数据存储层(Data Storage Layer)**——ProvChain 是为支持云存储应用而实现的。这里虽然只使用一个云服务提供商，但架构可扩展到多个云服务提供商。
- **区块链网络层(Blockchain Network Layer)**——使用区块链网络记录每个数据溯源项。每个区块可记录多个数据操作。这里使用文件作为数据单元，因此每个文件操作记录包括用户名和文件名。文件访问操作包括创建、共享、更改和删除。

- **溯源数据库层(Provenance Database Layer)**——在本地建立一个扩展数据库记录文件操作和查询。ProvChain 中，服务提供商可指定一个 PA 验证来自区块链网络的数据。

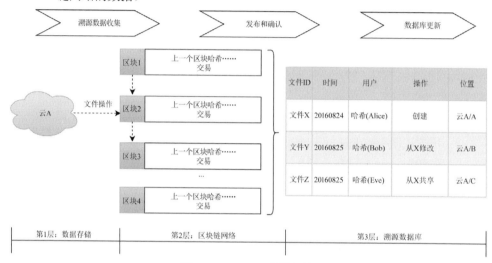

图 4.2　ProvChain 系统架构

对验证的响应是一个经验证后追加到数据库中的区块链收据。

ProvChain 的数据溯源生命周期分为三个阶段，即溯源数据收集、溯源数据存储和溯源数据验证。

## 4.4.1　溯源数据收集与存储

一旦用户对云端存储的数据文件执行操作，将记录相应操作。操作可在元数据中表示，元数据还包括所有文件属性。注意，在此阶段只记录 ID、日期和时间、用户名、文件名、受影响的用户和操作等属性。交易哈希、区块哈希和验证字段将在 PA 查询区块链网络后收集。在两种情况下需要考虑受影响的用户属性。一种是数据修改，此时同一用户使用数据加密密钥操作数据。除了该用户本身，其他用户不受影响；另一种情况是数据共享，用户与其他用户共享一个文件。在第二种情况下，文件操作元数据中的受影响用户属性将包括共享组中的所有用户。

ProvChain 对溯源数据的收集功能构建在开源应用程序 ownCloud[28]之上。ownCloud 是一个自托管的文件同步和共享服务器，与 Dropbox 和 Google Drive 类似，提供基于 Web 的云存储服务和桌面客户端以提供对个人数据的控制和对所有数据的无缝统一文件访问。此外，ownCloud 具有灵活性，开发人员可基于其功能开发各种应用程序，从而允许授权用户启用和禁用功能、设置策略、创建备份和管理用户。服务器还管理和保护对 ownCloud 客户端的 API 访问，同时提供用于高性能文件共享服务的内部处理引擎。

　　为收集溯源数据，本系统用钩子(Hook)在 ownCloud 的 Web 接口监听文件操作。监测到操作后生成一条记录，上传到区块链网络并存储在溯源数据库中。图 4.3 显示了溯源数据收集和存储的架构。

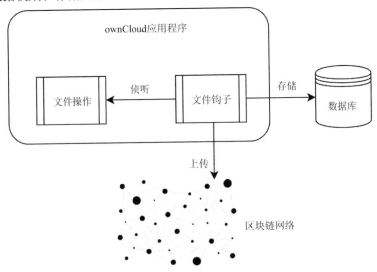

图 4.3　溯源数据收集和存储

以文件更改操作为例，JSON 格式的原始溯源数据如下所示：

```
{ "app":"files",
"type":"file_changed",
"affecteduser":"test",
"user":"test",
"timestamp":"1475679929",
"subject":"changed_self",
"message":"",
"messageparams":"[]",
"priority":"30",
"object_type":"files",
"object_id":"142",
"object_name":"66.txt",
"link":"/apps/files/"
}
```

使用 Tierion API[21]将采集后的溯源数据存储并发布到区块链网络。Tierion 提供的数据 API 主要用于收集数据和管理个人账户中的数据存储和记录。 要访问 Tierion 的数据 API，需要用 API 密钥，对数据 API 的每个请求都必须包含 API 密钥。提交的凭证应包含账户拥有的每个数据存储的 X-Username 和 X-Api-Key 头。除使用数据 API 创建记录外，还可选择直接向 Tierion 提交 HTML 表单。因为 ownCloud 应用基于 Web，而溯源数据也来自 Web 站点，因此这样更容易实现。下面的 URL 用于通过 POST 方法向区块链网络提交数据记录：

```
https://tierion.com/form/submit
```

考虑到隐私安全，ProvChain 会对用户名进行哈希处理。这种情况下，PA 无法知道每个溯源数据属于哪个用户。因为服务提供者保留有用户名列表，所以只有服务提供商才可将每个用户关联到用户名哈希。ProvChain 还将溯源数据保存在本地溯源数据库中以便将来更新和验证。

向区块链网络发布数据记录采用 Chainpoint 标准[29]。Chainpoint 是一个开放标准，用于为任何数据、文件或一系列事件创建时间戳证明。该标准提出一个可扩展的协议，用于在区块链上发布数据记录并生成区块链收据。由于 Chainpoint 通过将无限量的数据锚定到多个区块链并在不依赖可信第三方的情况下验证数据的完整性和存在，该标准在区块链应用中得到广泛应用。根据 ChainPoint 2.0，数据记录经过哈希处理以便每个默克尔树可承载大量记录，如图 4.4 所示。特定记录的哈希输出以及到达默克尔树根的路径构成溯源数据的默克尔证明，这是一个 JSON-LD 文档，包含密码式验证所需的信息，用于验证数据是否锚定到区块链。默克尔证明能证明在锚定时该数据存在。每个默克尔树的根与区块链网络中的某个交易关联。

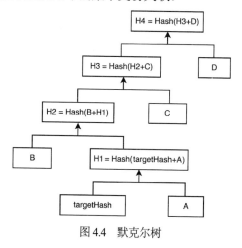

图 4.4　默克尔树

## 4.4.2　溯源数据验证

为验证区块链网络中发布的数据记录，PA 通过 Tierion API 请求区块链收据。数据 API 提供一种验证区块链收据的方法。在验证区块链收据前，组织使用以下 URL 和 GET 方法，通过数据 API 请求数据记录和区块链收据：

```
https://api.tierion.com/v1/records/<id>
```

请求头应包含 Content-Type:application/x-www-form-urlencoded 或 Content-Type: application/json 以设置要接收的数据格式。对数据 API 的请求通过 HTTPS 发出。区块链收据包含区块链交易的信息以及用于验证交易的默克尔证明。图 4.5 是一个区块链收据样例。

```
{
    "@context": "https://w3id.org/chainpoint/v2",
    "type": "ChainpointSHA256v2",
    "targetHash": "82e46ffd212d680b3e1a169e6a8b59472985ac55398b8740832fe94fd5e5fd63",
    "merkleRoot": "9f0100055a430539796817ce626d84ccb5485453e4d558cf3353e4d4a7e59031",
    "proof": [
        {
            "right": "0f6117e8bddd7fdc713aa5365e74aafe34f5cc31fd654ed84ea37976d873c087"    A
        },
        {
            "left": "f860e7697ba57d944d925f311cce786e6d20833071d1c16e6e5fef3fc4749c96"     B
        },
        {
            "right": "de4b5b29183d193b95905ae9741a928ab056cbbbefb9a537ac9282fe180c78bd"    C
        },
        {
            "right": "e75da94bc44a3a9778b2ec7a5ffd58e4a622d4ce4c20676215eb88a4764bb335"    D
        }
    ],
    "anchors": [
        {
            "type": "BTCOpReturn",
            "sourceId": "0b956b057330591cd63c90e5572ba364c6f9f08299c3e8ee0c893411db1c30a6"
        }
    ]
}
```

图 4.5　区块链收据

可根据区块链收据重建默克尔树。每个溯源记录作为一项交易与区块链网络中的其他记录一起存储，可使用区块链的浏览器访问查看[30]。由于交易的高度(Height)属性表示区块索引，也可找到确切的区块信息(图 4.6)。为验证区块链收据的格式和内容，并确认一条记录的默克尔树根存储在区块链中，可使用 Tierion API 提供的以下 URL 和 POST 方法：https://api.tierion.com/v1/validatereceipt。

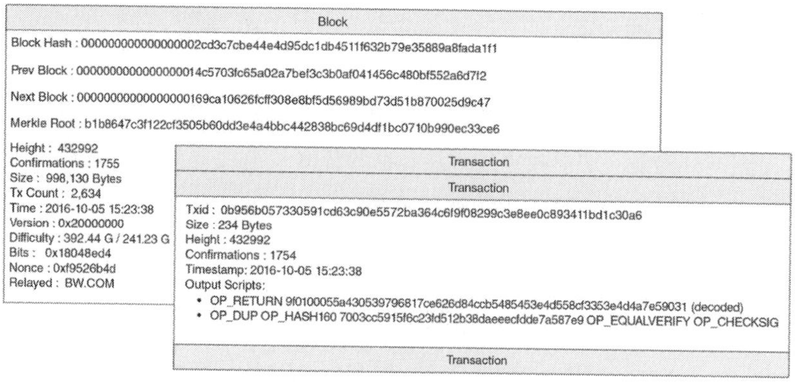

图 4.6　交易和区块信息

---

**算法 1**：区块链收据验证算法

```
1   Validate(proof, merkleRoot, targetHash)
        nodeNum ← number of Merkle tree nodes in proof
2   h ← targetHash;
3   i ← 0;
4   while i < nodeNum do
5       if proof(i).key = right then
6           h ← hash(h + proof(i).value).
7       end
8       else
9           h ← hash(proof(i).value + h).
10      end
11      i ← i + 1
12  end
13  if h = merkleRoot then
14      return
15  end
16  true
17  return false
```

---

　　PA 使用算法 1 验证区块链收据。在算法中，区块链收据中的证明(proof)、默克尔树根(merkleRoot)和哈希(targetHash)作为输入，验证结果则是输出(译者注：proof、merkleRoot 和 targetHash 是示例的参数名称)。如果返回 True，则交易和区块是真实的，数据记录得到验证。如果返回 False，则表示该区块已遭篡改，数据记录是伪造的。注

意，按照 Chainpoint 的要求，构建默克尔树和证明时使用的所有哈希值都是二进制格式。收据中的锚点属性表示数据记录是如何锚定的。区块链收据验证确认收据内容是否真实有效。具体来说，验证过程将确认以下四个元素：收据是格式良好的 JSON 文档；包含所有必需字段；目标哈希、默克尔树根和证明值有效；默克尔树根值锚定在指定位置。

PA 在验证区块链收据后，可通过填写剩余的属性(包括交易哈希、区块哈希和验证结果)更新溯源数据库中的数据记录。如果验证结果为真，那么 PA 可确保溯源数据是真实的。如果结果为假，PA 将向服务提供商报告发生了篡改。

## 4.5　评价

### 4.5.1　ProvChain 能力总结

在提供 ProvChain 的性能评价前，先总结 ProvChain 的各项能力。

- ProvChain 为云存储应用中的所有数据访问提供实时审计。可使用文件作为数据单元，并对云数据对象上的所有操作都使用区块链，不仅实现了审计还做了记录。这样就可收集和监测所有云数据访问事件的证据。
- 对于每个访问记录，可都转换溯源数据并将记录上传到区块链网络。这样做可创建一个不可更改的文件操作指纹，具有防篡改的时间戳，能安全地永久保存记录。对区块链的任何更改都能通过验证区块链收据检测出来。数据记录一旦发布，任何人都不能恶意重写或篡改记录而不被发现。
- 使用区块链网络，可减少对信任的需求。不需要信任区块链网络中涉及的远程计算机所有者，从而消除了对可信第三方的要求。组织甚至不需要信任保存溯源数据记录的云服务提供商。在去中心化的情况下，数据记录通过计算节点之间的连续交叉检查得到确认和验证。此外，这种去中心化方法保证了数据记录的完整性。区块链网络中每个节点都有每个数据记录的副本，从而能够抵御 DDoS 攻击。此外，由于没有单一机器保存所有数据记录，因此不存在单点故障问题。
- 用户可在订阅数据溯源服务的同时保证隐私安全。用户访问记录在区块链网络中匿名化。PA 无法了解到具体的用户活动。匿名性(Anonymity)保护体现在两个方面。一方面由于用户 ID 经过哈希处理，因此用户标识无法链接到数据溯源项；另一方面也实现了每个用户之间的不可链接性，特别是对于共享数据的溯源实现了不可链接性。

## 4.5.2 性能和开销

评价环境设置包括三类：服务器端软件、ownCloud 应用程序参数配置和基准测试工具。溯源数据收集使用 Apache Jmeter[31]作为基准工具评估 ownCloud 应用程序的性能。表 4.1 列出了软件规格和使用版本。

表 4.1　评价环境规格

| 软件 | 名称 | 版本 |
|---|---|---|
| 服务器操作系统 | Ubuntu 操作系统 | 14.04 |
| Web 服务器 | Apache 服务器 | 2.4.6 |
| 数据库 | MariaDB | 5.5.44 |
| 云存储 | ownCloud | 9.0 |
| 绩效基准 | Apache Jmeter | 3.2 |

Apache Jmeter 是一个开源的、基于 Java 的软件，用于大规模功能和行为测试，可测量交易时间、响应时间和吞吐量等各种性能指标。Jmeter 主要用于 Web 应用程序的性能度量，是 Web 应用程序的重要测试工具。Jmeter 使用测试方案描述执行测试方案时要履行的一系列步骤。一个完整的测试方案通常由一个或多个线程组、逻辑控制器、样本生成控制器、侦听器、计时器、脚本和配置元素组成。Jmeter 提供数据分析和可视化插件，允许极大的可扩展性和个性化。用户定义的函数可用于提供测试所需的动态输入或处理对数据的操作。

组织将构建一个测试方案，分别衡量使用支持和不支持溯源的 ownCloud 的文件创建功能的性能。测试方案旨在模拟登录到 ownCloud 并使用文件名创建文件的用户操作。模拟还使用随机字符串表示用户关闭文件时要存储的文件内容。

测试方案包含两个控制器：一个用于用户登录，另一个用于文件创建。在模拟用户登录时，使用 HTTP GET 在实验服务器路径/owncloud/index.php/login 处向 ownCloud 服务器发送请求以获取请求令牌。获得请求令牌后，再通过 HTTP POST 将用户凭证和请求令牌发送到同一路径以换取访问令牌。这里测试团队使用正则表达式从返回的 HTML 文件中提取访问令牌。获取访问令牌后就可创建随机文件。使用 HTTP POST，可同时将文件名和文件内容发送到路径/owncloud/index.php/apps/files/ajax/upload.php。下面的 BeanShell 预处理器脚本用于模拟文件内容：

```
import org.apache.commons.io.FileUtils;
import org.apache.commons.lang3.Random StringUtils;
import org.apache.commons.lang3.Random
```

```
Utils;
// create a temp file
File f = File.createTempFile("f-", "");
// generate random string
// and write to file FileUtils.writeStringToFile(f,
RandomStringUtils.random(RandomUtils.
nextInt(1000, 10000)), "UTF-8");
// store file name
vars.put("fname", f.getCanonicalPath());
```

研究者利用 Jmeter[32]，使用随机文件名和随机文件内容执行文件创建并重复 500 次，文件大小从 1KB~2MB 不等。图 4.7 显示了支持溯源和不支持溯源的 ownCloud 平均响应时间。从图 4.7 可得出这样的结论：在响应时间方面，与原始 ownCloud 应用相比，支持溯源服务带来的总开销平均为 6.49%。考虑到溯源服务提供的安全特性，这是可接受的。此外，随着文件大小增加，开销通常不会像小文件那样高。这是因为文件越大，相对于传输文件本身所耗费的大量时间，溯源服务所需的时间就越短。

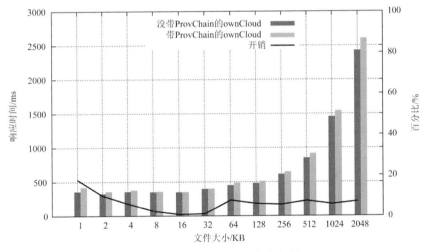

图 4.7　不同文件大小的平均响应时间

图 4.8 显示了原始 ownCloud 4.8 和支持溯源服务的 ownCloud 4.8 的吞吐率。研究者选择 64KB 大小的文件进行性能评估，生产环境由 Web 服务器和用于负载平衡和网络流量优化的服务组成，只有一台服务器负责溯源服务。结果表明，两个系统接收的流量大小相同，但发送的流量大小存在差异。

支持溯源的 ownCloud 交易率与之相当，如图 4.9 所示。总体而言，交易时间的分布可接受，如图 4.10 所示。使用不同的文件类型、操作和文件共享状态可执行更多评价。

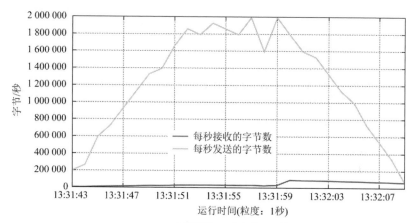

(a) 没带ProvChain的ownCloud

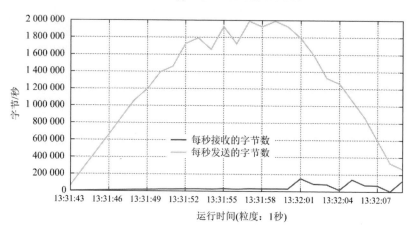

(b) 带ProvChain的ownCloud

图4.8 不同时间的字节吞吐率

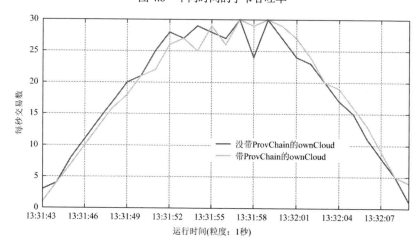

图4.9 每秒交易数

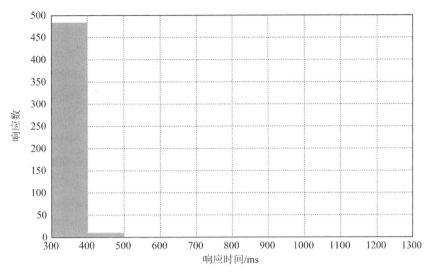

(a) 没带ProvChain的ownCloud

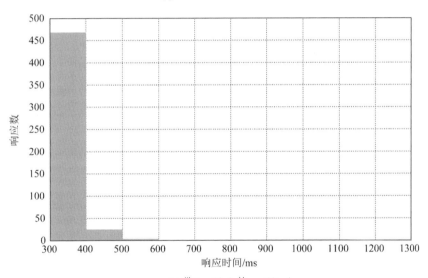

(b) 带ProvChain的ownCloud

图 4.10　响应时间分布

测试团队使用文件创建操作作为溯源数据收集的性能评价用例。其他文件操作的评价遵循相同程序。

在溯源检索方面，研究者关注的是为每个数据溯源项请求获取区块链收据的效率。在这个实验中，每次查询 10 条记录，总大小为 1.004KB，平均时间为 221ms。对于每个区块链收据的检索，记录不同文件操作的检索时间。溯源数据存储的性能测试也遵循同样的方法。表 4.2 是溯源检索开销。由此可得出结论，对于云存储系统而言，检索方法的开销很低。

表 4.2    溯源数据检索的开销

| 记录类型 | 传输的数据大小 | 平均时间成本 |
|---|---|---|
| 文件创建 | 1.07KB | 0.838s |
| 文件更改 | 1.06KB | 0.676s |
| 文件删除 | 1.07KB | 0.675s |
| 文件共享 | 1.07KB | 0.790s |

# 4.6    小结

本章主要介绍 ProvChain 的设计与实现，ProvChain 是一个基于区块链的云审计数据溯源系统，可保护用户隐私，提高可用性。利用区块链技术，组织可生成带有不可更改时间戳的记录，并为每条数据记录生成区块链收据以进行验证。借助于区块链收据提供的每个数据溯源记录，该系统功能稳定且具有可扩展性。基于目前的工作，研究团队可将系统扩展到需要全局验证的各种用例。对云存储的性能评价表明，支持溯源的 ownCloud 的开销较低。将来，除文件外，组织还可使用更细的粒度，如将云存储中的数据块用作数据单元。

对于区块链矿工的奖励，云用户可能需要支付一笔费用才能获得云服务提供商提供的数据溯源服务，然后云服务提供商就可支付区块链网络的费用。通过这种方式，矿工可通过连续挖掘区块和验证区块的真实性获得报酬，具体费用可根据每个用户的不同数据使用量来确定。

目前，该系统在一个云服务提供商和一个云应用程序内部收集溯源数据，将来计划为联盟云服务提供商开发 ProvChain。联盟云服务提供商上的云存储应用需要解决互操作性、跨提供商数据共享和管理问题。系统将跨不同的云提供商和云存储应用来收集溯源数据，以提供更好的溯源服务并增强数据安全性。关于溯源验证，组织可使用 Tierion API 来验证区块链收据，该方法既灵活又有效。

在以后的工作中，将在开源架构的基础上实现验证，这不仅会提高整体性能，还会提高安全性和可靠性。每个区块链收据的实际成本应针对业务场景进行分析和计算。组织还可根据客户端用户的需求定义要记录的数据属性，以防止敏感信息泄露，从而保护隐私。利用收集到的溯源数据，组织可通过机器学习策略检查是否存在访问控制冲突[33]。自动生成的访问控制规则将更好地进行恶意行为检测和入侵预防，从而为云存储应用提供更好的保护。同时，同样的架构也可应用到由大量移动设备负责数据收集和处理的物联网场景中。

**致谢**

这项工作得到美国空军物资司令部 FA8750-16-0301 和美国研究与工程助理国防部长办公室(OASD[R＆E])FA8750-15-2-0120 协议的支持。

# 第5章

# 基于区块链的汽车安全和隐私保护解决方案

本章由 Ali Dorri、Marco Steger、Salil S. Kanhere 和 Raja Jurdak 撰写[1]。

## 5.1　简介

　　智能车辆使用无线通信网络连接到路侧设施、交通管理系统以及相邻的其他车辆。换句话说，就是连接到 Internet。因此，互相联系的车辆正在成为物联网(Internet of Things，IoT)的重要组成部分，向驾驶员、车辆制造商(即 OEM)、服务中心、保险公司以及其他许多服务提供商(Service Providers，SP)提供大量有益的服务和应用场景。高度互联的车辆除了带来方便，也带来一系列新的安全威胁以及严重的隐私问题。

　　恶意攻击者会入侵车辆控制系统，这不仅危害车辆的安全性，也危害乘客甚至其他道路使用者的安全。文献[1]提到一种使用信息娱乐系统的无线接口对切诺基进行的复杂攻击。最坏的情况下，这种攻击使攻击者可远程控制车辆的转向和制动等核心功能。

　　智能互联的车辆配备许多传感器和设备，如全球定位系统(Global Positioning System，GPS)、仪表板摄像头和 LIDAR(Light Detection and Ranging，光检测和测距)，从而可更好地感知环境并辅助独立决策以免发生事故。由于设备种类繁多，智能汽车将生成大量数据，预计每天生成高达 4TB 的数据[2]。智慧城市基础设施可使用这些数据提供空余停车位或绿灯辅助等服务。但与其他车辆或城市基础设施交互可能包含有关所有者的车辆位置之类的敏感隐私信息，从而导致严重侵犯个人隐私的行为。

　　由于以下挑战，常规安全和隐私保护方法在智能车辆中往往很难奏效。

---

1　Ali Dorri 和 Salil S.Kanhere 就职于澳大利亚悉尼新南威尔士大学，Marco Steger 就职于奥地利施蒂里亚州格拉茨虚拟车辆研究中心，Raja Jurdak 就职于澳大利亚布里斯班联邦科学与工业研究组织。

- **中心化**——传统的智能车辆架构依赖中心化的代理通信模型。在该模型中，所有车辆都通过中央云服务器识别、认证、授权和连接。当连接大量车辆时，该模型不太可能扩展。此外，云服务器仍然是瓶颈并存在单点故障，可能影响整个网络。

- **缺乏隐私保护**——当前大多数安全通信体系结构都没有考虑用户的隐私保护。例如，未经车主许可交换车辆的所有数据，或向请求者披露明细或汇总的数据。然而，在一些智能车辆应用中，请求者提供个性化服务都需要精确的车辆数据。

- **人身安全威胁**——智能车辆具有越来越多的自动驾驶功能。由于安全漏洞(例如，通过安装恶意软件)引发的故障可能导致严重的交通事故，从而危及乘客以及附近其他道路使用者的人身安全。

区块链(Blockchain，BC)是一种不可变的、可审计的且带有时间戳的区块账本，作为解决汽车领域中上述挑战的分布式、私密且安全的解决方案，区块链已引起学术界和从业者的极大关注。在 BC 中，参与者之间的基本通信原语称为"交易"(Transaction)。所有交易都在网络中广播并由所有参与节点验证，消除了对中心经纪人的需求。矿工(Miner)特定节点通过解决计算量大却易于验证的难题，将新生成的交易组成区块，并将区块添加到 BC，这个过程称为挖矿(Mining)。这种难题为互不信任的节点之间运行去信任共识算法奠定了基础。参与共识算法所需的计算资源通常很大，从而限制了每个矿工可开采的区块数量，因此可防止恶意开采区块。解决难题包含一个在矿工中引入随机性过程，提高了 BC 的安全性。BC 中两种广泛使用的共识算法是：①工作量证明(Proof of Work，PoW)，需要大量的计算资源解决难题[3]；②权益证明(Proof of Stake，PoS)，需要计算和内存资源解决密码难题[4]。区块链是通过将带时间戳的区块链接在一起而形成的。每个区块包括账本中前一个区块的哈希值。对区块及其交易的任何修改都可导致后续区块中维护的哈希值有所不同，因而很容易检测出来。区块链提供的这种本身固有的不可变性是一个非常理想的属性。

区块链用户使用可变的公钥(Public Key，PK)作为其身份标识，从而提供一定程度的匿名性，有助于保护用户的隐私。将所有交易以不可变方式存储在账本中，供以后审计。区块链最初在称为比特币的加密货币中引入，此后广泛用于称为"山寨币"(Altcoin)的其他加密货币[5]。尽管区块链具有优势，但由于以下原因，现有实例无法在汽车工业中直接使用：

- **可伸缩性(Scalability)和开销(Overhead)**——所有新交易和新区块都广播到区块链中的所有参与节点并由其验证。广播流量和处理的开销将随着网络中节点数量的增加呈平方级递增，限制了区块链的可伸缩性。由于智能互联车辆的带宽和计算资源有限，验证所有新区块和新交易的要求远超其能力范围。

- 复杂的共识算法(Consensus Algorithm)——传统区块链系统(PoW 或 PoS)中采用的共识算法需要大量计算资源，远超智能互联车辆的能力。
- 延迟(Latency)——挖矿和验证交易会产生不小的延迟，如比特币中是 30 分钟。但智能互联车辆对延迟的要求更高。例如，紧邻车辆不应等待几分钟后才收到交易，因为交易可能包含其他车辆发来的拥堵信息。
- 吞吐量(Throughput)——区块链的吞吐量定义为每秒可处理的交易数。常规的区块链实例吞吐量有限；例如，比特币的吞吐量为每秒 7 笔交易。但智能互联车辆将产生大量交易，以与紧邻车辆、路侧设施和提供个性化服务的服务提供商通信，因此需要更高吞吐量。

本章提出一个解决上述智能车辆中安全性和隐私保护挑战的基于区块链的框架。为减少传统区块链的相关开销，基于先前设计的轻量级可伸缩 BC(Lightweight Scalable BC，LSB)实例[6]建立现有框架。智能汽车、OEM、路侧设施、服务中心和服务提供商共同组成覆盖网络，都可在其中交易(即通信)。为确保可伸缩性，覆盖网络的参与者构成集群(Cluster)，只有选定的称为集群头(Cluster Heads，CH)的节点才能执行核心区块链功能。将新交易和新区块广播到这些 CH 并由其验证。遵循轻量级共识算法，CH 核对新交易并创建区块，从而减少处理开销和新区块挖矿的延迟。每台车辆的位置轨迹等隐私敏感数据都存储在车载存储单元中，进一步提高了用户隐私的安全性。定义框架后，本章还将讨论无线远程软件更新、灵活的保险、电动汽车充电和汽车共享等多种应用。

5.2 节简要介绍区块链，5.3 节概述建议框架，5.4 节介绍建议框架的多种应用，5.5 节提供详细的安全分析和性能评价(Evaluation)，5.6 节讨论相关工作，5.7 节进行总结。

## 5.2　区块链简介

本节简要介绍区块链(BC)和 LSB。如 5.1 节所述，在区块链中，参与者之间的基本通信原语称为交易(Transaction)。区块链交易的基本结构如下：

$T_{ID}||P.T_{ID}||Input||Output||PK||Sign$

交易可能包括额外字段，具体取决于区块链实例。$T_{ID}$ 是代表交易的唯一标识符，是交易其他所有字段的哈希值。$P.T_{ID}$ 是同一节点或实体先前交易的 ID，通过 $P.T_{ID}$ 组成同一节点的交易账本。每个用户都需要一个创世交易(Genesis Transaction)，该交易是账本中的第一笔交易，以后的交易可链接到该交易。创建创世交易的过程取决于区块链的实例化。交易间可能存在依赖关系，一个交易中生成的某些字段(即输出)成为另一交易的输入。输入和输出分别存储在"输入"和"输出"字段中。在区块链中，每个节点都通过其公钥(PK)识别。参与节点可能决定要为创建的每个交易更改 PK 以增加匿名性，增强隐私安全。PK 的哈希值存储在 PK 字段中。存储 PK 的哈希值会减小交易，并保护交易以防将来可能发生的攻击，即恶意节点重新构造与 PK 关联的私钥。最后，Sign 字段包含交易生成者通过与 PK 对应的私钥(Private Key)创建的签名。

新交易广播到网络。每个矿工验证接收到的交易并将其添加到待处理的交易池中。交易池存储接收到但尚未在区块链中得到挖掘的交易。为验证交易，矿工首先使用相应的公钥验证交易中内嵌的签名。接下来，矿工检查区块链中是否存在 $P.T_{ID}$。一旦待处理的交易数量达到预定的区块规模，矿工会将交易合并成一个区块。矿工对该区块交易进行递归哈希，生成默克尔树(Merkle Tree)[7]，交易存储为树叶，如图 5.1 所示。默克尔树的根存储在区块头中，加快了验证区块中交易成员的过程。默克尔树的一个关键特征是可用很少的开销检查树叶是否存在。例如，要证明图 5.1 所示的默克尔树中存在 $T1$，必须在本地存储 $h(T2)$ 和 $h(T3, T4)$。为验证 $T1$ 的存在，将 $h(T1)$ 与 $h(T2)$ 进行哈希处理，然后将结果与 $h(T3, T4)$ 进行哈希处理。如果最终哈希值等于 $h(block1)$，则证明存在 $T1$。

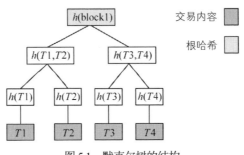

图 5.1  默克尔树的结构

矿工遵循前面 5.1 节中所述的共识算法，将区块添加到区块链中。挖出的区块广播给所有节点。每个节点验证其中包含的所有交易后，将新区块追加到区块链的本地副本中。

如 5.1 节所述，现有区块链实例具有局限性，体现在处理和打包的高开销以及低可伸缩性和低吞吐量等方面。为应对这些挑战，研究团队采用先前设计的称为 LSB[6] 的区块链实例，LSB 实例针对 IoT 和大规模低资源网络进行优化。LSB 引入基于时间的分布式共识(Distributed Time-based Consensus，DTC)算法，DTC 算法以计划的区块生成过程替代解决计算难题的需求，消除了传统共识算法的大量处理开销。每个矿工可在一个特定时间段内存储一个区块，这个时间段称为 consensus_period。为减少由于同时挖掘区块产生的重复区块数量，每个矿工在将区块存储到区块链前等待一段随机时间 waiting_time。为应对可伸缩性挑战，LSB 将网络集群化，只有 CH 可通过对新交易和组进行验证并构建区块，来管理区块链。LSB 使用分布式吞吐量管理(Distributed

Throughput Management，DTM)方法动态调整吞吐量，确保区块链吞吐量不会明显偏离网络中节点生成的交易负载。为此，CH 首先尝试调整 consensus_period，如果consensus_period 达到预定义的阈值，则通过重新分配集群的方式更改 CH 数量。与前述方法(调整 consensus_period)相比，后者因为需要重新配置覆盖的网络，显然需要更高开销。因此，CH 优先考虑前一种方法。DTM 确保 LSB 可自动扩展，这意味着随着交易量的增加，区块链吞吐量随之增加。

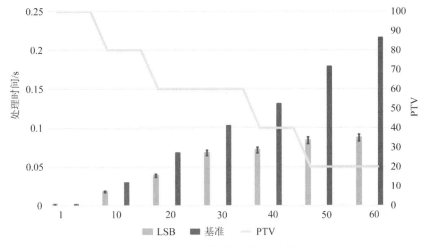

图 5.2　对验证新区块处理时间的评价[6]

传统区块链中，新区块的所有交易必须由接收该区块的所有参与节点验证，这会导致矿工处理开销很大。为减少相关开销，LSB 使用一种分布式信任算法，该算法随着 CH 相互建立信任，逐步减少每个新区块中需要验证的交易数量。每个 CH 维护一个列表，该列表记录其他 CH 已生成的确认区块总数。如图 5.2 所示，随着在区块链中存储更多区块，待验证交易的百分比(Percentage of Transactions to be Verified，PTV)降低。因此，与始终验证一个区块中的每笔交易的比特币相比，LSB 中验证新区块的处理时间明显减少，图 5.2 中显示的仿真结果也支持这一点。使用 LSB 处理 60 个区块的时间大约是传统区块链的一半。LSB 中，物联网设备的数据在链外存储，即存储在本地或云存储中，只有数据的哈希值存储在区块链中。这减少了区块链占用的内存以及网络传输数据包的开销。LSB 对数据流和交易流进行明显区分。在覆盖网络中，数据包路由到目的地时使用常规的 OSPF(Open Shortest Path First，开放式最短路径优先)等路由协议，而交易则在网络中广播。

节点使用交易与覆盖网络中的其他节点通信。在 LSB 中，根据必须验证的签名数，有两种类型的交易。

- **单一签名**——单一签名交易(Single Signature Transaction，SST)只需要一个签名，即交易生成者的签名，即视为有效。

这种交易的结构类似于传统的区块链交易，但交易中没有输入/输出字段。因此，单一签名交易可表示如下：

$T_{ID}\|P.T_{ID}\|PK\|Sign$

- **多重签名**——只有具有两个签名，即交易生成者和接收者的签名，多重签名交易才能视为有效。该交易的结构如下：

$T_{ID}\|P.T_{ID}\|PK.1\|Sig.1\|PK.2\|Sig.2$

前两个字段如 5.2 节开头讨论所述。随后的字段分别包含交易生成者和接收者的 PK 和签名(Sign)。

所有交易都广播给所有 CH。因为多重签名交易可能尚未经接收者签名，所以 CH 收到的多重签名交易可能无效，当接收者属于该 CH 的集群时尤其如此。每个 CH 维护一个 PK 对的列表，这个列表本质上是一个访问控制列表，标识出允许相互通信的节点。集群成员(即覆盖节点)将 PK 对上传到其 CH 密钥列表供其他覆盖节点访问。如果 CH 在列表中找到与交易中的 PK 匹配的 PK 对(PK.1/PK.2)，则将交易转发到上传 PK 对的节点，否则将该交易广播给其他 CH。

## 5.3　建议框架

本节讨论用于汽车安全性和隐私保护的基于区块链的建议架构的设计细节。LSB 由于其显著特性，用作底层区块链，如 5.2 节所述。该设计基于先前在[8, 9]中提出的架构。

基于区块链的建议架构由以下实体组成：智能车辆、路侧设施、服务提供商、OEM、服务中心、云存储提供商以及用户的移动设备，例如智能手机、笔记本电脑或平板电脑等。车辆通过无线车辆接口(Wireless Vehicle Interface，WVI)连接到网络。回顾 5.2 节，只有 CH 可通过添加新区块并验证新交易和区块的方式管理区块链。因此，CH 必须从具有低移动性和大量可用资源的参与者中选择，例如 OEM、软件提供商和路侧设施。图 5.3 显示了覆盖网络的示例。

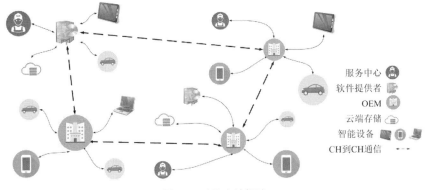

服务中心

软件提供者

OEM

云端存储

智能设备

CH到CH通信 - - - ▶

图 5.3　建议方法概述

　　每辆车都配备便携式备份驱动器等车载存储单元,用于存储位置和维修历史记录等敏感数据以保护用户隐私。车辆仅在必要时与服务提供商共享此类敏感的隐私数据。例如,如果发生事故,车辆可与保险公司共享数据。同时,服务提供商需要确保数据自生成后未更改过。为应对这一挑战,车辆在预定时段内生成单一签名交易,其中包含相应时段车载存储单元所存储数据哈希值的签名。然后,车辆将交易发送给其 CH 并存储在区块链中。利用此交易,区块链的其他参与者可信任该数据源(即创建数据的车辆)。由于车载存储空间有限,因此可考虑在车主的智能家居中使用备份存储设备。车辆定期将数据从车载存储单元传输到备份存储设备。这种情况下,备份存储内容的哈希值存储在区块链中。

　　回顾一下,区块链中的每个节点都通过一个可变的 PK 标识。为每笔交易更换一个 PK 会引入一定程度的匿名性,从而增强用户的隐私安全。但某些情况下,其他参与节点可能需要知道 PK 所有者的真实身份。例如车辆必须识别新引入的软件更新的交易所有者。为应对这一挑战,参与节点(包括 OEM、保险公司和云存储)使用第三方证书颁发机构(Certificate Authorities,CA)认证其 PK;参与节点的身份必须公开。其他参与节点可通过验证 CA 颁发的证书确认这些节点的身份。注意,身份验证依靠中心化方法,即现有的公钥基础架构。但其余功能通过所建议的分布式架构来实现。注意,上述节点还可将可更改的 PK 用于身份需要保密的交易。

　　参与节点通过其 CH 发送和接收交易。由于通信延迟增加,车辆的移动性导致车辆从其 CH 接收响应的延迟增加。为应对这一挑战,提出一种基于软切换方法(Soft Handover Method)的解决方案[10]。移动车辆测量到附近多个 CH 的通信延迟,选择具有最小延迟的 CH 作为新 CH。然后,车辆使用一组密钥对更新此新 CH 中的密钥列表,该密钥对允许其他节点向该车辆发送交易。最后,车辆清除自己的前 CH 密钥列表内的条目,并与旧有 CH 断开连接。由于所有交易都广播到区块链中所有的参与节点,因此车辆从网络接收交易时不会遇到任何延迟或中断,新的 CH 将接收新车辆的交易。

由于车辆更新了新 CH 的密钥列表，CH 将交易转发给车辆。如果由于 CH 分布稀疏，车辆未能找到合适的新 CH，则仍与原有 CH 联系。

# 5.4　应用

本节将讨论建议架构的各种应用。

## 5.4.1　远程软件更新

车辆电子控制单元(Electronic Control Unit，ECU)的功能升级或软件错误修复需要更新软件，将当前安装的软件替换为新版本。传统上，此类更新通过车辆和专用诊断设备之间的有线连接在服务中心等本地环境中执行。但未来的无线软件更新(Wireless Software Update，WSU)系统将得到越来越多的应用。因此，WSU 将在车辆的整个生命周期内，从车辆开发和组装阶段开始直到在维修中心对车辆进行维护期间，提供有效的更新机制。汽车行业正在研究无线远程软件更新(Wireless Remote Software Update，WRSU)。该软件在车辆外出时执行软件更新。WRSU 需要完全访问车辆及其 ECU，因此确保 WRSU 安全是汽车领域最关键的挑战之一。当前的安全架构是中心化的，例如，特斯拉通过 VPN 技术执行远程软件更新。但 VPN 更新方法不一定能扩展到大量车辆。此外，这些架构无法解决 5.1 节中概述的隐私问题。因此，WRSU 需要一种分布式安全方法，同时可保护车主的隐私。

基于建议架构的整个软件更新过程如图 5.4 所示，描述如下。每个 OEM 使用云存储储存新的可用软件，并使用该存储启动软件分发步骤。OEM 为每辆车在云存储中创建一个账户，该账户与特定公钥/私钥对关联。密钥用于对请求下载软件更新的节点进行身份验证和授权。

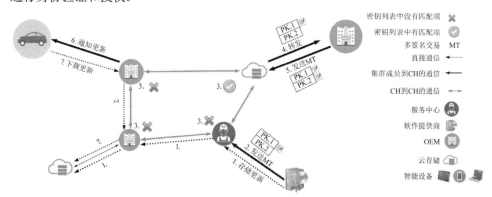

图 5.4　利用区块链架构的 WRSU 流程

首先，软件提供商可以是 OEM 的特定部门，也可以是为 ECU 提供嵌入式软件的供应商。软件提供商创建一个新的软件版本并将其存储在 OEM 提供的云存储中(图 5.4 中的步骤 1)。然后，软件提供商创建一个多重签名交易，并在 PK.1 字段中填充自己的 PK。云端所存储软件二进制文件哈希值的签名得以添加到 Sig.1 字段中。由于二进制文件存储在云端，因此哈希值可由其他网络节点验证，从而确保数据完整性。此后，软件提供商在 PK.2 字段中填充 OEM 的 PK。回顾一下，CH 使用 PK 列表决定如何转发交易。软件提供商将生成的多重签名交易发送给其 CH(步骤 2)。

CH 广播该交易(步骤 3)。包含相关 OEM 集群的 CH 在其公钥列表中找到匹配项，然后将交易转发给 OEM(步骤 4)。OEM 通过填充 Sig.2 字段验证新软件版本并签署接收到的交易。OEM 将交易发送给其 CH(步骤 5)，然后 CH 将交易广播给所有 CH。CH 通过使用交易中包含的 PK 检查软件提供商和 OEM 的签名以验证多重签名交易。接下来，CH 通知其集群成员(即车辆)最新的可用软件更新(步骤 6)。

从 CH 接收到交易后，智能汽车通过确认交易中的 PK.2 字段与其 OEM 的 PK 相等验证了交易。车辆随后直接从云存储中下载软件(步骤 7)。回顾一下，由于每辆车都有一个公钥/私钥对，因此可向云端进行身份验证。接下来，车辆将下载版本的哈希值与从 OEM 和软件提供商处收到的交易中软件二进制文件的哈希值签名进行比较，来验证所下载二进制文件的完整性。这样可确保 WRSU 期间的完整性。

使用概述的步骤可增强 WRSU 的安全性和隐私保护。5.5 节将使用该框架进一步说明 WRSU 的安全性和性能。

## 5.4.2　保险

保险公司现在开始使用由车载系统或与车辆相连的车载诊断(On-board Diagnostics，OBD)加密狗等附加设备，收集制动模式和速度等车辆数据并记录驾驶行为。然后，此信息将用于灵活地调整保费，负责任且安全驾驶的人员支付的保费更优惠。这种随用随付(Pay As You Drive，PAYD)方法对保险公司和驾驶员而言是双赢。本节讨论建议架构对 PAYD 应用的适用性和优点。

为与保险公司通信，车辆需要一个 PK。保险公司必须知道此 PK，以便公司可将收到的数据或交易与特定客户关联，并提供灵活的保险。一旦客户选择 PAYD 模型，保险公司就为汽车创建一个公钥/私钥对，并在云存储中创建一个账户。因为在区块链中存储数据会产生巨大的数据包开销，所以车辆使用云存储账户储存数据。车辆使用密钥对保护与保险公司的通信。因为每次交易都使用 PK，保险公司可识别每个账户持有人的真实身份。

车辆发送的数据可能包含车辆位置等敏感隐私数据。因为保险公司知道与每个密

钥对关联的车辆的真实身份，所以这可能损害车主的隐私。在建议架构中，这种敏感
隐私数据存储在车载存储单元中，不会发送到云端，增强了客户的隐私安全。当保险
公司在发生事故等情况下索要该敏感隐私数据时，车辆将车内存储单元中存储的数据
发送给保险公司以提交事故索赔。回顾一下，车载存储单元的哈希值签名定期存储在
区块链中，因此保险公司可使用此哈希值确保自从哈希值存储在区块链以来，数据从
未遭到篡改。

合同到期，或者车主中止合同时，保险公司会将用于身份验证和授权的云端车辆
的关联密钥标记为过期。因此，车辆进一步接收个性化服务或将数据存储在云存储中
的请求将遭到拒绝。

### 5.4.3 电动汽车和智能充电服务

由于具有可减少环境污染等显著优势，电动汽车数量不断增长，因此对快速有效
的充电设施的需求也在增长。充电设施可能跟踪用户车辆充电的频率和位置，可建立
用户活动画像，从而可能危害车主的隐私。车辆可与车辆所有者的移动设备相连，即
可与 IoT 相连，从而为用户提供更复杂的服务。例如，通过用户的日历了解其旅行习
惯，充电过程可更加个性化。该信息可用于确保用户需要时车辆已充满电。通过与智
能电网互连，车辆不仅可避免高峰时段，能以最便宜的价格充电，还能以最高价格出
售多余的电能来提高用户的收益。但确保用户的隐私安全极具挑战性。

通过使用建议的架构，车辆能以安全和私密的方式与包括 IoT 设备、用户的智能
家居和智能电网在内的其他参与者通信。用户可使用多个 PK 增强其在区块链中的隐
私。现有的比特币等加密货币可与建议的架构一起用于支付费用。由于用户当前付款
和先前付款之间没有联系，因此可保护用户的隐私。为确保用户能控制交换的数据，
由用户(即车主)定义哪些信息可在车辆与其他参与者之间共享。

### 5.4.4 共享汽车服务

诸如 Car Next Door[11]的共享汽车服务正在迅速增长。共享汽车服务要求以安全、
私密和可靠的方式，与智能车辆、共享汽车的服务提供商和用户互连。各方之间交换
的数据包括车辆位置等敏感隐私数据，以及汽车解锁密钥和用户支付流水等机密数据。

通过使用建议的架构，多种参与者能以安全、私密的方式交流或交换消息或数据。
例如，汽车共享服务提供商可与用户共享车辆的位置，并授权用户解锁车辆。参与者
之间的所有互动都以不可变方式存储(即记录)在区块链中，使区块链成为解决参与者
之间争议的可信赖方。例如，假设由于服务提供商未能共享密钥或共享了错误密钥，

导致用户在预订汽车期间无法解锁车辆，用户可要求退款，区块链可作为用户无法解锁车辆的可信证据。

## 5.4.5　供应链

智能互联车辆的可持续供应链管理(Sustainable Supply Chain Management，SSCM)考虑了可持续发展的三个重要方面，即经济、环境和社会[12]，因而受到消费者、OEM和政府的广泛关注。越来越多的消费者为确保安全，要求安装在车辆上的零件是真实的。OEM 从全球分布的其他制造商或供应商那里购买安装在智能车辆上的原材料、零件或传感器和设备。供应商可为多个 OEM 提供零件或原材料，反之亦然。OEM 彼此协作或与供应商合作，降低车辆的最终成本。如文献[13]所述，智能车辆的供应链还应考虑车辆的回收利用，因为车辆的某些部分可重复使用以防破坏环境。

供应链包含参与者的敏感隐私信息，例如供应商生产的零件总数等。供应链中的一些信息必须保持机密，如车辆中安装的设备类型等。攻击者可能试图利用已安装零件或设备的漏洞闯入车辆系统。因此在智能互联车辆的供应链解决方案中，考虑隐私保护和安全至关重要。

基于区块链的建议框架可能用于 SSCM 的安全、可信、私密和分布式解决方案。车辆供应链中的所有参与方都加入分布式区块链，并将所有通信存储在区块链中。原料或零件的提供者为每种物料/零件创建一个账本，用于记录该物料/零件的所有交易历史。由于所有交易都存储在区块链中，而区块链参与者通过 CA 知晓供应商的 PK，因此所有参与者(包括消费者)都可使用供应商的 PK 检查所购买的零件是否真实。通过将现有的加密货币与本章的建议架构一起使用，参与者可进行分布式交易，消除了对中心化银行的需求。

## 5.4.6　责任

随着车辆与其他车辆、路侧设施以及 Internet 的连接越来越多，识别交通事故责任方变得越来越复杂。这个问题对于保险公司支付赔偿至关重要，在文献中称为责任认定。责任可能归咎于不同当事方。如果车辆在自动驾驶模式下发生事故，则 OEM 应该承担责任；如果是软件程序导致的事故，则是软件提供商的责任；如果由于维修技术人员对车辆的操作导致的事故，则为服务中心的责任。文献[14]概述了智能互联车辆责任框架的六个基本要求，即证据完整性、安全存储、不可否认性、去中心化、授权和隐私。由于区块链的显著特征，可用作解决上述责任认定的有效方案。

回顾一下，在建议的框架中，参与者之间的所有交互都作为交易存储在区块链中。

存储的交易是不可变的，任何变更都很容易发现，因此框架可促进可信方全面收集证据以便做出责任认定。收集的证据包括车辆与其他各方的交互，存储的交易还可能包含各方之间交换的数据的哈希值，因此可很容易地检测对数据做过的修改。

# 5.5 评价与讨论

本节将对所建议框架的安全性和隐私进行定性讨论，并进行定性的性能评价。

## 5.5.1 安全性和隐私分析

本节对所建议框架的安全性和隐私进行分析。

### 1. 隐私

在建议方法中，每个参与节点均采用一个 PK 作为其身份，引入一定程度的匿名性，增强了用户的隐私安全。攻击者可能试图通过跟踪用户的多个身份并将其联系在一起或监视生成交易的频率对用户进行去匿名处理。这种攻击方式在文献中称为链接攻击(Linking Attack)。在建议框架中，每个用户都使用新的 PK 与网络中的不同方通信。每个参与者可在区块链中拥有多个账本，每个账本包含交易接收者知道的 PK。这减少了链接攻击的成功机会，增强了用户隐私安全。

车辆会生成车辆位置等敏感隐私数据。为保护车主的隐私，在建议框架中，这种敏感隐私数据存储在车内数据存储单元中，而将数据的哈希值定期存储在区块链中。因此，其他各方可相信，如果接收到数据的哈希值与区块链中存储的交易的哈希值匹配，则车辆接收到的数据没有更改。

每辆车都配备有多种传感器和设备，可从车辆中收集数据。这些设备将生成的数据与多种服务提供商交换以获得服务。为确保用户隐私安全，用户必须确定哪些参与者可访问其设备或数据，以及以什么频率访问。使用建议框架，用户可使用 CH 中的公钥列表授权其他参与者访问车辆(5.2 节)。参与者之间的所有交互都存储在区块链中。因此，用户可监视对其设备的访问频率。

### 2. 安全性

本章建议的架构继承了区块链的安全性。使用非对称加密算法对交易(和数据)加密确保了机密性。每个交易的哈希值签名存储在区块链中确保了完整性。每个 CH 维护一个公钥列表，该列表使关联的参与者可授权其他参与者访问，从而确保了授权。

　　下面将评价所建议架构在应对某些特定安全攻击时的韧性。攻击者可在若干不同的攻击场景下控制智能车辆。

- **数据操纵(Data Manipulation)**——在这种攻击场景中，攻击者篡改云存储中的数据。攻击目标因执行攻击的实体而异。例如，攻击者可能篡改云端的二进制软件以便在车辆中安装恶意软件，保险公司可能篡改车辆发送的数据使车主错误地对事故负责，从而逃避支付赔偿。回顾一下，参与者之间交换的数据的哈希值签名存储在区块链中。因此，通过检测区块链中单个哈希值与修改后数据的哈希值是否匹配，可很容易地确定数据是否遭到篡改。

- **伪装攻击(Masking Attack)**——在这种攻击中，攻击者冒充其他节点执行操作。例如，恶意节点可能伪装成 OEM 并分发恶意的软件更新。回顾一下，在建议架构中，所有参与节点都是匿名的。因此，只有当其他网络节点都知道某个节点的身份的情况下，攻击才可能发生。而所有参与者都知道此类节点的公钥，并可使用 CA 验证。因此，攻击者不能声称自己是其他节点，因为缺少与相关节点的公钥对应的私钥。

- **分布式拒绝服务(Distributed Denial of Service，DDoS)攻击**——要执行 DDoS 攻击，攻击者首先要攻陷网络中的大量参与节点，而后通过编排(Orchestrate)受损节点向目标网络节点发送大量交易，使目标节点不堪重负。回顾一下，仅当交易中的密钥(即 PK.1 和 PK.2)与其公钥列表中的密钥对匹配时，CH 才会将交易转发给相应的集群成员。由于参与 DDOS 攻击的受损节点生成的交易与公钥列表中的任何密钥对都不匹配，因此最终将遭到丢弃，不会影响目标节点。但大量交易会在 CH 上产生数据包开销。由于交易需要有目标节点的签名才视为有效，因此不会存储在区块链中。

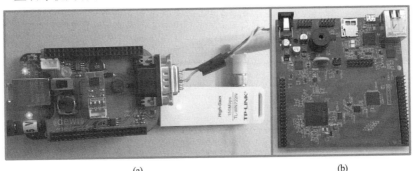

(a)　　　　　　　　　　　　　　　　　　　　　(b)

图 5.5　(a)基于 BeagleBone Black 和研究团队开发的通信设备的 WVI 原型；
(b)目标 ECU：AURIX 应用套件 TC277 TFT 中的 Infineon AURIX ECU

## 5.5.2　性能评价

为评价所建议方法的性能,特别是在 WSU 这一案例(更多信息参见[15])中的性能,使用 BeagleBone Black Board(BBB)和允许 BBB 通过 CAN/OBD 连接到车辆通信的额外设备实现区块链基础架构。图 5.5(a)描述了实施中使用的设备。除在设备中放置的网络节点(如 BBB)外,还在同一主机中用 Java 实现覆盖网络节点。软件更新储存在存储单元中,并使用建议的框架分发,以评价车辆的性能。AURIX 应用套件 TC277 中的 Infineon AURIX ECU 汽车多核 ECU 用作软件更新的目标 ECU,见图 5.5(b)。

WVI、车辆和诊断测试仪(Diagnostic Tester,DT)使用 IEEE 802.11s 网状网络互连。选择此协议是因为 IEEE 802.11s 网络的网状特性由于其多跳功能和冗余增加了网络的灵活性和可靠性。

为与本章建议的方法进行比较,基准系统的实现与最新的 OEM 软件分发方法相似,OEM 将软件分发给所有车辆,车辆使用数字证书来验证 OEM 的身份和软件的真实性。测量如下两个指标:

- 数据包开销——指分发新软件而生成的数据包总数。
- 延迟——指区块链为分发新软件产生的处理开销。

下面讨论评价结果。

**数据包开销**——为评价数据包开销,首先评价因为使用区块链分发新软件而产生的开销。收集网络中交换的数据包,将其分成三组,即与数据相关的数据包(包含新软件本身的数据包)、与区块链相关的数据包以及初始化网络所需的初始化数据包。数据包开销受车辆数量、软件二进制文件大小以及执行的更新总次数的影响。评价条件为20 辆汽车、32KB 大小的文件和 100 次软件更新。相应的结果表明产生了 3.4%的开销,当只有一台车辆执行更新时,开销增至 7.3%。从结果可明显看出,增加网络中的车辆数量能减少用于软件更新的数据包开销的总比率。

接下来测量与传统的基于证书的软件更新相比,建议框架所产生的数据包开销。在由 10 台设备(包括 BBB、Raspberry Pi3 和笔记本电脑)组成的网络中实施这两种方法,研究数据包开销与车辆总数、数据包数目以及每辆车更新总数的关系。图 5.6 概述了实现结果。显而易见,与基于证书的方法相比,区块链方法中软件更新的数据包开销稍有降低。

**延迟(Latency)**——这一部分评价建议框架带来的延迟。首先测量安装和分发软件更新的延迟。测量以下各项:①使用 LSB 基础架构分发软件所需的等待时间;②安装软件本身的等待时间。这实质上是建议框架中的最后一步,即将新接收的软件安装在ECU 上,更详细的描述参见文献[15]。表 5.1 总结了实施结果。

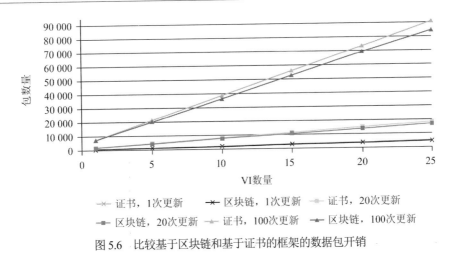

图 5.6　比较基于区块链和基于证书的框架的数据包开销

表 5.1　关于软件更新延迟的研究

| 软件分发 | 本地无线更新 | WVI 安装 |
| --- | --- | --- |
| $2682.3 \pm 8.3$ ms | $16\,271.0 \pm 323.4$ ms | $13\,831.7 \pm 228.3$ ms |

　　实施结果表明，使用有线车载总线在 ECU 上安装新的软件二进制文件所需时间，比使用基于区块链的建议框架从仿真软件提供商到车辆分发软件所需时间多五倍以上。建议框架中的软件更新分发比本地软件更新过程(例如，在服务中心中执行的更新过程)快六倍。注意，软件分发不包括 OEM 验证新软件的延迟。

　　接下来比较建议方法与传统的基于证书的软件更新的延迟。在由 10 台设备(包括 BBB、Raspberry Pi3 和笔记本电脑)组成的网络中实施这两种方法。从图 5.7 所示的实施结果可明显看出，与基于证书的传统方法相比，所建议框架减少了软件更新的延迟。

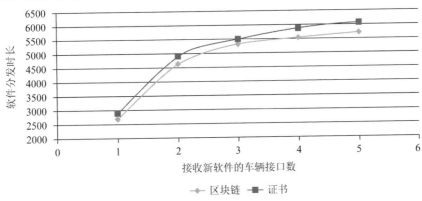

图 5.7　基于区块链和基于证书的框架的延迟比较

## 5.6 相关工作

本节是对区块链应用于智能互联车辆的简要文献综述。

文献[16]提出一个基于区块链的框架，确保车辆之间通信的信任和安全。为确保信任，车辆制造商会为生产的每辆车生成一个智能车辆信任点(Intelligent Vehicle-Trust Point，IV-TP)，并存储在车辆内。车辆之间的通信使用 IV-TP 确保信任。但该方法未考虑车主的隐私安全，可通过跟踪由单个 IV-TP 生成的交易揭示与车主相关的敏感隐私信息。

文献[17]为智能运输系统(Intelligence Transportation Systems，ITS)提出一个基于区块链的分层互连模型。提出的模型包括七层，即物理层、数据层、网络层、共识层、激励层、合约层和应用层。利用这些层，ITS 参与者可用多个区块链实例通信。但该框架尚未应用到实际场景中。

文献[18]提出一个基于区块链的框架确保智能城市的安全和隐私。提出的方法利用许可制区块链，其中的撤销(译者注：授权)管理中心控制加入区块链网络的车辆身份并指定哪些车辆可充当矿工。尽管提出的方法由于使用区块链可确保通信的安全性，但相关的处理和数据包开销极大，这将限制所提方法的适用性。

文献[19]研究了联盟链(Consortium BC，本质上是许可制区块链)在保护智能车辆之间通信上的可用性。应用提出的框架使车辆能与其他参与者交换数据，交换的数据可以是车辆维护记录，也可以是车辆的传感器和设备生成的数据。通过一个中心身份数据库验证每辆车的身份。但提出的框架未考虑通过区块链交换数据时用户的隐私保护和相关数据包的开销。

文献[20]提出一个名为 Block4forensic 的基于区块链的框架，解决智能车辆中的责任挑战。在 block4forensic 中，车辆生命周期中的多个参与者管理区块链。这些参与者之间的所有互动都存储在区块链中，以备将来用作责任证据。车辆内嵌传感器的数据通过法证守护程序与保险公司共享，所有交换数据的哈希值存储在区块链中以保护数据的完整性。文献[14]也提出一个类似的基于许可制区块链的智能车辆责任框架，参与者只有经过授权才能加入区块链。框架引入不同的交易以便为责任决策收集证据。

文献[21]提出一种可靠的隐私保护框架，该框架在不泄露车辆位置或支付信息等敏感隐私数据的情况下为车辆选择充电设施。提出的框架根据价格和位置选择最佳的充电设施。

# 5.7 小结

本章给出一种基于区块链的汽车安全性和隐私保护解决方案。所建议的框架将车辆生命周期中的所有实体都包括在内，包括但不限于保险公司、软件或硬件供应商以及路侧设施。这些参与者之间的交互(即交易)记录在区块链中，提供了很高的可审计性。每个参与者都通过可变的公钥识别，引入一定程度的匿名性。

本章还研究了几种汽车用例在框架中的适用性，描述了可能的攻击场景，讨论了建议架构是如何减轻和抑制这些攻击的。实现结果表明，与传统的中心化方法相比，基于区块链的解决方案减少了远程软件更新的延迟和数据包的开销。

# 第 6 章

# 用于保护交通 IoT 安全的基于区块链的动态密钥管理

本章由 Ao Lei、Yue Cao、Shihan Bao、Philip Asuquom、Haitham Cruickshank 和 Zhili Sun 撰写[1]。

## 6.1 简介

美国交通运输部(Department of Transport，DoT)最新报告表明，将智能交通系统(Intelligent Transportation System，ITS)引入现有交通系统可预防近 82% 的交通事故[1]。目前认为 ITS 是解决当前交通系统中道路安全、导航和拥堵控制等问题的唯一候选方案。车载通信系统(Vehicular Communication System，VCS)作为 ITS 的子模块，支持车辆间以及车辆与道路设施之间的消息交换[2]。最著名的 VCS 结构之一是车载自组织网络(Vehicular Ad Hoc Network，VANET)。VANET 是移动自组织网络(Mobile Ad Hoc Network，MANET)的扩展，在 ITS 之间提供一个供车辆交换安全通知等不同功能消息的平台。VCS 除了在多个车辆间交换消息外，还支持车辆与道路设施之间的消息通信。此外，VCS 是物联网(Internet of Things，IoT)最重要的用例之一。如图 6.1 所示，VCS 是 ITS 和 IoT 之间的重叠部分。

VCS 的安全性高度依赖于交换消息的可信度，这些消息统称为安全消息(Safety Message)。这些安全消息(如速度、方向、位置和车辆尺寸等车辆状态信息)，可使车辆和道路设施了解周围环境的状态，因此信息的正确性决定 ITS 能否以有规律和可持续的方式运行。根据来自附近 ITS 通信节点的安全消息所提供的信息，车辆可更好地了解当前路况和事故情况。为保证安全消息的可信性和合法性，应该使用预先约定的密

---

1 Yue Cao 就职于英国泰恩河畔的纽卡斯尔诺森比亚大学的计算机与信息科学学院，其余几位作者都就职于英国吉尔福的德萨里大学的通信系统研究所。

钥对安全消息加密。因此，提供 VCS 应用层安全性的问题可转化为在所有通信参与者之间可靠地分配或更新密钥这一问题，特别是及时将密钥传递给另一个安全域以完成节点切换的问题。此外，高移动性、大量设备和大范围的车辆活动对 VCS 中心化的管理和接入点(Access Point，AP)部署提出额外挑战。因此，分布式 VCS 管理结构被视为一种提高网络管理效率、减轻网络管理员负担和降低道路设施建设成本的可能方法。

图 6.1　ITS、VCS 和 IoT 之间的关系

当前在 VCS 区域之间实现可信安全消息交换的解决方案是在将消息广播到 VCS之前加密消息并证明消息的真实性[3]。交换加密安全消息前，需要首先使用密钥管理方案以安全方式分发密钥。尽管过去几年 VCS 领域已取得重大进展，但安全问题，尤其是密钥管理的安全问题仍然是重要的研究课题。考虑到这一点，研究者将区块链视为实现该目标的可行解决方案。分布式数据库中的共识算法和状态复制在历史上仅限于封闭的分布式系统内部使用。在开放系统中，信任、安全性和可接受性需要不同的解决方案。2008 年，中本聪(Nakamoto)提出数字货币比特币[4]及作为其关键技术的区块链，在没有中心化控制的情况下创建了经过验证的交易的分布式账本。激励、密码难题和 P2P 共识之间微妙的相互作用导致信任自然而然地产生。

但大多数区块链研究人员专注于金融领域而忽略了区块链的其他特征，即分布式身份验证和信息传播。区块链是一种存储区块列表的同步分布式账本。区块记录用户信息和收据并链接到前一个区块。已经有对基于区块链的物联网解决方案进行的可行性研究工作。文献[5]中提出将区块链与去中心化系统配合使用，管理物联网设备上的个人数据，由区块链监控对个人数据的访问控制。文献[6]提出一种最新的安全交易系统，该系统支持在两个不同物联网场景(即智能电网和智能医疗系统)中使用区块链进行去中心化能源交易。尽管在 IoT 中使用区块链的解决方案已有不少，但基于区块链的安全方案仍需要设计和检查，在 VCS 场景中更应如此。

## 6.2　用例

用例应着眼于物联网的技术挑战。本章的安全研究工作旨在基于用例建立一种包含大量 VCS 服务参与者的新型密钥管理方案。物联网用例中存在的两个障碍是高昂的网络开销和低下的计算效率。实际上，这两个方面也是密钥管理研究的主要难点，在 VCS 中更是如此。因此，密钥管理研究的第一个目标是减少总的广播消息，即通信开销，第二个目标是加快密钥管理处理速度。由于这些原因，研究者将节点切换作为主要研究用例。

无线网络通过部署多个蜂窝子网实现覆盖，允许节点自由移动而不受电缆连接的限制。无线移动网络中切换的目的是使移动节点能从先前的子网无缝漫游到另一个子网。由于网络切换时不可避免地需要身份验证处理时间，切换身份验证似乎成为新障碍。新的蜂窝子网验证加入用户的身份和合法性，确保安全性，也称为密钥切换(Key Handover)。图 6.2(a)说明了移动网络的典型密钥切换方案。除移动节点(移动电话或车辆)外，切换程序还涉及四个实体之间的协作；这四个实体是移动节点(Mobile Node，MN)、家乡代理(Home Agent，HA)、外地代理(Foreign Agent，FA)和身份验证服务器(Authentication Server)。身份验证服务器位于系统架构的最高层，负责管理、发布和初始化密钥和证书等密码材料。中间层包含蜂窝子网，即 HA 和 FA。MN 先在 HA 注册，但漫游到 FA 的覆盖区域时发生密钥切换。MN 处于系统架构的末端分支，是需要获得网络服务的最终用户。MN 要求在整个网络中都能连接到网络，并保持与 HA 的网络连接。MN 与 HA 之外的子网没有建立相互信任关系。这意味着在未经验证的情况下，MN 无法信任任何来自 HA 之外的服务器信息，反之亦然。在成功向 HA 验证身份后，即可建立连接。如果 MN 要启用 HA 覆盖范围之外的网络访问，则需要通过强制身份验证步骤。同时，FA 使用基于密码的消息证明其身份和合法性。因此，切换从 MN 加入网络开始，并随着身份验证的完成而结束。身份验证步骤会检查身份和合法性。签名链接到与 MN 的当前假名相关的密钥对，验证签名可检查身份。合法性显示在证书内的特定字段中，该字段专门用于指示 MN 合法性的有效期。

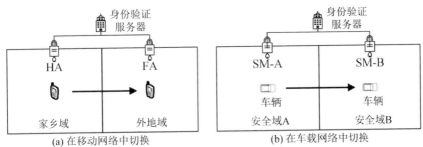

(a) 在移动网络中切换　　　　　(b) 在车载网络中切换

HA：家乡代理，FA：外地代理，SM：安全管理器

图 6.2　传统的移动节点切换程序

如文献[7，8]所述，现有的密钥切换方案基于移动电话网络或通用无线传感器网

络(Wireless Sensor Network，WSN)。在此类情况中，MN 具有不可预测的轨迹。因此，消息切换身份验证由 MN 触发，FA 和 HA 之间需要多次握手。而在 VCS 场景中，车辆会发送安全消息，并且安全管理器(Security Manager，SM)知道管理器覆盖区域内所有车辆的行驶状态，因此可轻松预测轨迹。图 6.2(b)显示安全管理器(SM)取代了 HA 和 FA。这里假设安全管理器 A(SM-A)扮演 HA 的角色，而 SM-B 充当 FA。在 VCS 中，SM-A 根据行驶方向、速度、位置和所有密码材料了解到车辆即将进入 SM-B 的覆盖区域。因此，SM-A 向 SM-B 发送消息切换通知，以便 SM-B 更新车辆的密钥。综上所述，移动网络中的切换方案需要三个实体(MN、FA 和 HA)之间的消息交互才能完成，而 VCS 中仅需要一个单向通信。下面首先概述 VCS 网络结构，接着详细介绍 VCS 中的消息切换。

### VCS 中的消息切换

VCS 中根据职责将节点分为四层，三层属于服务提供商，只有一层属于服务用户。如图 6.3 所示，服务提供商包括 RSU(Road Side Unit，路边单元)、SM 和公钥基础结构(Public Key Infrastructure，PKI)。SM 和 RSU 配备使用 VCS 标准的无线通信设备。同时，车辆要求安装支持相应 VCS 标准的通信设备。车辆周期性发送安全消息，由沿路每隔一定距离建造的 RSU 收集，提供了最大的网络覆盖范围。PKI 包含证书颁发机构(Certificate Authority，CA)、匿名服务器和其他支持应用程序的中央管理基础结构。PKI 管理所有密码材料，充当网络的中央管理器。PKI 计算并验证 VCS 中车辆的永久身份标识、证书和假名。每个 SM 都有称为安全域的逻辑覆盖区域。SM 帮助 PKI 管理安全域的密码材料，从逻辑上说位于 PKI 层之下。安装 SM 建议采用地理稀疏的方式，每个安全域有一个 SM。RSU 充当 AP，用作服务提供商和用户之间桥接消息的接口。

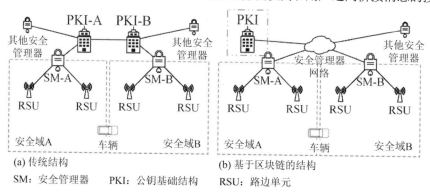

(a) 传统结构      (b) 基于区块链的结构

SM：安全管理器    PKI：公钥基础结构    RSU：路边单元

图 6.3 VCS 网络结构

### 1. 传统结构

传统结构严格遵循上述层次结构。假设 SM 仅为改善网络覆盖范围而充当 HA、FA 和 RSU 的工作。当前注册的 SM 充当 HA，而即将加入域中的 SM 充当 FA。此外，VCS 中的恶意行为很容易危及人的生命，需要最高级别的安全性以提供可信赖的服务。通过配备监督用户数据的服务器可满足这一要求。因此，SM 之间的握手由 PKI 内部的基础结构强制执行检查。如图 6.3(a)所示，每个安全域由不同的 SM 和 PKI 管理，SM 和 PKI 在最高层监视所管理的网络。每个 PKI 管理多个 SM，SM 的数量取决于该地区的地理拓扑。这使网络上密钥交换极为低效，而且汽车从一个安全域移到另一个安全域会生成不必要的握手消息。

传统网络中的跨域握手程序如图 6.4 所示。在运行密钥管理方案之前，网络会根据流量水平设置消息收集周期。车辆试图从安全域 A 进入安全域 B 时，会不断发送包含速度和位置信息的安全消息。SM-A 提取安全消息并识别过境请求。SM-A(先前的 SM)在一个交易周期内从所有安全消息中提取出过境请求，并将与车辆有关的这些请求和信息封装到交易中。SM-A 将这些交易一一发送到 PKI-A。为确保安全，PKI-A 检查请求中的数字签名和证书以获取真实性和完整性证明，消息格式如步骤(1)所示。使用 PKI-A 的私钥解密密文，并使用 PKI-B 的公钥重新加密。这是因为原始密文使用 PKI-A 的公钥保护，而 PKI-B 没有相应的解密密钥。在检查期间，已验证的交易会转换为 PKI-B 可读取的新版本。以上消息格式如步骤(2)所示。在步骤(3)中，PKI-B 接收到交易数据包后重复检查步骤，并将其转换为 SM-B 可读的版本。最后，所有跨界请求都打包在交易数据包中送达 SM-B。下面显示了握手消息流的详细信息，其中 En{*} 表示使用椭圆曲线集成加密方案(Elliptic Curve Integrated Encryption Scheme，ECIES)[9] 的加密活动，而 Sig{*} 是使用椭圆曲线数字签名算法(Elliptic Curve Digital Signature Algorithm，ECDSA)的签名活动[10]。PK*和 SK*分别是基于椭圆曲线的公钥和私钥。

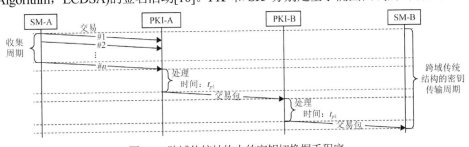

图 6.4　跨域传统结构中的密钥切换握手程序

(1) SM-A 向 PKI-A 发送交易：

$$\text{En}\{\text{info}\}_{\text{PK}_{\text{PKI-A}}} + \text{dest}_{\text{SM}} + \text{Sig}\{\text{Cipher} + \text{dest}_{\text{SM}}\}\text{SK}_{\text{SM-A}}$$

(2) PKI-A 将交易包转发到 PKI-B：

$$En\{info\}PK_{PKI-B} + dest_{SM} + Sig\{Cipher + dest_{SM}\}SK_{PKI-A}$$

(3) PKI-B 将交易包转发到 SM-B：

$$En\{info\}PK_{SM-B} + dest_{SM} + Sig\{Cipher + dest_{SM}\}SK_{PKI-B}$$

如果双方的 SM 在同一安全域中，则可简化握手步骤。握手消息的格式如下所示。在步骤(1)中，SM-A-1 将交易转发到 PKI-A 以证明其真实性和完整性。在相同的域场景中，两个 SM 均受同一 PKI 管理。因此，不需要将交易转换为用于其他 PKI 的另一个版本。与上面的跨域版本类似，SM-A-2 最后从交易包中接收交易。上述步骤如图 6.5 所示。

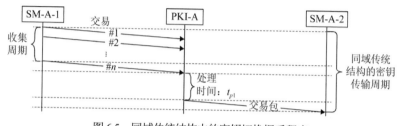

图 6.5 同域传统结构中的密钥切换握手程序

(1) SM-A-1 将交易发送到 PKI-A：

$$En\{info\}PK_{PKI-A} + dest_{SM} + Sig\{Cipher + dest_{SM}\}SK_{SM-A}$$

(2) PKI-A 将交易数据包转发到 SM-A-2：

$$En\{info\}PK_{SM-A-2} + dest_{SM} + Sig\{Cipher + dest_{SM}\}SK_{PKI-A}$$

### 2. 基于区块链的结构

由于 PKI 内部多次握手可导致安全域之间的密钥传输延迟，因此通过 PKI 的密钥切换消息十分麻烦，可通过引入区块链去中心化结构简化密钥切换的握手程序。区块链结构有助于简化网络结构，使消息由 SM 网络而非 PKI 验证。将处理密钥切换等部分 PKI 功能转移到 SM 网络。与比特币网络类似，区块链的功能使节点能共享信息而不需要中央管理器对账本集中监管。SM 连接到 SM 网络，SM 网络还连接其他属于不同安全域的 SM。SM 网络使用对等(Peer-to-Peer，P2P)结构，并以云的方式运营。如图 6.3(b)所示，中央管理器(PKI)放在隔离的环境中，专门为所有节点生成密码材料。出于隐私保护和安全的目的，车辆身份、假名(Pseudonym)和假名证书等密码材料应保存在安全的基础设施(Facility)中[11]。只有两种情况可访问中央管理器：①初始注册——新车辆出厂，首次加入某个安全域时需要申请初始注册；②撤销敌对者——在基于区块链的结构中，可通过区块链查找和识别恶意行为。一旦确认恶意行为，就会公开敌对者的身份(包括假名)。

图 6.6 显示一个简化的握手程序。收集周期内允许多个交易广播到 SM 网络中，由网络中的 SM 接收。验证交易包含的数字签名和证书以说明交易中的信息是否可信。由于密文使用目标 SM 的公钥加密，因此交易中的密文在到达目标 SM 之前不会遭到解密。根据区块链挖矿的性质，交易会由 SM 以随机顺序插入区块中。最后一点是，上述区块将通过挖矿算法挖掘，挖出后的区块向网络广播。

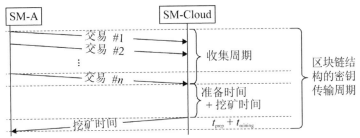

图 6.6　在基于分布式账本技术的结构中跨域切换的握手程序

以上程序如下所示：

(1) SM-A 将交易发送到 SM-Cloud：

$En\{info\}_{PK_{SM-dest}} + dest_{SM} + Sig\{Cipher + dest_{SM}\}SK_{SM-A}$

(2) SM-Cloud 将已开采的区块返回给 SM-A。

# 6.3　基于区块链的动态密钥管理方案

在上节所述方法中，区块链用于简化网络结构，减少密钥切换程序中的消息握手和延迟。根据上一节中对简化结构的描述，信息直接发送到目的地而不通过 PKI 传递，因此可加快安全域之间的信息传播。此外，区块链网络的分布式结构在单点故障下表现出更好的健壮性。提出的基于区块链的密钥管理方案基于以下假设。

**假设 1　矿工角色**——根据在区块链网络的职责不同，节点通常分为两个角色：服务用户和矿工。矿工是具有强大计算能力的节点，使用自身计算能力维护区块链。在比特币网络中，部分节点自愿选择矿工的角色。矿工成功开采出一个区块将获得比特币作为奖励。基于区块链的方案中假设所有区块挖矿任务都由所有 SM 强制完成。作为奖励，SM 授予访问密钥管理服务的权限。所有 SM 同时扮演服务用户和矿工的角色。

**假设 2　同步挖矿**——必须假设所有 SM 都在同一时间或大约同一时间开始挖矿任务。由于导航服务包含在 ITS 应用中，因此每辆车都应配备同步过的时钟。同步过的时钟有助于限制每个交易收集间隔的截止时间。

**假设 3** 共识——最著名的共识方法是工作量证明(Proof of Work,PoW),通过尝试多次哈希值进行计算。PoW 是一张难以生成但易于验证的数字收据。区块链共识的本质是以分布方式在一组节点间达成共识,而不必依赖中央管理者的决定。因为所有 SM 都内置相同的处理模块,并假定 SM 之间通过高度安全的通信电缆连接,所以本方案使用低难度的 PoW,允许较短的 PoW 计算时间,从而可高效达成共识。

# 6.4 动态交易收集算法

## 6.4.1 交易格式

交易格式设计为从源 SM 到目标 SM 的密钥切换消息封装。根据之前的方案,交易头包含七个有用信息的字段,这些字段遵循区块链应用的基本交易模板(表 6.1)[12, 13]。第一个字段和其余五个字段的结果相关,是通过哈希函数计算得出的。接下来是交易类型字段,用于将交易功能进一步扩展到隐私应用。交易编号表示该交易在区块中的位置。该字段的值取决于 SM 如何组织交易顺序。当前和目标 SM 编号分别与比特币应用的货币输入和输出等效[4]。使用目标 SM 的公钥对切换车辆的假名和证书等身份信息加密。签名位于交易格式的最后位置,用于维护密钥切换信息的真实性、完整性和不可抵赖性。

表 6.1 交易格式

| 交易头 | |
|---|---|
| 1 | 交易哈希值 |
| 2 | 交易类型 |
| 3 | 区块中交易数 |
| 4 | 当前安全域编号 SM-this |
| 5 | 目标安全域编号 SM-dest |
| 6 | 包括加密的车辆假名和证书的车辆识别材料 |
| 7 | 确保完整性和身份验证的交易签名,签名生成使用 SM 的私钥:$SK_{SM\text{-}this}$ |

载荷字段:(加密的交易信息)

$$Cipher = En\{info\}_{PK_{SM\text{-}dest}}$$

表 6.1 显示了载荷字段,该字段附加在交易头后面。这里 info 指交易中的身份标识和车辆状态信息,包括证书、假名、速度、前进方向和其他状态数据。为确保交易

信息的机密性，使用目标 SM 的公钥加密身份材料和车辆状态数据。加密后的信息除了目标 SM 外，对 SM 网络保持不可读。使用目标 SM 的公钥 $PK_{dest}$ 将与隐私相关的信息加密为密文 $En\{info\}_{PK\text{-}dest}$。签名使用密文和目标 SM 的编号计算，并使用源 SM 的私钥 $SK_{this}$ 签名。对隐私相关信息的加密结合对交易内容的数字签名，可确保敌对者无法假冒正常节点，也无法修改和窃听跨域请求，因为这么做需要敌对者能伪造签名。同时，其他 SM 能检查此交易是否合法。同样，因为只有目标 SM 才拥有解密消息的密钥，所以恶意用户无法从加密消息中读取任何内容。

## 6.4.2　区块格式

区块头由六个字段构成，如表 6.2 所示，与比特币区块结构[12]类似。在此安全应用程序案例中，由于所有区块均用于传输切换请求，因此所有区块在第一个字段中具有相同的区块版本值。但该字段也可用于指示其他分布式账本技术(Distributed Ledger Technology，DLT)应用程序，例如出于隐私保护目的假名置乱(Pseudonym Shuffle)。第二个字段将区块链接到先前的区块，该字段帮助区块彼此链接，创建链结构并生成分类账。所有交易及交易序列在区块中都以默克尔树根[14]形式在区块头中表示。默克尔树根确保交易的完整性，即使是单个交易更改也会导致完全不同的默克尔根值。通过检查时间戳字段可防止篡改时间。PoW 算法定义了目标为区块头的以一定数量的零开头的 256 位哈希值，零的数目表示为 $n_{zeros}$，是 PoW 挖矿算法中的目标难度。SM 在预定周期(交易收集周期)内收集所有交易并按任意顺序放到一个区块中。通过这种方式，区块能聚合多个跨界请求。

表 6.2　区块格式

| 区块头 | | |
| --- | --- | --- |
| 编号 | 字段 | 说明 |
| 1 | 版本 | 区块版本号 |
| 2 | 上一区块哈希值 | 链中上一个区块哈希值 |
| 3 | 默克尔树根 | 默克尔树根 $Root_M$ 的哈希 |
| 4 | 时间戳 | 区块创建时间 |
| 5 | 目标难度 | 工作量证明难度目标 |
| 6 | 一次性随机数 | 工作量证明计数 |
| **区块载荷(交易)** | | |
| 交易 1……交易 $n$ | | |

区块的载荷字段由 SM 在交易收集周期(由 $t_{CP}$ 表示)内收集的已验证交易组成。这些交易按顺序标记并打包到同一区块中。理论上交易数量由 $t_{CP}$ 和每小时通过车辆数($n_H$)决定。交易数量 $n_T$ 可通过下式计算得出：

$$n_T = \frac{n_H}{3600s/h} \times t_{CP}$$

## 6.5　时间组成

表 6.3 显示了构成密钥切换时间的所有时间元素。传统结构中，$t_{processing}$ 包含的所有时间变量都要考虑在内，而区块链结构只需要考虑 $t_V$ 变量。消息传输时间 $t_{transfer}$ 包括消息在电缆中的传播时间，以及冲突避免载波侦听多路访问(Carrier Sense Multiple Access，CSMA/CA)协议中的随机退避时间(在 SAE J2735[15]中规定)。变量 $t_{prep}$ 专门用于区块链应用，包含创建新区块的时间成本变量。

表 6.3　处理程序的时间要素

| 父字段 | 父字段描述 |
| --- | --- |
| $t_{prep}$ | 准备区块的时间成本，稍后将进行区块挖矿 |
| $t_{transfer}$ | 网络中的传输时间成本，包括 CSMA 退避时间 |
| $t_{processing}$ | 消息加密、解密、签名和验证的处理时间 |
| 子字段 | 子字段描述 |
| $t_{rand}$ | 计算生成随机交易序列的时间 |
| $t_{fill}$ | 将交易插入区块消息中的时间成本 |
| $t_{merkle}$ | 获得默克尔树根的计算时间 |
| $t_{header}$ | 准备区块头的处理时间 |
| $t_{BO}$ | 平均 CSMA 退避时间 |
| $t_P$ | 网络线缆中的传播时间 |
| $t_E$ | 加密纯文本的处理时间(ECIES) |
| $t_D$ | 解密密文的处理时间(ECIES) |
| $t_S$ | 处理邮件签名的时间(ECDSA) |
| $t_V$ | 验证签名的处理时间(ECDSA) |

如上所述，式 6.1~式 6.3 总结了三种情况的处理时间，其中 $n_T$ 是单个收集周期内的平均交易数量。$t_{TC}$、$t_{TS}$ 和 $t_B$ 分别是跨域传统结构、同域传统结构和区块链结构中密钥切换程序的处理时间。

$$t_{TC} = n_T \times (t_V + t_D + t_E + t_S) \times 2 + (t_{BO} + t_P) \times 3 \qquad (6.1)$$

$$t_{TS} = n_T \times (t_V + t_D + t_E + t_S) + (t_{BO} + t_P) \times 2 \qquad (6.2)$$

式 6.1 和 6.2 描述了传统结构中的时间组成。传统结构中的 PKI 必须验证交易并转移到相邻的 PKI 或 SM。这两种情况都将 $t_{processing}$ 中的所有元素纳入计算。对于跨域场景，上述流程需要执行两次。

$$t_B = n_T \times t_V + (t_{BO} + t_P) \times 2 + t_{prep} + t_M \qquad (6.3)$$

式 6.3 表示交易检查仅需要验证签名。但整个处理时间还要加上为扩展区块链花费的挖矿时间 $t_M$ 和区块准备步骤花费的时间。

## 动态交易收集算法

如前所述，交易数量 $n_T$ 由交易收集周期 $t_{CP}$ 的长度决定。密钥切换时间取决于要进行的交易总数。因此有必要考虑用一种动态交易收集算法控制交易数量，并根据动态流量情况进一步调整密钥切换时间。

为有一个合理的指标度量结果，选择 1 秒的时间段作为度量各种收集周期下性能的标准指标。在此假定 $n_{T\text{-}All}$ 是包含所有道路上所有密钥切换活动的交易总数。$t_{B\text{-}1}$ 是各种收集周期内的平均处理时间(以 1 秒为测量单位)。$n_R$ 是要计算的道路数。根据交易编号 $n_T$ 和式 6.3 可得出来自 $n_R$ 条道路的总交易数和平均处理时间 $t_{B\text{-}1}$：

$$n_{T\text{-}All} = \frac{流量}{3600 s/h} \times t_{CP} \times n_R \qquad (6.4)$$

$$t_{B\text{-}1} = [n_{T\text{-}All} \times t_V + (t_{BO} + t_P) \times 2 + t_{prep} + t_M] / t_{CP} \qquad (6.5)$$

为找到最合适的交易收集时间，可准备几个有规律间隔的时间段作为候选，例如时间段从 0.5~1.0 秒，间隔为 0.1 秒的五个候选项。使用这些候选项作为输入计算密钥切换估计时间。根据最小密钥切换时间选择最优交易收集时间如下：

$$\underset{t_{CP}}{\operatorname{argmin}} \ t_{B\text{-}1}, \ 设 t_{CP} \in \left[ t_{CP}^1, t_{CP}^n \right]$$

综上所述，交易收集周期优化算法的伪算法描述如算法 1 所示。

---

**算法 1：优化交易收集周期**

**输入**：每条道路上的流量 $n_H$，$n$ 个可选的交易收集周期 $(t_{CP}^1 \cdots t_{CP}^n)$

**输出**：优化的交易收集周期 $t_{CP}^m$

1: Initialize a data sink $t_{B\text{-}1} = \left[ t_{CP}^1 \cdots t_{CP}^n \right]$

2: **for** ($i = 1$; $i \leqslant n$; $i$++) **do**

3:     Call **Equation**(6), calculate $t_{B-1}^i$ when $t_{CP} \cdots t_{CP}^i$ and traffic amount on each road is equal to $nH$;

4:     $t_{B-1}[i] \leftarrow t_{B-1}^i$, record $t_{B-1}^i$ into the result sink;

5: **end for**

6: $t_{CP}^m = \min(t_{B-1})$, Find the minimum key transfer time;

7: **return** $t_{CP}^m$;

8: **End Algorithm**

# 6.6 性能评价

对基于区块链的密钥管理方案的性能评价通过网络模拟进行。性能评价 (Performance Evaluation)分为两部分。第一部分研究密码算法和挖矿算法(即加密、解密、签名、验证、区块挖矿和区块准备)的处理时间;第二部分进一步研究针对不同交易收集周期区块链网络中的处理时间。

## 6.6.1 实验假设和设置

假定参数如表 6.4 所示。这些模拟旨在测试不同流量水平和交易收集周期下的密钥传输的时间。在此假设系统在收集周期结束时计算跨界活动的总数。车辆的跨界活动遵循指数分布。跨界事件的发生率遵循指数分布的分位数函数[17]。模拟使用带有专用流量模拟器(Veins)数据包[19]的 OMNeT ++ 4.5 [18]。网络结构的设置基于区块链结构,将中央管理器与主要的密钥管理任务隔离。PKI 这样的中央管理器仅负责生成密码材料和假名,旨在提高大范围地理区域中的密钥管理效率。网络引入中间层基础结构(SM)支持大多数密钥管理工作。这种情况下,SM 充当密钥管理器以及本地安全域和外部安全域之间的中继。要提高管理密钥的灵活性,建议使用动态交易收集周期。每个 SM 每 0.5~1 秒收集一次跨界交易,并将收集的交易放入交易包中,可测试不同交易收集周期的性能。测试结果仅取决于交易总数,因为测试关注的是一定交易数量的处理时间。

表 6.4 场景参数假设

| 参数名 | 参数值 |
| --- | --- |
| SM 之间的距离 | 5000m |
| 挖矿难度(0 的个数) | 3 |

(续表)

| 参数名 | 参数值 |
| --- | --- |
| 每小时流量 | 15 000、12 000、9000、6000、3000 |
| 交易收集时间长度 | 0.5s、0.6s、0.7s、0.8s、0.9s、1.0s |
| 车辆加入活动的分布 | 指数分布[16] |
| 挖矿速度 | 每秒 250K 哈希 |
| 最大交易范围 1 | |
| 大规模模拟 1 | 1000 个交易 |
| 区块准备 | |
| 最大交易范围 2 | |
| 大规模模拟 2 | 2000 个交易 |
| 密钥切换处理时间 | |

因此，模拟设置包括以下步骤：

(1) 在每个 $t_{CP}$ 结束时，一定数量的交易涌入 SM 网络。在上述两部分性能评价中不考虑车辆的运动。

(2) 每个 SM 记录加密方案和区块准备的处理时间，将 SM 的结果取平均值作为结果记录。

(3) 测试密码方案设置交易数范围为 0~200，以得到更精细的结果。

假设 SM 之间的平均距离为 5000 米，通常认为这是相对温和的低级别交通流量水平，较高的交通流量水平是在较大流量条件下进行压力测试以检查可伸缩性，旨在研究系统在大城市的性能。目标之一是测试可伸缩性，另一个目标是检查该方案的未来发展空间，因为 VCS 的大规模部署会导致网络上产生大量交易。车辆流量的上限和下限分别对应于大城市的饱和交通条件和非高峰交通条件。非高峰时间的流量是每小时3000 辆车，而饱和流量设置为每小时 15 000 辆汽车通过，旨在研究 VCS 在最坏情况以及最重负担下的性能。此场景的城市拓扑结构假定是全球最大的城市之一北京。假定城市拓扑为 3×3，并有多个城区。这里假设各区之间通过 5 条双向公路(共 120 条)相互连接。对于每个 SM，$t_{CP}$ 的范围为 0.5~1 秒，以测试不同交易收集周期的性能。对于大规模模拟，在区块准备阶段的模拟中最多引入 1000 个交易以容纳呈指数增长的结果。模拟最多 2000 笔交易以测试区块链和传统结构之间的时间数值差异。选择传统VCS 结构中的密钥切换方案作为测试基准。区块链和传统结构都用于常规切换握手程序，有助于阐明基于区块链的方案相对于传统方案的改进。硬件和密码方案的测试规格约定如下：区块是由使用 Intel Core i5、8GB RAM 和 GeForce 920M 显卡的笔记本电脑挖矿得到。该设备每秒可完成 250K 哈希计算。选择 Crypto ++ [20]中基于椭圆曲线 secp160r1 的 ECIES 作为密码方案 ECIES 的实现，以及用于数字签名方案 ECDSA。密码分组的长度为 75 字节，因为这个参数下 ECIES 提供更高的安全级别。

## 6.6.2　密码方案的处理时间

性能评价首先研究密码方案的处理时间成本，旨在获得表 6.3 中元素的准确数据，并进一步完善式 6.1~式 6.3 的结果。密钥切换时间根据密码方案的计算时间累加得出。图 6.7 显示密钥切换程序中使用不同密码方案的性能。除挖矿时间成本外，处理时间随着交易数量的增加而呈线性增加。挖矿(Mining)算法始终是单个挖矿进程，处理时间是多次模拟的平均值。由于网络仅接受最快挖出的区块，因此实际值极可能低于该平均值。加密(Encryption)和解密(Decryption)方案的处理时间差不多。签名验证花费的计算时间最长。根据式 6.1~式 6.3，签名验证时间是密钥切换时间的关键组成部分。表 6.5 记录了每种密码方案的平均处理时间。

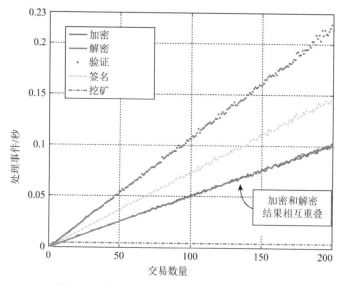

图 6.7　不同交易数量下各密码方案的计算时间

表 6.5　平均密码处理时间

| 密码方案 | 处理时间/毫秒 |
| --- | --- |
| ECIES 加密 | 0.510 27 |
| ECIES 解密 | 0.739 96 |
| ECDSA 签名 | 0.510 11 |
| ECDSA 验证 | 1.101 71 |
| 挖矿区块 | 4.110 46 |

图 6.8 绘制了各种交易数量下区块准备时间曲线。准备时间相对于交易数量呈非线性增长。在少于 300 个交易时，处理时间呈缓慢的准线性增长。当达到 400 多个交易时，处理时间超过 0.1 秒。最终当达到 1000 个交易时，准备时间达到 0.95 秒。非线性曲线是由 $t_{\text{rand}}$ 的指数级增加导致的，而其余的准备时间因子则与交易数量增加呈现出线性关系。

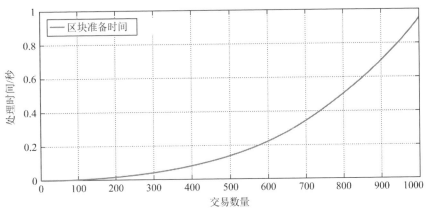

图 6.8　不同交易数量的区块准备时间

## 6.6.3　切换时间

图 6.9 描述了区块链方案和传统方案在不同交易数量下的密钥切换性能。将传统结构中的切换程序用作模拟基准，目的是通过对比本章方案和传统结构的结果显示性能改进。图 6.9(a)显示在同一安全域内密钥切换的不同性能比较。网络中未出现跨界行为时，所有处理时间为零。完成 500 个交易传输大约需要 0.8 秒，而在传统结构中，处理相同数量的交易时间几乎增加一倍。但区块链密钥切换时间呈现非线性增加，两条曲线在大约 1300 个交易处交叉。

尽管由于交易数量增加，基于区块链的方案花费的处理时间更长，但当交易数量少于 1300 时，基于区块链的方案相对于传统结构提供更好的可伸缩性。此外，基于区块链的方案在交易数量等于 1300 时节省了近一半的处理时间，当交易数量不少于 2000 时，处理时间始终低于传统方案。根据北京的饱和交通水平，高峰时间有 15 000 辆汽车通过道路，这意味着每秒约 4 辆车通过。因此，1000 笔交易可支持多达 250 条道路上的密钥切换，足以应付大多数城市的应用场景。图 6.9(b)展示了类似的对比，显示由不同 PKI 管理的两个安全域之间的密钥切换结果。PKI 在传统结构中将消息从一个安全域转换到另一个安全域，两个 PKI 需要相互通信才能完成密钥切换。因此，在传统结构中，PKI 之间的额外握手导致冗长的切换时间。当数量超过 1750 时，传统结构的切换时间成本超过 10 秒而区块链方案花费的时间要少得多。总之,由于减少了处理时间成本,因此在消息切换方面区块链结构相对于传统结构具有更好的可伸缩性。

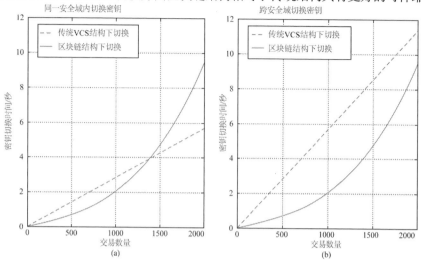

图 6.9　不同结构与方案之间的密钥切换处理时间比较; (a) 在同一安全域内切换的时间成本; (b) 跨安全域切换的时间成本

## 6.6.4　动态交易收集算法的性能

不同交易收集周期提供一个允许 SM 控制选择交易数量的接口。收集周期越长,收集的交易就越多,反之亦然。因此不同的周期长度决定了涌入 SM 网络的交易数量。根据 6.6.1 节中的假设,双向公路支持道路上的两个交通流。这里以单个流量为标准度量单位,并模拟单个流量中的平均交易。图 6.10 绘制了平均交易数量与流量水平和交易收集时间之间的关系,交易是从单向道路生成的。根据图中的结果,交易数量与流量水平成正比,而且 $t_{CP}$ 越长,SM 捕获的交易越多。

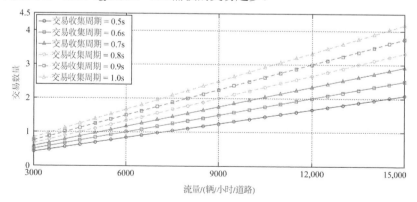

图 6.10　各种流量下的平均交易数

每个业务流中每个 $t_{CP}$ 的平均交易数计算如下：

$$\lambda = n_{T/CP} = \frac{n_H}{3600} \times t_{CP}$$

其中，$n_{T/CP}$ 是每个 $t_{CP}$ 内的平均密钥切换请求(也称为交易)，$n_H$ 是道路上每小时通过的平均车辆数量(流量)。$n_R$ 是在假定拓扑上计算使用的道路数，将参数 $n_R$ 乘以 $n_{T/CP}$ 得到所有道路上的平均交易数。

图 6.11 展示了不同收集周期下的密钥切换性能。这里，结果考虑了基于北京市拓扑的高速公路上所有的交易。交易收集周期为 0.5~0.7 秒时结果稳定增加，而其他交易收集周期的结果呈现非线性增加。可以看出，在交易收集周期为 0.5~0.8 秒时出现温和的指数增长。当收集周期超过 0.8 秒时，出现明显的非线性上升趋势。上述结果表明，较长的交易收集周期可使 SM 收集更多交易，从而增加处理负担并延长了计算时间。根据图 6.10 中的高峰时间流量结果，当流量水平等于 15 000 辆/小时/道路时，在 1 秒的收集周期内平均捕获 4.2 笔交易，而在交通流量水平低于 12 000 辆/小时/道路时，1 秒内平均捕获 3.3 笔交易，出现了 120×(4.2 - 3.3)= 108 个交易的差异，从而导致密钥切换时间的巨大差异。根据图 6.7 和图 6.8 的结果，密钥切换处理时间的增长相对于交易数量的增长呈现指数增长。因此，上图中的非线性增长是由收集到的交易数量增加引起的。

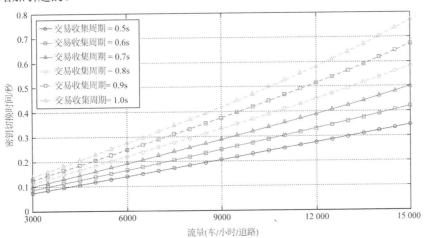

图 6.11　交易收集周期间的密钥切换时间

如动态交易收集算法所述，为更准确地衡量性能，有必要制定统一的衡量标准。为度量动态交易收集周期的有效性，研究团队对本章方案进行了模拟实验，调查密钥切换的平均处理时间(以秒为单位)。将动态交易收集周期模拟的运行时间设置为 1 小时，并记录在不同收集周期下的多个密钥切换程序。将结果除以 3600 得到 1 秒的性能。

动态收集周期方案的结果如图 6.12(a)所示。该图不仅显示不同收集周期内密钥切换程序的时间数据，还展示使用动态交易收集周期方案的结果。从图中可看出，动态方案在结果中始终具有最短的密钥切换时间，这是因为最优收集时间使用算法 1 计算，该算法强制 SM 选择 $t_{CP}$，迫使系统以最少的时间成本切换密钥。对仿真结果更直观的数字呈现如图 6.12(b)所示。随着流量水平的增长，最短时间结果出现在不同的 $t_{CP}$ 值中。在流量较弱的情况下，交易收集时间越长，密钥切换的处理时间就越短。但流量负担较重时，高频收集和较短的收集间隔表现更好。这意味着安全专家可根据流量调整收集周期的长度，使密钥切换处理时间最短。图 6.13 绘制了平均减少时间与各种流量水平和 0.5~1 秒的交易收集周期之间的关系。流量较大时，更频繁的交易收集会导致较少比例的时间减少。低频交易收集可在非高峰流量水平上减少更多时间。尽管握手次数减少了，但更长收集时间仍需要花费超过 10%的时间成本才能在流量高峰时完成密钥切换。因此，对于较高的流量水平，使用较短的交易收集周期成为释放计算负担并提高系统效率的经济选择。另一方面，较短的交易收集周期在低流量情况下会耗费更多时间完成交易转移。

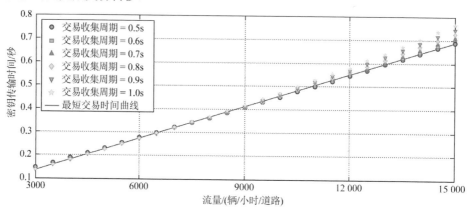

(a) 密钥切换时间比较——固定和动态收集周期方案

| | 流量 | | | | | | | | | | | |
|---|---|---|---|---|---|---|---|---|---|---|---|---|
| | 4500 | 5000 | 5500 | 6000 | 6500 | 7000 | 7500 | 8000 | 8500 | 9000 | 9500 | 10,000 |
| $t_{CP}$ = 0.5s | 0.211 | 0.233 | 0.255 | 0.279 | 0.298 | 0.323 | 0.344 | 0.365 | 0.387 | 0.409 | 0.433 | 0.455 |
| $t_{CP}$ = 0.6s | 0.209 | 0.231 | 0.253 | 0.276 | 0.296 | 0.321 | 0.343 | 0.364 | 0.387 | 0.409 | 0.434 | 0.455 |
| $t_{CP}$ = 0.7s | 0.207 | 0.229 | 0.252 | 0.275 | 0.295 | 0.320 | 0.342 | 0.364 | 0.387 | 0.410 | 0.435 | 0.457 |
| $t_{CP}$ = 0.8s | 0.206 | 0.228 | 0.251 | 0.275 | 0.295 | 0.320 | 0.343 | 0.365 | 0.389 | 0.412 | 0.438 | 0.461 |
| $t_{CP}$ = 0.9s | 0.205 | 0.228 | 0.251 | 0.275 | 0.296 | 0.321 | 0.344 | 0.366 | 0.391 | 0.415 | 0.442 | 0.466 |
| $t_{CP}$ = 1.0s | 0.205 | 0.227 | 0.251 | 0.275 | 0.296 | 0.322 | 0.346 | 0.369 | 0.394 | 0.419 | 0.447 | 0.471 |

▨ 最短处理时间

(b) 密钥切换时间，从每小时 4500 辆车到每小时 10 000 辆车

图 6.12 密钥切换时间结果(以秒为单位)

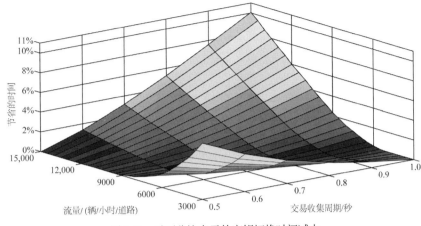

图 6.13　以百分比表示的密钥切换时间减少

# 6.7　小结

本章提出和实现了一个去中心化的 VCS 网络结构,并利用区块链技术简化该结构。简化的结构避免通过第三方中心机构切换,有助于缩短密钥切换时间。为进一步缩短密钥切换时间,还引入了动态交易收集算法,优化的方案能根据各种流量水平动态调整。

与基准方案的比较证明了该方案算法可信。这里选择基于区块链的静态密钥管理方案作为基准测试。传统方案和区块链方案之间的结果比较证明,与传统结构相比,基于区块链的结构可提供更好的密钥切换性能。仿真结果表明,区块链结构有着稳定的密钥切换时间成本,意味着更好的可伸缩性。当交易数量少于 1300 时,基于区块链的方案比传统方案耗费更短的同域切换时间。当交易数量不超过 2000 时,基于区块链的方案跨域切换效果更好。

与静态收集周期方案相比,动态收集周期可呈现更好的性能,再次确认了动态收集周期的有效性和可信赖性。因此研究团队对动态方案在时间节省方面的性能做了进一步研究。交易收集周期 $t_{CP}$ 从 0.5 秒到 1 秒不等,以 0.1 秒为间隔。在较高的流量水平下,较高的交易收集频率导致时间减少的比例降低。而在流量适度的情况下,低频交易收集时间导致时间减少的比例更大。在高峰流量水平上,尽管握手次数较少,但较长收集时间会耗费超过 10% 的时间成本完成密钥切换。因此,较高的流量水平下使用较短的 $t_{CP}$ 成为释放计算负担并提高系统效率的经济选择。另一方面,较短的收集周期在低流量情况下会耗费更多时间转移交易。综上所述,在繁忙和低流量的情况下采用动态交易收集周期,可分别节省 10% 和 5% 的密钥切换时间。

　　除了安全性，VCS 的另一个重要问题是隐私保护。物联网的未来蓝图假设万物互联，包括人类生活的一切细节。因此，在物联网环境中，个人信息会受到恶意用户的威胁。此外，由于隐私保护可使敌对者无法确定某个特定设备，因此可帮助避免 IoT 设备遭受集中攻击。为解决隐私保护问题，未来的工作将继续着眼于隐私问题，包括对同时提供安全性和隐私保护的系统的研究。未来的工作将在本章工作基础上，扩展到使用区块链结构进行假名管理，也就是使用基于当前系统的区块链进行假名管理。而且，用户能自行决定安全性和隐私保护之间的平衡。此外，区块链可支持消息传播，并将消息历史存储在公共账本中。这些特性对可问责性这一功能具有潜在好处，可通过回顾公共账本实现问责目的。综上所述，VCS 场景中基于区块链结构的未来方向将集中在如何通过单个区块链来支持安全性、隐私保护和可问责性。此外，本章基于区块链的结构可扩展到其他物联网场景，实现具有更高安全性、更强完整性的物联网系统。

# 第 7 章

# 基于区块链的网络安全
# 信息共享框架

本章由 Abdulhamid Adebayo、Danda B. Rawat[1]、Laurent Njilla[2]和 Charles A. Kamhoua[3]撰写。

## 7.1 简介

尽管网络防御很吸引人，但在保护关键基础架构和隐私信息方面，主动预防(尤其是应对网络攻击行为)仍面临持续挑战[1~4]。网络系统表现多样，网络攻击同样如此。这更增加了网络安全工作的难度。因此，业界提出如下问题：组织可通过共享信息帮助防范网络攻击吗？威胁信息能否以保护隐私的方式共享？然而,这些问题尚无答案,目前的框架还无法提供低成本和隐私感知(Privacy-aware)[5]的实现。

美国国土安全部发起全国性"发现可疑，立即报告(If You See Something, Say/Report Something)"运动，旨在让参与组织在不泄露个人信息的情况下报告与网络安全有关的事件，以便其他组织能在知情的情况决定要采取的安全措施和解决方案。许多国家在反腐行动中也追随这一运动。尽管该运动听上去很有希望，但人们发现，一些组织在与其他竞争性或非竞争性组织共享网络威胁信息方面比较保守。调查显示，造成这种情况的原因在于：

- 如果竞争对手获得公司的威胁信息，可能因此占据相当大的优势。
- 网络安全相关事件[5]并没有标准的信息交换格式。
- 公众通常认为，一个组织的网络攻击信息遭到曝光可能带来毁灭性后果。此前的安全事件已经导致股东损失数百万美元的市值[6]。

---

1　就职于美国华盛顿特区霍华德大学电气工程与计算机科学系。
2　就职于美国纽约空军研究实验室网络保障分部。
3　就职于美国马里兰州阿德尔菲美国陆军研究实验室网络安全分部。

- 共享威胁信息的好处通常不会立即显现出来。

尽管存在这些限制，人们已努力促使威胁信息共享和情报收集成为现实。值得注意的是，一个由来自政府和业界的网络安全专家和决策者组成的小组，即 ITU-T 17 研究组，制定了一个网络安全信息交换框架[5]，研究者可基于这个框架探索信息共享机制。

医疗产业是信息共享可能获益的一个领域。快速医疗互操作资源(Fast Healthcare Interoperability Resources，FHIR)框架为医疗记录交换提供了应用程序编程接口(Application Programming Interface，API)[7, 8]。其他类似的研究集中在物联网(IoT)[9]、去中心化基础架构模型中的安全性以及医疗健康系统中的隐私风险控制[10]等。

区块链概念已成功应用于比特币[11，12]这样的隐私感知系统。比特币通过使用交易透明的公共账本，证明一个可信和可审计的点对点通信系统是可行的。然而，威胁信息共享框架的要求比较独特，任何可用于识别身份的信息都应匿名，这对于保护网络攻击情报来源组织的身份具有重要意义。此外，通过该框架共享的信息应受到限制，仅应与其他参与者共享攻击事件和网络防御解决方案的摘要。

关于传统信息共享框架，值得注意的问题是需要向其他组织提供大量数据或使用中央单元收集数据，参与组织要创建一个数据池。大量数据的多次传输可能受到有限带宽的影响。此外，使用中央单元需要由中央受信机构拥有控制权，这就带来组织数据的所有权和隐私问题。这种中心化系统缺乏通用的权威标准，是采用或弃用威胁共享框架的主要原因之一。

本章 7.2 节概述 BIS 框架。7.3 节讨论 BIS 框架中的区块链和交易流程。7.4 节讨论 BIS 内部的网络攻击检测和信息共享以及网络防御解决方案的部署。7.5 节介绍 BIS 框架中的单向跨组攻击博弈。7.6 节介绍双向攻击。7.7 节讨论用于网络攻防分析的 Stackelberg 博弈。7.8 节对本章进行总结。

# 7.2　BIS 框架

资金从一方转移到另一方通常需要经由银行或支付商户这种可信第三方。作为一种颠覆性技术，比特币基于一种使用点对点通信的密码技术，不再需要这样的第三方。比特币使用分布式账本系统，所有交易都使用区块链发布在公共账本上，然后采用工作量证明(Proof of Work，PoW)之类的共识算法创建链中的区块。比特币要求交易由去中心化网络中的其他用户验证，因此几乎不可能产生非法交易。

遵循与比特币相同的方法，BIS 在公共互联网上使用区块链协议。BIS 框架如图 7.1 所示，包括三个实体：

- 组织——指参与网络攻击信息共享的各方,其共同目标是防止未来受到网络攻击。
- 服务——是指网络攻击相关信息的提供者和处理数据的应用程序。
- 管理员节点(Manager Node)——用于维护区块链和分布式密钥的受信设备。尽管参与组织使用动态更改的公钥隐藏身份,但管理员节点需要在区块链上维护服务配置文件并验证每个参与组织的身份。

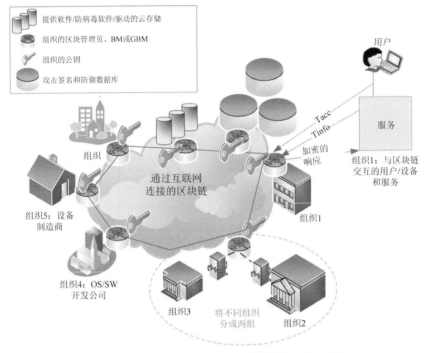

图 7.1  多组织/代理之间典型的、基于区块链的信息共享框架[13]。

# 7.3  BIS 交易

除了 BIS 框架组件外,图 7.1 还详细描述 BIS 是如何处理交易的。BIS 通常通过 API 接受提供给参与组织的两类交易:

(1) 访问控制管理交易(Transactions for Access Control management),也称 Tacc。

(2) 信息存储和检索交易(Transactions for Information Storage and Retrieval),也称 Tinfo。

在维护组织隐私的同时,每个参与组织通过界面(通常是图形界面)使用 BIS 共享网络攻击信息。每个组织注册后会分配一个具有相关权限的身份标识,这些身份标识通过 Tacc 交易发送到区块链。作为 BIS 的一个重要组成部分，用共享加密密钥加密共享信息后，将使用 Tinfo 交易发送到区块链。随后，当参与组织通过 Tinfo 交易或服务检索这些信息时，只使用指向公共账本数据的指针。通过数字签名可确认服务和参与组织的身份。为消除参与组织使用网络攻击信息共享系统的顾虑，BIS 只收集有关网络攻击的信息，而不收集攻击成功与否或损害细节的记录。

BIS 中的区块链由交易区块组成，如图 7.2 所示。这些区块可通过区块内容的哈希值或数字摘要链接在一起；由于通过哈希值或数字摘要验证交易的完整性，使得操纵交易变得几乎不可能。链接的意思是区块 $n$ 的哈希值取决于前一区块 $n–1$。如图 7.2 所示，更改一个区块将需要更改相应的前置区块，因此区块链将避免受到恶意操作的影响。

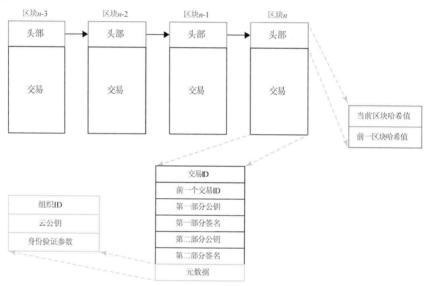

图 7.2　信息共享区块链的典型结构[13]

BIS 框架中区块链随着参与组织验证交易的增加而增长。交易的合法性通过组织的数字签名(真实性验证)和存在于同一账本上的前一笔交易验证。7.4 节将讨论生成新区块的攻击检测证明(Proof-of-Attack-Detection，PoAD)共识算法。然后，组区块管理员(Group Block Manager，GBM)或区块管理员(Block Manager，BM)创建一个新区块并转发给其他 BM 验证。这样所有 BM 都能通过数字签名来验证该区块的正确性。根据业务谅解备忘录(Memorandum of Understanding，MoU)，GBM 可从一组 BM 中提名并任命。已签名的区块随后返回给发送方 BM，发送方 BM 再将该区块添加到区块链中。

BIS 支持由制造商、系统/软件提供商、安全服务提供商以及手机、网络物理系统(Cyber Physical Systems，CPS)和物联网(IoT)等设备组成的异构网络组织。如果出现属于同一组织的多个类似设备，可选择用 BM 存储 BIS 交易。此外，每个组织都维护与自己相关交易的本地副本(称为私有分类账)，然后使用哈希值链接到 BM，该哈希值包含公开链的哈希值。每个组织使用一个被称为本地管理员的受信设备在本组织内部建立控制，该设备负责维护私有账本，并通过互联网网关将组织与 BIS 框架连接。与 IPv4 网络中的端口地址转换(Port Address Translation，PAT)和网络地址转换(Network Address Translation，NAT)技术类似，所有与组织的通信都通过本地管理员路由。

# 7.4　网络攻击检测和信息共享

上节描述了每个组织如何生成交易，以及如何在 BIS 框架上融合区块。本节将描述 PoAD 共识算法。根据组织基础架构(包括安全修补程序、操作系统和防火墙)的评价保证等级(Evaluation Assurance Level，EAL)，可假设组织有责任遵守此类标准。此外，通过 BIS 框架共享网络攻击信息或攻击签名(以及可能的应对措施)是每个组织的唯一责任[3，14，15]。

BIS 中不愿及时积极参与的组织可被认定为恶意组织。例如，恶意组织可以是一家防病毒软件公司，该公司未能为已知漏洞开发安全补丁或参与开发了新的恶意软件。另一个例子是在系统中安置后门而不提供及时修补程序的操作系统开发人员。攻击信息共享是指在 BIS 参与组织的帮助下，利用区块链验证共享信息。例如，某个组织的 Microsoft Windows 10 在带有防火墙和 Avast 防病毒软件的 HP 设备上运行，则该组织遭受攻击的信息应该由 HP、Avast 和 Microsoft 等组织通过 BIS 上的区块链验证并达成共识。网络攻击信息的来源就是该流程的发起方。

为避免重复报告不必要的事件(可能出现多个组织同时报告同一攻击的情况)，云存储会选择包含应对措施(如果有)的报告，并丢弃其余没有应对措施的报告。一旦有针对报告或共享的网络攻击行之有效的防御解决方案，该方案将像软件更新一样发布给所有参与组织供下载和部署。

回顾一下，BIS 的目标是提供一个健壮的框架防止任何网络系统中的网络攻击。因此，向参与 BIS 的组织提供网络防御解决方案是一项关键功能。一旦有了解决方案，就存储在云中，通过区块链共享，所有参与组织都可访问该方案。该解决方案的来源组织创建一个多签名交易，交易第 1 部分包含自己的密钥和签名(通过哈希值签名生成)。因此，其他参与设备可验证哈希值来确保数据完整性。如来源组织是软件提供商，会假设软件的二进制文件已存储在云中供用户下载。交易的第 2 部分字段由制造商填写，必须与第 1 部分的密钥和签名匹配，以便将更新转发给组织内的所有设备/网络。否则，交易会被转发给其他组织的网关并在那里验证交易中的密钥是否与制造商的密钥一致。收到的多签名交易元数据包含合法软件更新包的身份验证参数。通过比较设备制造商和软件提供商的签名哈希值，可检查软件更新包的完整性。注意，已验证的攻击信息与网络防御解决方案一起在 BIS 中共享，并存储在 BIS 的云信息库中。

## 7.5　基于区块链的 BIS 框架中的跨组攻击博弈：单向攻击

具有相似特征或属于相似领域的组织具有相似的需求和兴趣，这些组织可形成一个工作组协同合作，从而实现工作组的收益最大化。例如 Twitter、Facebook 和 Snapchat 这样的社交网络公司可联合起来成为一个工作组。

假定组 1 和组 2 分别拥有 $N_1$ 和 $N_2$ 个组织，并通过 BIS 共享网络攻击信息，组所取得的利益由组内成员共享。完成工作后，对有投入的会员组织将给予平等奖励。BIS 还允许组成员交叉参与。例如，组 2 的成员可组成一个子组作为一个组织参与组 1。组成员也可选择不参与本组合法区块的形成，例如不发布检测到的网络攻击信息，或不开发针对报告的安全攻击的网络防御解决方案。

单向攻击的目的是通过使用来自组 2 的 $X_{2\to1}$ ($\leqslant N_2$)个成员的子组降低组 1 的效用，其中组 2 的 $X_{2\to1}$ 个成员可能试图阻碍区块链的构建。BIS 中组 $k$ 的直接效用可表示为[13]：

$$U_k = \log(\sigma_k + \gamma_k),\ k = 1,\ 2$$

其中 $\log(\sigma_k + \gamma_k)$ 是每个组 $k$ 的 $\gamma_k$ 和典型值 1 的一般凸函数(Convex Function)，组 2 的 $X_{2\to1}$ 个成员未参与自己组的区块链构建，因此在组 1 中认为是恶意的。组 1 的区块链生成过程品质因子(Quality Factor)可表示为：

$$\gamma_1 = \frac{N_1}{N - X_{2\to1}}$$

由于 $X_{2\to1}$ 个成员不参与组 2 的活动，组 2 剩下 $N - X_{2\to1}$ 个活跃成员，因此组 2 的区块链生成过程品质因子表示为：

$$\gamma_2 = \frac{N_2 - X_{2\to1}}{N - X_{2\to1}}$$

由于没有对组中的合法成员进行选择性奖励的机制，所以所有成员都因为交叉参与的成员得到相同的奖励，即组 1 成员与加入组 1 的组 2 成员共享成果。组 1 和组 2 的效用密度函数(Utility Density Functions)表示为：

$$u_1 = \frac{\log\left(1 + \dfrac{N_1}{N - X_{2 \to 1}}\right)}{N_1 - X_{2 \to 1}}$$

$$u_2 = \frac{\log\left(\dfrac{N_2 - X_{2 \to 1}}{N - X_{2 \to 1}}\right) + X_{2 \to 1} \dfrac{\log\left(1 + \dfrac{N_1}{N - X_{2 \to 1}}\right)}{N_1 - X_{2 \to 1}}}{N_2}$$

通过对不同数量的跨组参与者进行多次模拟来评价博弈的性能。结果显示，直到 50%的组织交叉参与时，组 1 的效用才会下降。$N = 40$ 个组织平分成两组。这一阶段，组 2 相应的效用会随 $X_{2 \to 1}$ 的增加而增大，这是因为组 2 参与者除了从组中获得奖励外，还能从交叉参与中获得奖励，如图 7.3 所示。

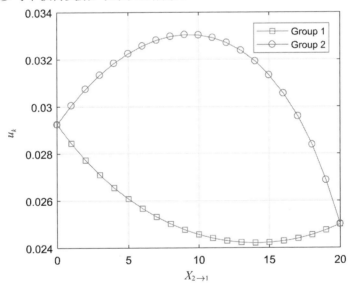

图 7.3　预期效用与跨组参与者数量的变化，其中 $N=40$ 个组织/用户，平均分为两组。

$X_{2 \to 1} = N_2$ 表示组 2 成员完全交叉参与并得到子组的贡献，这只是合法参与所能得到贡献的一小部分。最后得出结论，博弈的优势策略将是所有成员的全面交叉参与，如果做不到这一点，那么最好不要参加跨组活动。

## 7.6　基于区块链的 BIS 框架中的跨组攻击博弈：双向攻击

在这种攻击形式中，组 1 中大小为 $X_{1\to2} < N_1$ 的一个子组参与了组 2，组 2 中大小为 $X_{2\to1} < N_2$ 的一个子组随后在组 1 中从事了恶意行为。组 $k$ 的直接效用[13]表示为：

$$U'_k = \log(1 + \gamma'_k), \ k = 1, \ 2$$

其中 $\gamma'_k$ 计算为：

$$\gamma'_k = \frac{N_K - \Sigma_{\forall j} X_{k\to j}}{N - \Sigma_{\forall j} X_{k\to j} - \Sigma_{\forall j} X_{j\to k}}$$

$X_{k\to j}$ 和 $X_{j\to k}$ 分别表示组 $k$ 至 $j$ 和组 $j$ 至 $k$ 交叉参与的组织总数。组 $k$ 的效用密度可表示为：

$$v'_k = \frac{U'_k + \Sigma_{\forall j} X_{k\to j} \times u'_j}{N_k - \Sigma_{\forall j} X_{j\to k}}$$

两组的情况下，$u'_1$ 和 $u'_2$ 效用密度的推导见文献[13]。

当参与者数量 $N_1$ 和 $N_2$ 有限时，允许参与者采用混合策略，$X_{1\to2}$ 和 $X_{2\to1}$ 的值如下时，博弈始终存在均衡：

$$\frac{\partial u'_1}{\partial X_{1\to2}} = 0 \ \text{且} \ \frac{\partial u'_2}{\partial X_{2\to1}} = 0$$

一组的效用与另一组效用的收益或损失成正比。因此，博弈像一个得失相抵的零和博弈。双向博弈中参与者的策略空间可定义为 $S=\{$攻击，无攻击$\}$。表 7.1 列出组/参与者的博弈结果和优势策略，如图 7.4 所示。

表 7.1　各组的预期效用

|  | 组 2——攻击 | 组 2——不攻击 |
|---|---|---|
| 组 1——攻击 | $u''_1 < u_1,\ u''_2 < u'_2$ | $u''_1 > u_1,\ u''_2 < u'_2$ |
| 组 1——不攻击 | $u''_1 < u_1,\ u''_2 > u'_2$ | $u'_1,\ u'_2$ |

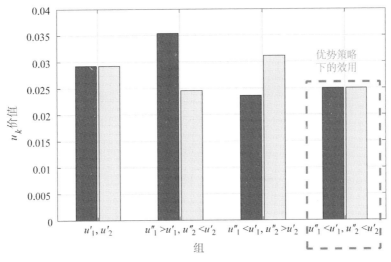

图 7.4　预期的组效用示例

# 7.7　网络攻防分析的 Stackelberg 博弈

通常攻击者(称为外来者)在不参与信息共享过程的情况下对 BIS 发起网络攻击。组织 $k$ 的安全水平为 $0 \leqslant \ell_k \leqslant 1 \forall k$，其中安全水平与该组织基于历史攻击的系统加固投资以及该组织的攻击成功恢复率成正比。一个组织的平均安全水平可表示为：

$$\overline{\ell_k} = \frac{1}{N} \sum_{K=1}^{N} \ell_k$$

给定组织 $k$ 遭受网络攻击的概率可表示为：

$$P_k = (1 - \ell_k)(1 - \overline{\ell_k}), \forall k$$

网络攻击与防御行为可按典型的多代理安全博弈建模。这些组织的策略受到攻击者恶意行为的攻击。防御组织根据攻击者策略采取防御措施，并通过 BIS 共享。该博弈可表示为存在领导者和追随者子博弈的 Stackelberg 博弈。应当指出，发生网络攻击时，组织必须坚持按政府和行业标准做法加固网络系统并检测漏洞。这样，在 Stackelberg 博弈中，领导者是对组织网络系统发起攻击的攻击者，而合法组织只对网络攻击或已知漏洞做出反应，因此是追随者。

## 1. 防御者/追随者子博弈

这个博弈过程表示为一个给定组织 $k$ 的优化问题，目标是最小化攻击的影响。攻击者根据组织的安全状态和攻击动机，选择对受害组织 $k(i_{m,k})$ 具有安全影响水平 $\forall k$ 的

策略 $a_k$。优化问题如下：

$$\underset{\Psi_k, p_k, \forall k}{\text{minimize}} \, O_{U_k} = p_k S_k \beta_k \log(1 + \Psi_k)$$

$$\text{设} \sum_{\forall m} i_{m,k} \Psi_k \leqslant \overline{B_k};$$

$$i_{m,k} \geqslant 0; \forall m, \forall k;$$

$$\Psi_k \geqslant \overline{\Psi_k}; \forall k$$

$$S_k \in \{1,0\}, s_k > 0, \text{且} c_k > 0; \forall k$$

其中 $B_k$ 是由于网络攻击导致的组织 $k$ 的最大可容忍社会经济水平，$i_{m,k}$ 是网络攻击 $m$ 对给定组织 $k$ 的目标影响水平，使用攻击策略 $a_k$，$\Psi_k \geqslant \overline{\Psi_k}$ 是每个组织网络防御的投资水平约束。$S_k$ 是二进制策略集，值为 1 表示"共享"。信息共享和参与成本分别用 $s_k > 0$ 和 $c_k > 0$ 表示。为简单起见，效用比例因子 $\beta_k$ 认为是 1。问题可表示为：

$$\underset{\Psi_k, p_k, \forall k}{\text{minimize}} \, O_{U_k} = p_k \log(1 + \Psi_k)$$

$$\text{设} \sum_{\forall m} i_{m,k} \Psi_k \leqslant \overline{B_k};$$

$$i_{m,k} \geqslant 0; \forall m, \forall k;$$

$$\Psi_k \geqslant \overline{\Psi_k}; \forall k$$

这个问题可用拉格朗日法(Lagrangian Method)求解，得出给定攻击策略下追随者子博弈的最佳响应，表示为：

$$\Psi_k = \frac{\Sigma_{\forall m} i_{m,k} + \overline{B_k}}{K i_{m,k}} - 1, \forall k$$

### 2. 攻击者/领导者子博弈

攻击者可能通过不合作方式攻击组织，以期未经授权就持续访问信息或获得其他经济利益。这种情况下，不合作攻击者博弈($A_G$)表示为：

$$A_G = \langle \mathcal{K}, \{A_k\}_{k \in K}, \mathcal{U}_k(.) \rangle$$

这个博弈由三部分组成：

- 一组主动攻击者 $\mathcal{K} = \{1, 2, \ldots, K\}$，受害者可以是一个或多个组织。
- 攻击者使用一组攻击策略 $\{a_1, a_k, \ldots, a_K\}$。
- 映射到表示收益的正实数的策略空间，表示为：$\mathcal{U}_k(.): k(.): \{A_1 \times \ldots \times A_K\}$。

对于具有攻击策略 $a_k$ 的攻击者，效用优化问题表示为：

$$\underset{a_k,\forall k}{\text{maximize}} \ A_{U_m}(a_k, a_{-k}) = \sum_{k=1}^{N} P_k(1 - i_{m,k}(a_k))(1 + \Psi_k)$$

设 $\{a_k\} \neq \emptyset, \forall k,$

$$\bar{i}_{m,k} \geqslant i_{m,k} \geqslant 0; \forall m, \forall k;$$

$$p_k \geqslant 0, \forall k$$

为最大限度地提高攻击者的效用，至少需要一个攻击策略，用 $\{a_k\} \neq \emptyset$ 表示。采用拉格朗日法将一阶导数取值为零，得到影响水平值(Impact Level Value)。网络攻击对给定组织 $k$ 的预期影响水平 $m$ 表示为：

$$i_{m,k}(a_k) = \max\{\eta_{m,k}r_b(m, k) + \theta_{m,k}r_d(m, k) + \mu_{m,k}r_r(m, k) - \iota_k, \bar{i}_{m,k}\}$$

其中 $r_b = [0, 1]$ 表示拒绝服务攻击，$r_d = [0, 1]$ 表示对用户请求的延迟响应，$r_r = [0, 1]$ 表示给定组织的信誉降低。网络攻击 $m$ 对受害组织 $k$ 采取攻击行动 $a_k$ 导致业务运营停止、用户请求响应延迟以及信誉级别下降，这些结果的权重系数分别用 $0 \leqslant \eta_{m,k} \leqslant 1$、$0 \leqslant \theta_{m,k} \leqslant 1$ 和 $0 \leqslant \mu_{m,k} \leqslant 1$ 表示。

### 3. 性能评价

为评价本节所述方法的性能，研究团队在四个不同安全和投资水平的组织中设置了四个不同预期影响水平的攻击者。$\bar{B}_k = 0.1 \forall k$ 的攻击者迭代攻击所有四个组织。虽然最大有效攻击影响水平可以是 0 或 100%，但模拟考虑使用中间值，如 $i_{m,k} = \{0.27, 0.26, 0.25, 0.24\}$。

根据攻击迭代次数绘制四个不同组织的效用，如图 7.5 所示。由于攻击者攻击影响水平的增加，随着迭代次数的增加，组织的预期效用减少。图 7.6 显示，当攻击者的攻击影响水平增加时，给定投资水平的组织的安全/投资水平降低。

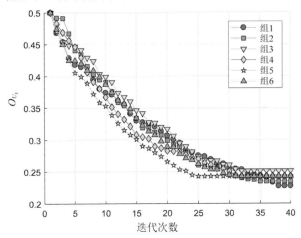

图 7.5 具有不同安全/投资水平和迭代的不同组织的预期效用

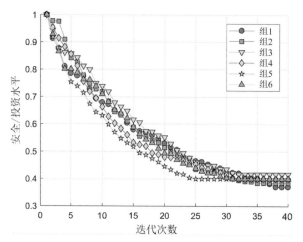

图 7.6　与迭代相比，由网络攻击影响引起的预期安全/投资水平

　　预期影响水平与攻击迭代之间的关系图(图 7.7)显示，对选定的组织投资而言，对攻击者的预期攻击影响最低的组织(此处是组织 3)的安全级别最高(见图 7.5)。为显示攻击者的效用与不同预期攻击影响水平和攻击迭代之间的关系，图 7.8 强调具有最低(或最高)投资水平的组织要接受最高(或最低)的攻击效用(见图 7.5)。此外，仿真结果显示了博弈在唯一平衡点的收敛。

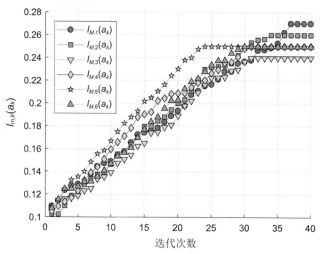

图 7.7　攻击影响与迭代的变化

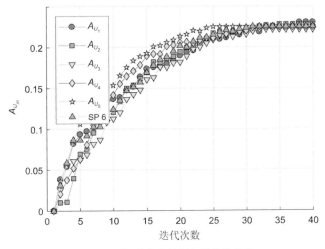

图 7.8　预期攻击者效用与迭代的变化

# 7.8　小结

　　情报收集作为未来打击网络攻击的工具，其必要性怎么强调都不过分。尽管组织知道这种协作的潜在好处，但实践起来仍有顾虑。本章讨论的 BIS 所采用的方法可提高协助机会。BIS 利用流行的比特币系统中使用的区块链概念，加强共享信息的完整性并确保隐私安全。基于区块链的 BIS 框架中由参与组织来维护共享数据的所有权和控制权，而不需要可信第三方负责控制和安全性。本章讨论了与恶意参与组织一起进行的博弈，这些恶意参与组织期望破坏网络防御机制或进行交叉参与。本章还描述一种基于 Stackelberg 博弈的网络攻击，并分析如何防御外部参与组织的攻击。

## 第 III 部分

# 区块链安全分析

# 第8章

# 区块云安全分析

本章由 Deepak Tosh[1]、Sachin S. Shetty、Xueping Liang[2]、Laurent Njilla[3]、Charles A. Kamhoua[4]和 Kevin Kwiat[5]撰写。

## 8.1 简介

区块链技术吸引了包括金融、医疗保健、公用事业、房地产和政府机构在内大批利益相关者的极大兴趣。区块链网络采用一种共享的、分布式的、容错的记账平台,其中每个参与者都可共享账本,但没有任何参与者可控制。区块链假设网络中存在恶意节点,因此可利用诚实节点的计算能力瓦解敌对者的攻击策略,利用信息的交换抵御操纵和破坏。区块链技术对强烈需要可靠数据溯源和云审计的云服务很有帮助。为在区块链云中的公共账本上实现数据完整性,区块中的交易由网络中的对等节点验证,在去中心化的网络中达成共识后,使用密码技术的区块才能加入区块链。该公共账本可能包含与任何类型资产相关的每笔交易的历史记录,无论这些交易是金融交易、实物交易还是数字交易,都可在不需要云管理员参与的情况下进行验证、监测和清算。因为有了密码机制和去中心化公共账本,在区块链上构建任何类型的应用都不必担心用户的信任机制和区块链云系统中的恶意攻击。

由于区块链使用对等(Peer-to-Peer,P2P)网络,因此每个对等节点中的区块链状态必须保持完整。这就需要使用分布式共识机制,以便新加入的区块不会干扰整个区块链的状态。下一节将讨论适用于区块链的各种共识机制。其中 PoW(工作量证明)是一种著名的共识机制,已用于比特币的区块链。在这个共识机制中,为在区块链中成功

---

1  就职于美国得克萨斯大学埃尔帕索分校计算机科学系。

2  就职于美国弗吉尼亚州欧道明大学建模、分析和模拟中心。

3  就职于美国纽约州罗马市美国空军研究实验室网络保障分部。

4  就职于美国马里兰州阿德尔菲美国陆军研究实验室网络安全分部。

5  就职于美国佛罗里达州萨拉索塔 CAESAR 集团 Halloed Sun TEK 公司。

添加一个区块，矿工需要解决一个难以计算的密码谜题。该过程如图 8.1 所示。这个难题的答案很难找到但易于验证，且其难度可由网络动态调整。因此，计算这种密码谜题以哈希算力、电力和硬件等为代价，但如果在竞争中取得成功，也将获得丰厚奖励。由于单独挖矿成本高昂，而且获得的奖励很少，因此诚实矿工更喜欢在矿池中工作。

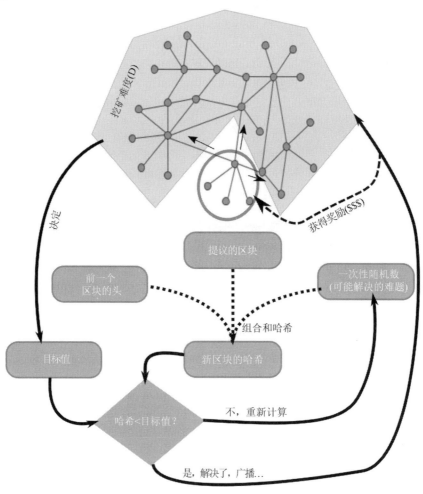

图 8.1 挖矿过程示意图

然而，不按常理出牌的恶意节点可运用自己的挖矿能力破坏其他诚实矿工的运算成果。扣块攻击[1]是一种众所周知的攻击方式，攻击者可采取这种方式使矿池在挖块竞争中败下阵来。在扣块攻击中，矿池中的恶意成员虽然已经挖到新区块却不如实公布，只提交其中合理的工作成果。因此，攻击者通过扣留有效的区块减少了矿池的应得收入，但又通过向矿池管理员提交尽可能多的成果增加自身的回报。

　　为实现区块链云,安全专家掌握区块链技术的脆弱性非常重要。本章重点研究开发安全的区块链云系统的内在需求,并深入分析区块链云各种可能的漏洞。区块链云中的漏洞可能主要来自 PoW 共识对计算能力的需求。权益证明(Proof of Stake,PoS)、实用拜占庭容错(Practical Byzantine Fault Tolerance,PBFT)、活动证明(Proof of Activity,PoA)和运行时长证明(Proof of Elapsed Time,PoET)等其他共识机制不需要高算力就能挖到区块。不过,当前公有区块链采用 PoW 算法达成共识。因此,矿工需要提高计算效率,尽快计算出有效区块以获得奖励,同时流氓矿工可能通过增加自己哈希算力进行破坏。最重要的是对“扣块攻击”这一关键问题建模,确定攻击者拥有的哈希算力达到什么程度时会破坏矿池的目标。由于矿池运营商会采用各种不同的奖励方案,如按比例奖励和 PPLNS 等方式,因此需要分别分析这些不同的奖励方案。

　　本章 8.2 节简要介绍可用于区块链的各种共识机制。8.3 节讨论区块链的基础知识及其对提供云安全的重要性,以及与区块链相关的几个关键漏洞。8.4 节介绍将用于分析矿池中扣块攻击的系统模型。第 8.5 节介绍攻击者提高哈希算力的各种方法。8.6 节通过考虑两个采用不同奖励机制的矿池对扣块攻击建模。仿真结果在 8.7 节中讨论。8.8 节进行了总结。

# 8.2　区块链共识机制

　　没有中心化机构的帮助时,共识机制对保持区块链或分布式账本系统的一致性非常重要。通常,共识模型可描述为能达成共识流程的一组个体对法律、规则和规范的普遍接受。就分布式账本技术而言,来自各个对等节点的区块在 P2P 网络中广播给其他节点时,共识机制使每个节点可就特定区块达成一致,从而将该区块包括在主区块链中。此外,即使某些成员在系统中失败或犯错,共识机制也允许 P2P 网络成员作为一个小组工作并收敛到一个共同值。为便于理解,下面将讨论和分析当前采用的一些共识协议。

## 8.2.1　PoW 共识

　　如前所述,PoW(Proof-of-Work,工作量证明)机制利用矿工的计算能力解决极其困难的密码谜题。首先解决难题的人将成为共识流程的领导者,其提议的区块会被添加到区块链中。由于参与矿工的计算能力通常是异构的,因此在大多数区块时段(Slot)中,区块的生成是异步的。不过不能排除在同一个时段中发现多个区块的可能性,这种情况就是区块链分叉,矿工会在发生分叉时所见到的最长链上继续工作。

达成共识前，每个矿工都通过包含满足以下条件的所有交易来创建区块：①交易发送者账户中的资产必须高于所转让的资产；②发送者的资产是有效的；③交易接收者将是资产的新所有者；④发送者未撤回已转让的资产。

验证交易后，只有有效的交易被包含在区块中，而交易的默克尔树根将包含在区块头中，如图 8.2 所示。区块头中还包含其他一些属性，如前一区块的哈希、时间戳信息、以比特(Bit)为单位的密码谜题计算难度，以及难题的解或一次性随机数等，这些属性组成 PoW 共识难题。难题是找到一个值(一次性随机数)，使得区块头的 SHA-256 哈希值小于一个以"难度数"的多个零开头的 256 位目标值。在数学上，矿工通过尝试不同的 $x$ 找到一次性随机数($x$)，例如：

$$\text{Hash}(\text{block header}(x)) \leqslant \frac{M}{D} \tag{8.1}$$

其中 $M$ 是难度的最大可能值($2^{256}-1$)，$D$ 是当前难度。可以看到，随着 $D$ 值的增加，要找到有效答案需要更多尝试。寻找解决方案所需的必要尝试期望值正好是 $D$。

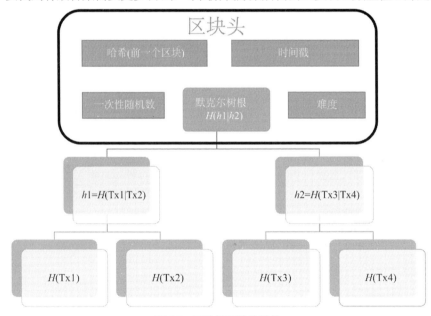

图 8.2　区块链区块头结构

尽管该机制提供一种利用每个参与者的计算能力达成共识的可靠方法，但也有以下缺点：

(1) 从该过程获得的奖励显然取决于用于计算这个难题的电力成本。由于电力成本在不同地理位置上有所不同，因此矿工的位置会发挥作用。

(2) 计算难度不适用于计算资源有限的用户。计算资源有限的用户需要花费数年的时间才能找到解决方案，而矿池要求在有限时间内解决问题。这导致系统的某种中心化，与区块链的设计目标相去甚远。

(3) 随着挖矿奖励在未来逐渐消失，矿工将计算能力用于共识的动机会减弱。因此要继续激励矿工，还需要重新考虑该机制的激励模型。

## 8.2.2　PoS 共识

PoS(Proof-of-Stake，权益证明)共识协议为那些拥有系统权益的实体提供了扩展区块的决策权，而这种权力与区块链的长度或公共账本的历史无关。该协议背后的主要动机是将区块链更新过程中选举领导者的权力交由权益持有者。这样做是为了确保在会员的权益受到威胁时保证系统的安全性。粗略地讲，除了计算部分，这种方法类似于 PoW 共识。因此，权益持有者用自己的区块扩展区块链的概率与其在系统中拥有的权益数量成正比。

由于 PoW 共识协议能源效率低下[2]，研究人员提出区块链系统共识的替代技术。King 和 Nadal 在文献[3]中第一次描述了 PoS(Proof-of-Stake)共识的概念设计，用币龄和加密货币总量来定义系统中每个矿工所持权益。根据 PoS，为获得构建区块的特权，矿工必须为自己发送一个特殊交易，以便重置币龄并证明权益有效。根据研究者的方法，只要满足以下条件，矿工就有机会用其未花费输出 $\mathcal{U}$ 扩展区块链。这里，未花费输出指尚未成为另一笔交易的输入的交易输出，即该输出尚未使用。

$$\text{hash}(\text{hash}(\mathbb{B}_{prev}),\ \mathcal{U},\ t)\leqslant D\times\text{balance}(\mathcal{U})\times\text{age}(\mathcal{U}) \tag{8.2}$$

其中基于区块 $\mathbb{B}_{prev}$ 进行区块链扩展，balance($\mathcal{U}$)是矿工的权益数量，age($\mathcal{U}$)是总权益的币龄，而 $D$ 是挖矿难度。与传统 PoW 共识的难度值不同，这个数值更大。如式 8.2 所示，不等式左侧计算出的哈希值取决于矿工的权益数量，因此持有更高权益的人可轻松找到哈希值，更可能将其区块添加到区块链中。

这个共识机制也存在如下几个问题：

(1) 这种情况下，富有的矿工将更富有。由于高权益所有者更可能将其区块增加到区块链中，因此共识趋向于与权益分配成正比的中心化区块扩展过程。

(2) 无赌注问题(nothing at stake)。在区块挖掘中发生分叉时，理性的 PoS 矿工可同时在所有分支上挖掘，这在 PoW 中是不可能的。因此，这种情况下执行双花攻击更容易。

(3) 可通过长时间积累货币操纵币龄，降低 PoS 矿工解决难题的难度。

委托权益证明(Delegated Proof of Stake，DPoS)是 PoS 的一种变体，允许系统中预定义的一组用户代表执行挖矿操作。这些代表控制着区块链更新过程，因诚实服务受到奖励，因恶意活动受到惩罚。用户代表参与交易的区块构建，并对区块进行数字签名使其合法。区块合法化通常需要一组选定的代表或验证者的签名，选定代表或验证者会根据规则定期更改。用户的权益可用于选择代表集合并定义系统中代表的投票权。某些情况下，需要预先存款才能参与共识过程，而存款可能因任何恶意活动而遭到没收。此外，由于原始的权益概念并不适用于云领域，因此在启用区块链的云环境中如何达成共识是一个需要解决的重要问题。文献[4]中提出一个用于在云平台联盟中达成共识的 PoS 模型，考虑利用计算、网络和存储资源作为权益。

### 8.2.3 PoA 共识

PoA(Proof-of-Activity,活动证明)是一种在工作量证明模型之上增加 PoS 扩展的混合共识协议。PoA 在提高安全性，防止在区块挖矿奖励减少并且每个矿工仅依赖交易费时可能发生的对比特币的攻击。这种攻击将导致"公地悲剧(Tragedy of Commons)"，参与者以自私和不诚实的方式行事，以损害其他同伴为代价。在 PoA 协议[5]中，最初的挖掘过程和 PoW 机制相同，每个矿工都使用自身哈希算力创建一个空白区块头(相对于创世区块)。该区块头不涉及任何交易，仅包含前一区块的哈希值、矿工的公钥、当前区块的高度/长度和一次性随机数。与 PoW 类似，仅当区块头的哈希值小于给定难度时，区块才算成功。从此时开始，PoA 共识切换到 PoS，广播空白区块，伪随机地选出 $N$ 个矿工作为 PoS 机制的验证者。这 $N$ 个用户的选择取决于用户在系统中的权益，即矿工持有的货币数量越多，矿工成为验证者的机会就越高。当这所有 $N$ 个权益持有者在空白区块上签名后，第 $N$ 个验证者获得将交易打包到该区块中的权力，并且第 $N$ 个验证者收到的奖励由所有 $N$ 个矿工共享。如果在对区块签名的过程中，$N$ 个验证者中的部分不可用，则丢弃当前区块，并用一组新的 $N$ 个验证者挑选下一个获胜区块。重复此过程，直至收集到所有正确签名。PoA 共识机制的流程如图 8.3 所示。

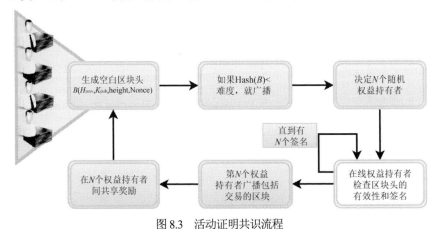

图 8.3 活动证明共识流程

此机制的自然约束继承了 PoW 和 PoS 模型的约束，简述如下：

(1) PoA 机制假设大多数权益持有者是诚实的。但实际上，在完全分布式的网络中没有预定义的方法控制这一假设。当一组验证者受恶意实体影响拒绝签名时，PoA 的安全性会受损。特别是当 N 足够大时，贿赂攻击变得更有可能。

(2) 与 PoW 共识模型相比，此机制更安全。但该共识由 N 个权益持有者通过额外的交互完成签名过程，可能需要更长时间(具体取决于在线验证者数量)。因此，与 PoW 相比，PoA 两个连续区块的间隔更大。

## 8.2.4  PBFT 共识

区块链在分布式 P2P 网络中运行，恶意攻击以及不确定的软件错误时有发生，因此 P2P 网络中的节点可能出现故障并显示拜占庭行为。分布式计算领域有几种对 BFT(Byzantine Fault Tolerance，拜占庭容错)模型的研究[6][7]，以增强分布式系统的健壮性和性能。因为区块链本身是一个状态机，区块链的仅追加日志特性非常适用于实现智能合约。此外，区块链的底层状态机允许在跟踪所有交易时验证其内容。BFT 状态机复制协议特别受到关注，有助于以最小网络延迟实现区块链共识，同时获得较高的交易吞吐量。

PBFT(Practical Byzantine Fault Tolerance，实用拜占庭容错)机制可大致解释如下：指定的 N 个验证者节点验证来自每个参与者的交易，其中 $N = 3f+1$，并且系统中最多可有 f 个故障/恶意验证者。区块链参与者向参与批准区块的验证者提交自己的交易区块。然后，验证者检查提交的区块中交易的有效性，并发给其他验证者投票。当验证者系统在特定区块上至少收到 $f+1$ 个确认时，P2P 网络中的每个节点都使用此新区块更新区块链。然后，在新的区块时段重复上述过程。事实证明，该机制满足安全性和活跃性，即两个无故障节点将始终能在同一提议的区块上达成共识，并且共识过程将在有限时间内结束。

尽管此共识可在最小的网络延迟情况下提供更高的交易处理速率，但仍存在可伸缩性问题。BFT 协议的目标是使分布式系统提供高可用性和冗余性，但随着节点数(N)的增长，协议性能也会受到限制。这是由于验证者节点之间存在密集通信，数量级为 $O(N^2)$ 个消息/区块。

## 8.2.5  PoET 共识

PoET 机制采用与 PBFT 类似的过程，但领导者选择的方式有所不同，且比较独特。该模型由 Intel[8]提出，利用处理器中使用安全 CPU 指令的可信执行环境(Trusted

Execution Environment，TEE)，保证领导者选择过程安全和随机，而不需要任何强大的或专用的硬件。由于共识算法的重要组成部分是无偏差地找到领导者，英特尔的 Software Guard eXtension(SGX)平台利用隔离空间的封闭执行环境，很好地随机化了领导者选择过程。

在 PoET(Proof-of-Elapsed-Time，运行时长证明)中，领导者的选举非常简单。系统中的验证程序从可信环境中请求一个等待时间，等待时间最先结束的验证者成为该区块时段的负责人。可调用各种应用程序编程接口(API)，创建和检查计时器。例如"检查计时器"方法用于验证计时器是否过期。如果过期，则生成一个证明，证明验证者一直在等待分配的时间后才成为领导者。选择完领导者后，其余过程与 PBFT 相似。除上述特征外，PoEA 还满足良好的彩票算法特性：①公平——在大量节点中公平地分配领导角色；②投资——领导者选择成本与领导者拥有的价值成正比；③验证——易于验证所选领导者是否合法。

尽管该机制提供一种优雅而轻巧的共识模型，但缺点是完全依赖于英特尔的 TEE，即处理器内部嵌入的专用硬件。因此，需要考虑一个问题，即选择耗电量低但价格昂贵的 CPU 是否值得？

## 8.2.6　PoL 共识

PoL(Proof-of-Luck，幸运证明)共识与 PoW 共识一样，平均每隔 10 分钟生成一个区块，并且需要 6 个后续区块确认交易。这对 POS(Point Of Sales)类型的零售应用似乎不可行。为解决这类问题，文献[9]提出利用 TEE 的新共识模型。TEE 有助于防止创建 Sybil 账户，正确处理关键应用。该共识算法的设计目标如下：

(1) 低延迟交易验证；

(2) 确定的确认时间；

(3) 能耗最小化；

(4) 均匀分布的挖矿。

该协议涉及 POLROUND 和 POLMINE 这两个运行在 TEE 中的函数。前一个函数的目的是通过解析最新区块 (roundBlock) 使 TEE 为挖矿准好准备，而 POLMINE(header，prevBlock)函数的调用需要等待固定时间(ROUND TIME)。参数 prevBlock 和 roundBlock 可能不是同一区块，但有一个共同的父区块。这也使得参与者可在强制等待期间将挖出的区块变成最新、更幸运的区块，此后开始新的一轮。此外，为定义获胜区块和计算链的幸运值，使用均匀分布的随机值 $l \in [0, 1)$。通过引入单调递减函数 $f(l)$ 优化协议中的通信。该函数用于延迟证明的发布。也就是说，一个幸运值高的链(具有较高的 $l$)将具有较小的延迟，而不幸的链将等待更长时间。

在 PoL 共识开始时，参与者将当前链和交易集初始化为空，然后侦听来自对等节点的新网络消息。如果消息是"交易"类型，并且之前未经添加，参与者就将交易包括在交易列表中并广播给对等节点。如果消息是"链"类型，参与者验证该链是否包含有效区块，并计算其幸运值以决定是否切换到该新链。如果该链的幸运值高于当前链的幸运值，则使用该链进行新一轮共识协议，并将此信息广播给对等节点。新一轮开始时调用 POLROUND 函数，清除先前所有的回调并计划新的回调。在回调中，待处理的交易将被添加到新链中，并进一步检查此链的幸运值。尽管此 PoL 共识模型和 PoET 共识相似，都使用了 TEE，但创新之处在于定义了链的幸运值，尽管该定义并不完善。该协议与 PoET 这两种机制都使用昂贵的 TEE(例如 Intel SGX 平台)达成共识，因此比较二者的性能差异也比较有趣。

## 8.2.7　PoSpace 共识

PoSpace(Proof-of-Space，空间证明)共识机制[10]利用去中心化网络中用户的磁盘空间达成共识。该技术假设用户拥有大量未使用的磁盘空间。与迄今为止成本最高的 PoW 共识模型相比，PoSpace 机制不需要太多能源或计算能力。PoSpace 共识协议涉及两种实体，即证明者($P$)和验证者($v$)。证明者必须向验证者证明自己已分配了所需的磁盘空间量，而验证者则确认证明者是否撒谎。该协议分两个阶段运行：①初始化阶段；②执行阶段。在初始化阶段，$P$ 和 $v$ 操作一组公共参数(prm)，如标识符(id)和存储界限 $N \in \mathbb{N}$。该操作表示为$(\phi, S) \leftarrow <v, P>(\text{prm})$，其中 $\phi$ 和 $S$(长度为 $N$)分别是验证者和证明者的输出，存储在各端供将来验证。当检测到恶意证明者时，$\phi$ 可以为空(null)。在执行阶段，上述存储的值($v$ 处的 $\phi$ 和 $P$ 处的 $S$)用于通过执行协议确定证明者是否已存储 $S$。验证者接受或拒绝时，证明者没有任何输出。这表示为({accept, reject}, null)$\leftarrow <v(\phi), P(S)>(\text{prm})$。使用公开的图卵石(graph pebbling)和随机哈希函数($H: \{0, 1\}^* \rightarrow \{0, 1\}^L$, $L \in \mathbb{N}$)，$P$ 生成需要 $o(N)L$ 比特存储的哈希树$(S)$，$S$ 的根$(\phi)$会发送给验证者。

尽管已证明该机制利用磁盘存储空间以高效且独特的方式在分布式网络中达成共识，但证明者只有存储整个哈希树才能在执行阶段取得成功。因此，必须有大量存储空间才能参与这种共识。这对于手机和平板电脑等手持系统不太可行。该协议仅对具有高存储空间的用户可用，从而为大量提供云存储服务的服务商打开了攻击面。

## 8.3　区块链云和相关漏洞

在云环境中存在的所有安全问题中，区块链将能非常有效地应对与可靠数据溯源有关的挑战[11]。本章描述云环境中和可靠数据溯源相关的挑战以及区块链将如何解决这些问题。

## 8.3.1　区块链和云安全

用户可使用云计算将数据远程存储在云中，并根据需要从可配置的计算资源共享池中提供应用程序和服务。云中外包数据的安全性取决于云计算系统和网络的安全性。但云的关键特性、按需服务、不间断的网络访问、资源池和快速弹性容易产生漏洞。此外，虚拟化、密码技术和 Web 服务等云计算核心技术也会由于不安全的实施导致漏洞的存在。同时，云计算环境中的安全控制(如密钥管理)也面临一些挑战。例如，在云计算基础架构中实施有效的密钥管理系统需要管理和存储各种密钥，但实施标准的密钥管理存在困难，这是由于虚拟机通常具有异构的硬件/软件，并且基于云的计算和存储在地理上是分散的。

当前，云基础架构内对交换数据的保护依赖基于 PKI 的签名。云需要一种更强的归因机制检测对数据的未授权更改并确认责任实体。数据溯源可提供实体间交换数据时更改的所有信息。研究人员提出 PKI 签名等安全解决方案以确保溯源。但 PKI 签名的实现通常依赖于中心化的权威机构，而中心化权威机构在云基础架构中无效。

有研究者提出将区块链和无密钥签名作为 PKI 签名的替代方案。区块链技术通过一系列经过安全加密的密钥，帮助信息在整个分布式系统上安全传输。因为区块链由分布式账本系统执行，该系统记录对数据执行的所有操作并在所有参与实体之间共享，因此不需要中央权威机构。参与实体中的大多数达成共识就可验证公共账本中的交易。区块链包含每笔交易的记录，可验证且无法更改。无密钥签名通过将保护密钥机密性的过程与识别签名者和保护完整性过程解耦，解决了"PKI 密钥泄露"问题[12]。识别签名者和保护完整性的过程由密码学工具处理，例如采用非对称密码和无密钥密码等技术[12]。单向抗碰撞哈希函数(One-way Collision-free Hash Functions)就属于无密钥密码技术。无密钥签名过程包括哈希、聚合和发布。无密钥签名的实现需要无密钥签名基础架构(Keyless Signature Infrastructure，KSI)，KSI 由一系列分层协作聚合服务器组成，聚合服务器生成全局哈希树，KSI 中的验证取决于哈希函数的安全性和公共账本(即区块链)的可用性。账本公开可用，并且更新规则、分布式共识和操作模式都具有明确的定义[13]。

Guardime 建议通过与 KSI 集成改变传统的区块链技术[13]。开发 KSI 区块链技术是为了缓解主流区块链技术面临的一些挑战，如缺乏可伸缩性、共识时间以及形式化的安全证明等。与传统区块链扩展的复杂度 $O(n)$ 相比，KSI 区块链技术扩展的复杂度为 $O(t)$，其中 $n$ 表示交易数量。在区块链云中，随着测量粒度的增加，区块链的复杂度变得令人担心。KSI 扩展的复杂度随时间线性增长，而与测量的粒度数量无关，因此区块链将具有更好的可伸缩性。对于共识时间而言，KSI 技术能保证快速达成共识，并确保能同步获得对分布式账本的所有更新。最后，形式化的安全证明也能为区块链的安全性提供更好保障。最近，Ericsson 和 Guardtime 将 KSI 区块链技术集成到云计算平台上，使组织机构能保障数据溯源、法律可证明且完整可归因[14]。该功能将使对云中操作和可伸缩的数据的实时治理成为可能。

### 1. 数据溯源

云内和云间的数据传输保障非常重要。典型的数据保障侧重于确保数据内容的机密性、完整性和可用性。但在云环境中数据源头保障(数据来自何处)是一个挑战。数据溯源基于数据对象的详细派生解决了该问题。如果云上存在针对所有云存储数据的真实数据溯源，将可实现分布式数据计算、数据交换和交易、检测内部攻击、再现研究结果以及识别系统/网络入侵的确切来源。不过，云数据溯源的最新技术还无法提供这种保障。

数据溯源对于云计算系统管理员排除系统或网络入侵至关重要。云计算环境的典型特征是不同系统和网络组件间的数据传输，这些数据交换可在数据中心内或跨数据中心联盟进行。由于数据的多个副本以及为确保韧性而采取路径的多样性，数据通常不遵循相同路径。这种设计使管理员难以准确识别攻击源头、发现引起攻击的软件和/或硬件组件并评估攻击的影响。如果需要细粒度识别安全违规，溯源即可发挥作用，当前云溯源系统通过日志记录和审核技术完成上述任务。由于多层互操作的软件和硬件组件跨越地理和组织边界，这些技术在本质上十分复杂的云计算系统中无效。要识别和解决云环境中的恶意活动，就需要分析各种不同来源的法证和日志，这是一项艰巨任务。尽管网络威胁信息共享[15] [16]是一种可行选择，可用较少投资[17]获得云攻击面的态势感知，仍然面临信息篡改的问题。维护溯源能跟踪对云中每个数据对象执行的所有操作，这时使用区块链技术可确保内容不可更改。

### 2. 基于区块链的云数据溯源

云计算系统通常由多个节点(物理机)组成，这些节点托管着一个或多个虚拟机(Virtual Machine，VM)。每个 VM 都有一个所有者，包括软件(应用程序资源)和数据之类的组件。VM 中软件的执行以及与 VM 的信息交换会生成多个工件，如变量、中间数据输出和最终输出工件。所有这些工件都是溯源对象。区块链技术能提供云中有效溯源的必要功能和属性。从本质上讲，区块链是一个 P2P 账本系统，对公开存储的物理资源、虚拟资源和应用程序资源等，可提供溯源信息，以便进行透明的验证和审计。这样既保证透明性又提供成本效益，同时保障个体用户对账本的访问控制和隐私安全，加密技术确保个体只能看到账本中与其相关的部分。此外，区块链技术能提供一些恰好符合云需求的功能，如资产转移和溯源[18]。

## 8.3.2　区块链云的脆弱性

只要网络中的大多数节点诚实可信，就可实现区块链云。但在云环境中，流氓节点可能对挖矿和共识过程产生负面影响。本节介绍与区块链技术相关的脆弱性。

### 1. 双花攻击

这是比特币技术中特有的脆弱性，攻击者期望使用同一笔数字加密货币进行多次交易。既然数字信息的复制很容易实现，但现实中可能发生重复花费。要发起此类攻击，攻击者必须具有强大的哈希算力，并能生成比公开的区块链更长的新链。攻击步骤如下。

(1) 从 $N$ 块开始，通过私下挖矿尽可能扩展区块链，却不公布。

(2) 将交易广播给感兴趣的组织。

(3) 耐心等待，直到收到足够的确认数，且交易已成功记录在区块链中，商家发送产品。

(4) 秘密挖矿，将私有分支扩展到比公共分支更长。如果成功，则公开秘密分支，最终认为该分支有效并接受，而丢弃包含了向商家支付交易的区块。

根据文献[19]基于哈希算力的分析，双花攻击(Double-spending Attack)的成功概率 $(a_z)$ 可表示如下：

$$a_z = \min\left(\frac{q}{p},1\right)^{\max(z+1,0)} = \begin{cases} 1 & \text{如果 } z<0, q>p \\ (q/p)^{z+1} & \text{如果 } z\geqslant 0, q\leqslant p \end{cases}$$

其中 $p$、$q$ 分别是诚实节点池和攻击者池的哈希算力比例，$z$ 是诚实网络相对于攻击者网络的优势块数。如果 $z$ 变为负数(<0)，则攻击者池可公开其区块并覆盖诚实用户开采的链。因此，对这种攻击的成功，可得出以下结论：

- 双花的成功取决于攻击者的哈希算力和超前或滞后的区块数。
- 如果攻击者的哈希算力$(q)$大于 50%，则总会成功。
- 如果 $q<p$，则成功概率呈现指数级下降。

上述分析结果是基于商家的决定不受交易的确认数量影响这一假设做出的。如果强制要求验证交易需要 $n$ 个确认，攻击成功的概率表达式将如式 8.3 所示。.

$$a_z = \begin{cases} 1 & \text{如果 } q\geqslant p \\ 1-\sum_{m=0}^{n}\binom{m+n-1}{m}p^n q^m - p^m q^n & \text{如果 } q<p \end{cases} \tag{8.3}$$

因此，可看出对于任何哈希算力的攻击者，双花攻击的成功概率随着确认次数的增加呈现指数级下降。因此，这里与通常引用的"6次确认要求"没有关系，6次这个值是基于攻击者的哈希算力与网络其余部分相比不多于10%这一假设做出的。

## 2. 自私挖矿攻击

由于解决密码谜题要求高的计算能力，单个矿工很难开采比特币这样的加密货币，因此一组矿工通常会相互串联，形成一个矿池并共享资金。成功解决难题后，彼此共享获得的奖励。这样单个矿工在单独挖矿时也能获得稳定而不是偶尔(随机间隔)的收入。有些学者则认为，如果有一群自私矿工通过故意实施自私挖矿策略让诚实矿工的工作无效[20]，并为自己创造更好的收入，那么对诚实矿工的奖励机制就失去作用了。与双花攻击类似，在自私挖矿攻击中，矿池矿工会在其私链上挖矿，并根据矿池的状态策略性地发布挖掘的私链。矿池的状态根据领先值参数 lead(私链和公开链的长度差)和分支(诚实和自私矿池在不同父区块上工作)定义。有关自私挖矿攻击(Selfish Mining Attack)的信息，可参阅[20，21]。简而言之，假设诚实矿池始终接受最长的链，自私挖矿策略可表述如下。

- 如果 lead = 2 且诚实矿池开采下一个区块，则发布整个私链。
- 如果 lead = 0，且诚实矿池的一部分在自私矿池已开采区块上工作，而自私矿池开采下一个区块，则发布整个私链。
- 如果 lead ≥ 0 且自私矿池开采下一个区块，则对开采的区块保密。

Eyal 和 Sirer 利用不同状态的概率，计算出自私矿池的期望收入($R_{pool}$)，如下所示:

$$R_{pool} = \frac{\alpha(1-\alpha)^2(4\alpha + \gamma(1-2\alpha)) - \alpha^3}{1-\alpha(1+(2-\alpha)\alpha)} \tag{8.4}$$

其中 $\alpha$ 是自私矿池的哈希算力，$\gamma$ 是选择基于该自私矿池区块进行开采的诚实矿工比例。因此，自私矿池的收入取决于其哈希算力和传播因子($\gamma$)。通常，为避免51%的攻击，必须满足 $\alpha \geq 0.5$。但文献[20]提出，如果满足以下对其哈希算力($\alpha$)的条件约束，自私矿工的矿池就可获得更高收益:

$$\frac{1-\gamma}{3-2\gamma} < \alpha < 0.5 \tag{8.5}$$

还可观察到，如果矿池规模增加到阈值以上，则每个自私矿工的收入将增加。结果，大多数诚实矿工更愿加入该矿池以产生更高的激励，最终该矿池会成为控制区块链的主要参与者。这样，去中心化将不再成立。

为解决该问题，研究者建议有必要提高阈值，使任何矿池都无法通过自私挖矿受益。而且，矿工在获得区块链中相同长度的竞争分支后，必须广播所有区块，并随机选择其中一个分叉作为挖掘工作对象。这种情况下，$\gamma=0.5$，因此阈值可提高到 0.25。但将阈值提高到 0.25 仍然存在自私挖矿攻击的空间，如果可组成至少占全网 25%哈希算力的矿池，则攻击还可能会成功。

文献[22]对自私挖矿策略又做了拓展，并声称如果自私挖矿者采用文中提出的这种更难应对的策略，其收入甚至可以更高。

### 3. 日蚀攻击[23]

这是一种对比特币节点之间广播信息的 P2P 网络的攻击。在比特币网络中，节点随机选择其他八个对等节点建立长期的输出连接，以便传播和存储有关其他对等节点的信息。此外，具有公共 IP 的节点最多可接受来自任何其他 IP 地址的 117 个未经请求的输入连接。因此，P2P 网络的开放性和去中心化特性吸引了攻击者加入并实施日蚀攻击，即"攻击者从战略上控制受害节点的所有输入和输出通信"，从而阻止来自所有其他合法节点的连接。攻击者从控制的节点向受害者节点快速且反复地发出不请自来的连接请求，发送不相关的信息直至受害者重启。通过这样的攻击，受害者的八个输出连接很可能全部是由攻击者控制的节点。

在比特币 P2P 网络的核心客户端中，网络信息通过 DNS 种子(解析 DNS 查询，返回相应 IP 地址的服务器)和 ADDR 消息(用于从对等节点获取网络信息，最多可包含 1000 个 IP 地址)传播。每个节点还在本地维护两个表(Tried 和 New)保存公共 IP。Tried 表包含与节点成功建立连接的对等节点的地址以及时间戳信息，而 New 表包含尚未与其建立连接的对等节点的地址。当节点重新启动或断开连接时，下一个对等节点的选择遵循概率方法，即按下列概率从 Tried 表中选择第($\omega$ +1)个连接的地址：

$$P[\text{Select from tried}] = \frac{\sqrt{\rho}(9-\omega)}{(\omega+1)+\sqrt{\rho}(9-\omega)} \tag{8.6}$$

其中 $\rho$ 等于 Tried 和 New 表中地址数量的比率。

日蚀攻击利用以上选择过程垄断受害者节点的所有连接。

(1) 通过发送未经请求的消息，用攻击者控制的节点 IP 地址填充 Tried 表。

(2) 用垃圾地址(与任何对等节点的 IP 地址无关)覆盖 New 表的地址。

(3) 节点重新启动后，以很高的概率垄断所有连接。

### 4. 区块丢弃攻击和难度提升攻击 [24]

区块丢弃攻击(Block Discarding Attack)由与正常节点相比拥有更多网络连接的攻击者执行。由于挖出区块的传播是能将区块添加到主流区块链的重要因素，因此攻击者更倾向于布置多个从节点，以提升网络优势。通过这种布局，攻击者可轻松地获悉新近开采的区块，并能比网络中的其他人更快地传播自己的区块。因此，当任何节点公开一个区块时，攻击者便可立即发送自己开采的区块，使其他矿工挖掘的区块被丢弃。

难度提升攻击(Difficulty Raising Attack)则利用攻击者的哈希算力操纵密码谜题的难度级别。文献[24]声称这种攻击丢弃深度为 $n$ 的区块(即此后已挖掘[$n$-1]个区块)的概率为 $p^n$，其中 $p$ 是攻击者和网络其余部分的哈希算力之比。为成功做到这一点，攻击者必须等待足够长的时间。

### 5. 扣块攻击(Block Withholding Attack)[25]

在这种攻击中，一些矿池成员加入后实际上从不发布任何区块，降低了矿池的预期收益。这些攻击也称为"破坏(Sabotage)"攻击，即流氓矿工从中未获得任何利益，反而使所有人遭受损失。然而，文献[1]中根据一些实例分析称，流氓矿工也可从这种攻击中获利。

### 6. 区块链云中的匿名性问题

人们已认识到，比特币生态系统的底层区块链技术本质上并不是完全匿名的。交易永久存储在公共账本中。因此，每个人都可看到余额以及与比特币地址相关的任何交易。除非用户在购买过程中或在任何特殊情况下透露，否则用户的真实身份和隐私不会暴露。因此，比特币是伪匿名的，即任何人都可创建比特币地址，但除非找到其他来源的信息，否则无法追溯到真实的人。为使比特币环境中的交易具有更高的隐私性和匿名性，用户倾向于拥有多个比特币地址。由于电子现金系统的便利性和伪匿名性吸引了暗网市场的匿名非法交易，因此，从公开的区块链中追踪此类非法活动一直是政府和安全行业十分关心的话题。

文献[26]着重介绍通过将比特币地址与实际所有者的 IP 地址映射使得比特币交易的所有者去匿名化。通过收集包括 IP 信息在内的所有网络流量数据并进行线下处理，研究者找到从比特币地址追溯到 IP 地址的证据。删除掉不相关的交易数据后，研究者通过五个关键步骤实现映射：

(1) 假设每个 TX 的所有者 IP；

(2) 创建比特币地址和 IP 的精细配对；

(3) 定义配对的统计指标；

(4) 识别表示实际所有权的潜在配对；

(5) 根据阈值删除不需要的配对。

针对 NAT 或防火墙后面的比特币对等节点，文献[27]提出一种通用方法来建立比特币用户的假名与其公共 IP 之间的关联。该方法利用连通的用户集合或入口节点识别交易源头。结果是一个列表 $I = \{(IP，Id，PK)\}$，其中 Id 用于区分使用相同 IP 的客户端，而 PK 是交易中使用的假名。如本章所述，找到入口节点(至少三个)并将交易映射到这些节点是客户端有效去匿名化的两个重要步骤。

了解与区块链实施相关的重要安全脆弱性后，下面选取扣块攻击作为重要案例进行严格分析，从而进一步了解算力强大的攻击者扰乱矿池的策略。攻击者加入矿池的目的是隐匿成功区块，并寻找机会打击诚实矿工在矿池中的工作积极性。下面通过考虑具有不同奖励计划的矿池，对攻击者的策略进行理论分析。

# 8.4 系统模型

假设一个矿池 $P$ 里有 $n$ 个矿工连续工作，试图使用其哈希算力解决密码谜题。矿池有一个矿池管理员，负责从网络收集交易、创建区块、跟踪密码谜题难度、记录矿池成员提交的解决方案份额(share；即部分解决方案，以下简称份额)数量、将成功挖掘的区块发送到 P2P 网络，以及收集奖励并在矿工之间重新分配。通常认为矿池成员本质上是诚实的，这意味着矿池成员在找到解决方案或解决方案份额时会立即向矿池管理员报告。假设矿工 $i$ 具有网络总哈希算力($M$)的 $\alpha_i$，其中 $0 \leqslant \alpha_i \leqslant 1$；矿池的总哈希算力为：

$$\beta = \sum_{i=1}^{n} \alpha_i$$

为简便起见，假设 $\beta < 1$，也就是该矿池不是唯一的计算实体，同时存在其他单独的矿工或矿池，其计算能力相对于矿池 $P$ 固定。此外，矿池 $P$ 的矿工基于每一轮中的贡献获得奖励，其中一轮为找到的两个有效区块之间的时间间隔。矿工的贡献基于报告的份额数量，每个份额可能是概率为 $1/D$ 的完整解决方案，其中 $D$ 是假定为固定值的密码谜题的总体难度。寻找份额比寻找有效的解决方案容易得多，因为份额仅是为了证明矿工为了寻找解决方案已经工作了足够长的时间。因此，寻找份额的难度由矿池管理员确定，该值小于 $D$。作为标准，一个特定哈希是一个有效份额的概率为 $1/2^\kappa$，其中 $\kappa$ 由私有区块链创建者指定，$0 \ll 2^\kappa < D$。本章后面用到的所有符号的描述如表 8.1 所示。

表8.1 符号说明

| 符号 | 含义 |
|------|------|
| $\alpha_i$ | 矿工 $i$ 的哈希算力 |
| $\alpha_A$ | 攻击者的哈希算力 |
| $D$ | PoW 难题的难度 |
| $R$ | 区块奖励 |
| $\mathcal{M}$ | 矿池全部挖矿能力 |
| $\delta$ | 矿池操作员的奖励百分比 |
| $\kappa$ | 区块成为份额需要的难度 |
| $h(.)$ | 决定矿工产生份额的函数 |
| $B$ | 最近 $N$ 个发现的平均区块数 |
| $T$ | 发现区块的平均时间 |

另一方面，假设一个算力强大的攻击者自愿加入矿池 $P$，目的是通过扣留成功开采的区块，最大限度地破坏矿池的挖矿活动。攻击者初始加入矿池时的哈希算力为 $\alpha_A$，但假设攻击者有能力通过使用额外的应用专用集成电路(Application-Specific Integrated Circuit，ASIC)资源或向云供应商租赁计算能力增强其挖矿能力。尽管为提高哈希算力而做的这些努力本身可能付出高昂代价，但由于攻击者是不理性的，因此这样的假设是合理的。本章旨在分析一个扣块攻击者可能需要多少额外挖矿能力才能完全破坏一个矿池，从而导致没有任何矿工愿意诚实地在矿池中工作。该分析将有助于针对成功攻击进行云/非云计算资源的租赁成本效益分析。破坏矿池，即攻击者策略的影响超出矿池本身的奖励分配机制的影响，导致其他成员从矿池挖矿中获得奖励的方差大于单独挖矿获得奖励的方差。

## 8.5 哈希算力增强

提高矿工的哈希算力有不同的选择。第一种选择是挖矿硬件。挖矿已从 CPU 时代发展到 GPU 时代，再到 ASIC 时代。当前，矿工会选择 ASIC 芯片挖掘区块，这些芯片以最低成本提供大量哈希算力。ASIC 芯片是专为区块挖矿设计的，因此不能用于其他任何任务。与以前的技术相比，ASIC 硬件可将哈希算力提高 50~100 倍，将功耗降低 7 倍。Avalon 公司[28]为比特币矿工市场制造 ASIC 挖矿芯片，每台服务器以 3.69W/GH 的功率效率，每秒处理 3.65TH。

第二种选择是租用云提供商的挖矿服务，称为云挖矿或云哈希。进行远程挖矿的方式有三种：①托管挖矿；②虚拟托管挖矿；③租用哈希算力。如果是托管挖矿，用户会租用一台能挖矿的机器并托管在云提供商处。虚拟托管挖矿时，用户在虚拟专用服务器上从头开始创建挖矿环境。当前最常用的情况是租用哈希算力，用户可从提供商那里租用所需的哈希算力而不需要管理基础架构。用户也可从云提供商数据中心安装的挖矿硬件处购买哈希算力，这样就不存在安装挖矿硬件、管理电力消耗、网络连接性和带宽要求等问题。目前已有服务商提供此类服务，如 Hashflare[29]、Genesis Mining[30]、Hashnest[31]和 Eobot[32]等都以有竞争力的价格提供哈希算力。

# 8.6    对破坏性攻击策略的分析

假设攻击者扣留有效区块，只发布不完全是密码谜题解决方案的份额。那么攻击者破坏矿池的唯一方法是提交足够数量的份额来获取尽可能多的奖励。由于矿池可能采用不同奖励计划，攻击者的破坏策略可能随之变化，下面将对此进行讨论。

## 8.6.1    按比例奖励

这是一个非常质朴的方案[25]，根据每个矿工在每轮竞争中贡献的份额数量，按比例分配总奖励。这里的"轮"指挖出两个成功有效区块间的时间间隔。矿池管理员收到来自区块链网络的挑战后，比赛就开始了，管理员会将任务分配给矿池中的参与矿工。成员利用哈希算力解决密码谜题。找到有效区块后，诚实成员通常将区块转发给矿池管理员，由矿池管理员在区块链网络中广播。如果矿工网络对该区块达成共识，矿池管理员将获得固定奖励 $R$，并开始下一轮挖矿。矿池管理员可保留固定百分比的奖励，按每个矿工在该轮中贡献的份额数相对于该轮获得的总份额数的比例，将剩余金额分配给各成员。

假设矿池管理员保留了奖励的 $\delta$ 部分，那么矿池成员将共享 $(1-\delta)R$ 的总奖励。现在，为估计在特定轮的竞争中期望份额的数量，假设矿工 $i$ 为找到份额花费的时间是以 $\alpha_i$ 为参数的指数分布。因此，找到份额的期望时间为 $1/\alpha_i$，找到的份额是完整解的概率为 $1/D$。假设每一轮持续时间为 $T$ 个时间单位，矿工 $i$ 在该轮中平均生成 $\alpha_i MT$ 个哈希值。

矿工生成的份额总数建模为函数 $h(\alpha_i MT)$，其中 $h(.)$ 是相对于 $i$ 的挖矿能力单调递增的函数，即 $\partial h / \partial \alpha_i > 0$。因此，提交给矿池管理员的份额总数可表示为：

$$H = \sum_{i \in P} h(\alpha_i \, MT) \tag{8.7}$$

因此，从采用按比例奖励方案的矿池中，矿工 $i$ 收到的期望奖励为：

$$U_i = \frac{(1-\delta)Rh(\alpha_i \mathcal{M}T)}{H} \tag{8.8}$$

**按比例奖励矿池中的扣块攻击**

当具有哈希算力 $\alpha_A$ 的恶意矿工加入该矿池时，矿池的内在能力增长到 $\sum_{i=1}^{n} \alpha_i + \alpha_A$。因此，一轮提交的份额总数从 $H$ 增加到 $H'$，其中：

$$H' = \sum_{i \in \mathcal{P}} h(\alpha_i \mathcal{M}T) + h(\alpha_A \mathcal{M}T)$$

随着攻击者哈希算力的增加，在矿池中的份额贡献也成正比增加。由于攻击者扣留而从不提交有效区块(即解决方案)，因此每轮的持续时间并不取决于其挖矿能力。攻击者的目的是最大程度地瓦解矿池成员，让该矿池挖矿不再有利可图，并最终让矿工离开矿池。攻击者可通过两种不同方式影响矿池成员的区块挖掘：①对区块链网络进行日蚀攻击。这种情况下，攻击者可控制网络连接并因此直接操纵受害者的挖矿活动；②提高哈希算力产生更多份额。因此，攻击者获得的总体奖励可能超过其他所有成员获得的奖励。这里分析第二种情况，即攻击者可获得额外的挖矿能力从而在矿池中占主导地位，并扩大矿池成员的收益方差。

由于减少矿池成员收益的唯一方法是向矿池管理员提交更多份额。因此在开始获取奖励前，攻击者需要知道如果要多生成 $x$ 个份额，需要在 $\alpha_A \mathcal{M}$ 之外增加多少哈希算力。现在，如果攻击者产生了额外的 $x$ 个份额，则矿池成员 $i$ 的奖励可表示为：

$$U_i = \frac{(1-\delta)Rh(\alpha_i \mathcal{M}T)}{H' + h(x)} \tag{8.9}$$

这意味着矿工 $i$ 的收益与攻击者的挖矿能力成反比。如果攻击者产生更多份额，其净收益就会下降。但不可能使诚实矿工的效用接近于零，因为这需要产生大量份额。这样做等同于需要大量计算能力，对攻击者而言这种方法是不可能的。研究转向 $x$ 的下界，这样仍然迫使矿工转向单独挖矿。因此，攻击者的优化函数可描述为：

$$x^* = \underset{x}{\text{minimize}} \left[ \sum_{i=1}^{n} \frac{(1-\delta)Rh(\alpha_i \mathcal{M}T)}{H' + h(x)} \right] \tag{8.10}$$

设：

$$\text{prop\_var}(U_i) \geqslant \text{var}(U_{\text{solo}}^i) + \epsilon, \quad \forall i \in [1, \cdots, n]$$

其中 $0 < \epsilon \ll 1$ 是一个小数字，表示矿工从矿池挖矿获得收益的方差与单独挖矿获得收益的方差的交点。$\text{prop\_var}(U_i)$ 是在矿池中挖矿时每位矿工 $i$ 的收益方差，而 $\text{var}(U_{\text{solo}}^i)$ 是单独挖矿时每人的收益方差。该约束条件表明，如果 $\text{prop\_var}(U_i)$ 高于单独

挖矿的方差,则攻击者能成功地让诚实矿工失去参与矿池的动力。高方差表示奖励将不可持续,这是攻击者想要实现的目标。

现在,计算矿工 $i$ 以恒定的哈希算力 $\alpha_i$ 单独挖矿时的收益方差。在单独挖矿情况下,如果找到有效块,则给予奖励。因此,从单独挖矿中获得的期望收益为 $\Pr$(找到一个区块) $R = \dfrac{\alpha_i R}{2^\kappa D}$。单独矿工发现区块的过程可用速率参数 $\lambda = \dfrac{\alpha_i}{2^\kappa D}$ 的泊松过程表示。因此,单独挖矿者通过挖掘长度为 $T$ 的时间可获得的总期望收益如下:

$$U_{\text{solo}}^i = \frac{\alpha_i TR}{2^\kappa D} \tag{8.11}$$

根据泊松分布的性质,方差($\sigma^2$)与速率参数($\lambda$)相同。因此,单独挖矿的收益方差为:

$$\text{var}(U_{\text{solo}}^i) = \frac{\alpha_i TR^2}{2^\kappa D} \tag{8.12}$$

为对矿池挖矿中每份收益方差建模,首先需要为矿池中生成的份额总数找到合适的分布。现将 $N = H' + h(x)$ 作为代表一轮中矿池报告的总份数的随机变量,$\Pr(N)$ 代表相应的概率分布函数(Probability Distribution Function,PDF)。每轮中矿工 $i$ 从每份获得的平均奖励是:

$$\mathbb{E}[U_i] = \sum_{N=1}^{\infty} \frac{(1-\delta)R}{N} Pr(H' + h(x) = N) \tag{8.13}$$

其中 $\dfrac{(1-\delta)R}{N}$ 是之前得到的每股奖励。现在,可将收益平方的期望定义为:

$$\mathbb{E}\left[U_i^2\right] = \sum_{N=1}^{\infty} \frac{(1-\delta)^2 R^2}{N^2} Pr(H' + h(x) = N) \tag{8.14}$$

因此,收益方差可表示为:

$$\text{prop\_var}(U_i) = (1-\delta)^2 R^2 \sum_{N=1}^{\infty} \frac{\left[\Pr(N) - (\Pr(N))^2\right]}{N^2}$$

现在,要找到收益方差的具体值,可使用几何和负二项式等不同的标准概率分布函数对份额总数建模。这些 PDF 提供了估算每轮总份额近似自然的模型[25]。

## 8.6.2　PPLNS

按比例奖励计划质朴,会遭受跨池攻击(Pool-hopping Attack),即恶意矿工可在一轮里策略性地选择不同的矿池进行挖掘以最大化奖励。可采用几种高级方案避免这种情况,PPLNS(Pay-Per-Last N-Shares,最近 $N$ 份奖励)方案就是其中之一。与基于轮次的按比例奖励计划不同，PPLNS 将矿池成员提交份额活动的时间作为奖励的基础，而不考虑挖矿过程中的轮次数量。在此方案中，奖励会分配给最近提交份额的矿工，却不管该矿工在评估时段内实际找到多少区块。

PPLNS 的一个简单变体是将最近份额总数的阈值设置为 $N$，并根据最后提交的 $N$ 份在矿工之间分配总奖励。现在，使用相同的符号，并假设在最后 $N$ 份中共挖出 $B$ 个区块，则每份收益($U_{pplns}$)可表示为：

$$U_{pplns} = \frac{(1-\delta)RB}{N} \tag{8.15}$$

其中 $B$ 遵循均值为 $N/2^x D$ 的泊松分布。在该变体中，假设难度 $D$ 和奖励 $R$ 保持恒定。总之，RB 定义了矿池管理员在最近 $N$ 份中收到的总期望奖励。采用 PPLNS 奖励机制的矿池通常以如下方式工作：管理员至少跟踪最近 $N$ 次提交份额的历史记录，但不考虑报告的轮次数量。因此，这种情况下，各轮之间相互依赖。使用长度为 $N$ 的滑动窗口维护份额的排序，随后在贡献者之间按比例分配总奖励。假设在第 $k$ 个份额的滑动窗口为 $s_k = \{s_{k-N}, s_{k-N+1}, \ldots, s_k\}$，矿工 $i$ 的报酬可表示为：

$$U_{pplns}^i = (1-\delta) \times \frac{\#\{s_j : s_j \in s \text{ and } s_j = i\}}{N} \times RB \tag{8.16}$$

在上式中，最后 $N$ 份窗口中收到的总奖励按比例分配给在考察窗口中提交份额的每个矿池成员 $i \in p$。

### 对 PPLNS 奖励矿池的扣块攻击

与以前的奖励方案类似，在 PPLNS 矿池中引入一个恶意矿工，目的是为自己积累尽可能多的奖励，从而破坏矿池的正常运营。与按比例奖励矿池中采用的策略不同，攻击者将不得不在 PPLNS 池中选择其他策略。这是因为 PPLNS 仅考虑最后 $N$ 份，因此提交尽可能多的份额不再是最佳策略，因为奖励分配与提交的轮次数量无关。假设有 $N$ 个区块时段可放置 $N$ 份，则攻击者可选择以下策略干扰矿池奖励系统的公平性：首先，具有挖矿能力 $\alpha_A$ 的攻击者必须以比其他矿池成员更快的速度挖矿，并将成功挖掘到的区块扣留下来。接下来，将份额集中于最后 $N$ 份的窗口发布，以便将大部分奖励返还给攻击者而非矿池成员。

攻击者的奖励如式 8.16 所示，在最后 $N$ 个区块时段中贡献的份额数量取决于其哈希算力。

$$U_{pplns}^A = (1-\delta)RB\left[\frac{\Phi(N, \alpha_A)}{N}\right] \tag{8.17}$$

其中 $\Phi(.)$ 函数描述攻击者在 $N$ 个区块时段窗口中能贡献的平均份额数量。函数 $\Phi$ 取决于攻击者的哈希算力，并遵循均值参数为$\lambda = \frac{\alpha_A \mathcal{M} N}{2^\kappa}$的泊松分布。同时，随机变量$B$也遵循均值为$\frac{\mathcal{M} N}{2^\kappa D}$的泊松分布。但由于攻击者扣留成功开采的区块，$B$的平均值将排除攻击者的哈希算力，因此泊松分布的随机变量$B$的均值为$\frac{(1-\alpha_A)\mathcal{M} N}{2^\kappa D}$。攻击者的期望收益可表示为：

$$\mathbb{E}\left[U_{\text{pplns}}^{\mathcal{A}}\right] = (1-\delta)R\frac{\alpha_A(1-\alpha_A)\mathcal{M}^2 N}{2^{2\kappa}D} \tag{8.18}$$

了解攻击者的总体效用后，组织就可知道攻击者的目标是借助来自外部的额外哈希算力来最大化效用值。按比例奖励矿池的优化目标是找到最佳计算能力从而最小化其他矿池成员的奖励，而此处的目标则通过提交尽可能多的份额从而最大化在$N$个区块时间窗口的奖励，使得其他成员的净奖励自动下降。现在，假设攻击者给矿池中带来额外的$y\mathcal{M}$计算能力，可将攻击者的净目标函数定义如下：

$$y^* = \underset{y}{\text{maximize}}\left[(1-\delta)R\frac{(\alpha_A+y)(1-\alpha_A)\mathcal{M}^2 N}{2^{2\kappa}D}\right] \tag{8.19}$$

设：

$$\text{pplns\_var}(U_i) \geqslant \text{var}(U_{\text{solo}}^i) + \epsilon, \ \ i \in [1,\cdots,n]$$

上面优化问题中的约束类似于比例矿池，但这里寻找的是矿工从矿池挖矿获得的收益方差大于单独挖矿的收益方差。这种情况下，矿工$i$更愿意离开矿池单独挖矿。因此，重复执行此过程就可逐一排除矿工，从而破坏矿池的挖矿过程。如果攻击者引入了额外的$y\mathcal{M}$哈希算力，当定义来自 PPLNS 矿池的矿工$i$的方差时，需要确定矿工$i$的期望奖励，即$\frac{(1-\delta)R\alpha_i \mathcal{M}' N}{2^\kappa DN} = \frac{(1-\delta)R\alpha_i \mathcal{M}'}{2^\kappa D}$。由于存在扣块攻击者，矿池的总挖掘能力修改为$\mathcal{M}'$，其定义为$(1-\alpha_A-y)\mathcal{M}$。因此，相应的收益方差可表示为：

$$\text{pplns\_var}(U_i) = \frac{(1-\delta)^2 R^2 \alpha_i(1-\alpha_A-y)\mathcal{M}}{2^\kappa DN} \tag{8.20}$$

单独挖矿生成的奖励方差与上一节中的定义相同，只是用$N$替代$T$。

## 8.7　仿真结果与讨论

本节将讨论一个扣块攻击实例，攻击针对的私有区块链基于 PoW，小型公司通常会运营这样的链。假定所有节点都在一个矿池中挖矿，其中有一个节点是恶意的，企图阻碍其余节点的诚实挖矿行为。假设这个矿池($\mathcal{M}$)的初始总哈希算力为 100GH/s，密码谜题的难度($D$)为 2096，并保持不变，所有矿工都使用具有相同计算能力的同质环境。研究者通过向攻击者提供额外的哈希算力观察平均奖励的变化。假定包括攻击者在内的所有矿工开始时都具有 20%的哈希算力。为计算一轮的份额数量，假设 κ 的值为 10，通常是实际难度(D)比特位数的一半。算力为 $\alpha_i$ 的矿工提交的总份额以 $h(\alpha_i)$ 表示，是均值为 $\dfrac{\alpha_i}{2^x}$ 的泊松分布。

由于攻击者可能提高自己的哈希算力，首先分析这种行为对攻击者以及诚实矿工总体回报的影响。假设成功挖掘一个区块的最大奖励(R)为 10，从图 8.4 可观察到，在矿池中增加攻击者的哈希算力会对诚实矿工群体产生不利影响。因此，诚实矿工的奖励会逐渐减少，如虚线所示。尽管攻击者还可将其哈希算力提高到更高水平，但如果只是为让诚实矿工离开矿池，没必要花费太高成本。因此，攻击者希望具有正好能使诚实矿工的总回报低于攻击者的回报的计算能力，即恰好发生在 x=0.6 时。从图 8.5 可观察到，当攻击者的哈希算力提高时，攻击者提交的份额总数呈现指数级增长，而诚实组的提交数量平均值固定不变。造成这种情况的原因是攻击者的计算能力不断提高，而诚实矿工的哈希算力限制固定。

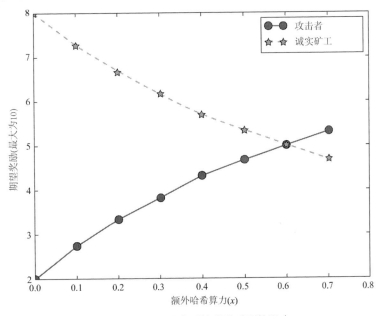

图 8.4 比例矿池中平均奖励受到的影响

图 8.6 描述了当矿池采用 PPLNS 奖励机制时，奖励随攻击者哈希算力的增强而变化。这里可观察到矿池可获得的总体奖励高于比例矿池，因为在提交的最后 N 份中可找到不只一个成功区块。但攻击者获得额外算力可能剥夺诚实矿工在矿池中挖矿的动机。可观察到，在 $y = 0.6 + \epsilon$，$\epsilon > 0$ 的情况下，攻击者的收益将超过诚实矿池成员。

从图 8.7 可得出另一个有趣的观察结果，即以难度($D$)的倍数增加窗口大小，攻击者总奖励的增长速度不会增加，而诚实矿工所获得的奖励要高于攻击者。发生这种情况是由于提交的份额大部分来自诚实矿工，具有恒定哈希算力的攻击者只有添加额外算力才能获利。从这个结果可得到启发，即如何选择窗口大小($N$)以建立屏障，从而阻止企图夺走诚实矿工奖励的扣块攻击者。

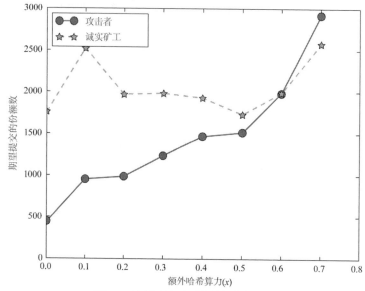

图 8.5　比例矿池对平均份额数的影响

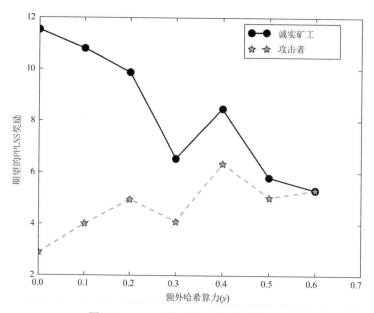

图 8.6　PPLNS 矿池对平均份额数的影响

# 8.8　小结

区块链技术是采用了密码学技术的分布式账本系统，是下一代技术之一，因此有必要评估其安全性，以确保该技术能在云计算领域发挥作用。本章研究了在实现区块链云时区块链的适用性和安全性，并讨论了一些安全脆弱性，这些脆弱性可能在区块链与云系统的集成中产生有害影响。然后，本章模拟了基于 PoW 的矿池中普遍存在的扣块攻击问题，以了解攻击者攫取矿池成员奖励的策略。仿真结果表明，攻击者获得额外的计算能力可能破坏区块链云中的诚实挖矿操作。本章针对两个具有不同奖励计划的矿池分析了攻击者的策略。结论表明，与按比例奖励计划相比，在最近 $N$ 份 (PPLNS)奖励计划下，攻击者对矿池的影响更小。研究团队将来希望能把分析扩展到基于权益证明的区块链云，并在实时私有区块链平台上测试实例。

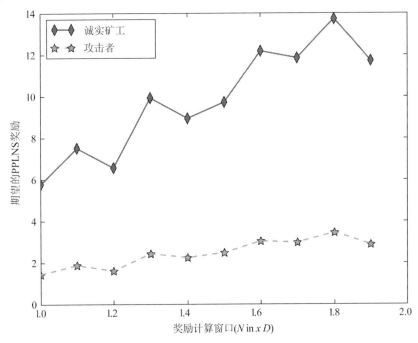

图 8.7　PPLNS 矿池奖励与窗口时长($N$)

**致谢**

本章的撰写得到美国国防部长研究与工程助理办公室(FA8750-15-2-0120)和美国空军物资司令部(FA8750-16-0301)的支持。

# 第 9 章

# 许可制与非许可制区块链

本章由 Andrew Miller 撰写[1]。

## 9.1　简介

到目前为止，大多数区块链协议，从 Paxos 和实用拜占庭容错(Practical Byzantine Fault Tolerance，PBFT)等传统共识协议到中本聪共识协议，都基于"多数诚实(Majority Honest)"假设，即研究者假设大多数参与节点都正确地执行协议。

但为什么研究者要假设任何一个对等节点都是诚实的，并严格按照协议 $P$ 执行呢？"诚实"在这里其实是个术语，意味着对等节点无论其道德品质如何，都会严格地遵循指定的协议 $P$。诚实节点也可能是自私的，如果执行变形协议 $P'$(如自私挖矿)，可能给对等节点带来个人利益。例如 $P'$ 只需要计算近似值，那运行 $P'$ 需要的计算开销可能比运行 $P$ 的开销要少。对等节点甚至可能受到外部影响，比如为运行 $P'$ 的节点提供更高的奖励。

为证明多数诚实这一假设是正确的，区块链通常提供某种机制来选择参与者，希望能吸引"好的"参与者。区块链大致可分为两类："许可制区块链"和"非许可制区块链"，这两种类型的主要区别在于选择参与者的方式不同。在非许可制区块链中，参与者可自行选择，但参与时必然消耗资源(在权益证明的情况下是金钱，在工作量证明的情况下是计算资源)。如果参与者运行的是 $P'$ 而非 $P$，但并没有从中获得更多利益，就可通过奖励一致性来证明多数诚实这一假设是合理的。相比之下，许可制区块链依赖于某些外部选择过程的结果。所选参与者的身份可硬编码到软件中，或动态更新并加入。这两种情况下，选择参与者的权利通常都由机构或组织流程决定，例如通过行业联盟确定。

本章讨论两种安全设计方案并将其应用于许可和非许可模型。第一种设计方案是

---

1　Andrew Miller 就职于美国伊利诺伊大学香槟分校电气与计算机工程系。

委员会选举。通过选举,从大量参与者中筛选出一个小规模的、公平抽样的子集(委员会),攻击者进入委员会的难度较大。这种方法在非许可制和许可制区块链中同样适用,因为与需要所有群体参与的方案相比,委员会制度的性能更高。

第二种设计方案是增强隐私保护。区块链应用程序通常需要为用户提供隐私保护。如果应用涉及金融交易或物联网设备实时位置等敏感信息,就可采用密码技术。如果高度信任对等节点(如在许可制区块链中),通常可进行秘密分享,因为假设大多数对等节点不会被攻陷。而在信任度较低的情况下,则可采用零知识证明,让客户端阻止任何对等节点查看受保护的数据。

# 9.2 明智地选择对等节点

在非许可制区块链(Permissionless Blockchain)中,对等节点根据某种自动机制自荐加入,该机制并不明确依赖管理员。理想情况下,自荐过程应促进一致的奖励措施。也就是说,自荐参与者应该共担风险,这意味着区块链获得成功会给参与者带来经济利益。

到撰写本书时为止,最成功的公有加密货币普遍采用工作量证明机制作为共识系统基础。挖矿需要持续计算工作。这需要电力,还需要对挖矿设备进行冷却和维护;挖矿设备包括大量的图形处理单元(Graphics Processing Unit,GPU)、现场可编程门阵列(Field Programmable Gate Array,FPGA)或专用集成电路(Application-Specific Integrated Circuit,ASIC)等。奖励机制要求参与的矿工至少短期内要相信货币的未来价值,因为矿工需要在某个时候把挖到的部分数字货币卖掉以支付当前的成本账单。除了持续的成本费用外,采用工作量证明共识机制进行挖矿还需要投入原始资本购买挖矿设备。诸如 GPU 的计算资源经过重新配置,适用于不同的工作量证明难题。有许多抵制 ASIC 的工作量证明机制,如 Equihash 和 Ethash,都可使用 GPU 挖矿,导致使用专用设备挖矿的回报越来越低。由于 GPU 在大众市场上容易购得,所以对去中心化是有利的。矿工可能不得不亏本出售专用于特定加密货币的挖矿设备。这进一步证明矿工获得的利益与区块链的成功密切相关。

不同的工作量证明方案所需的计算资源存在很大区别。下面仅进行简单描述并列举一些示例。

- **工作量证明(PoW)**——基于计算哈希函数的速率;存在专用 ASIC。
  例子有比特币(Bitcoin)、莱特币(Litecoin)。

- **内存困难工作量证明**——基于对随机存取存储器的访问；这样一来，将更难定制性能明显优于普通设备的 ASIC。

  例子有 Ethash、Equihash。

- **存储证明(Proof of Storage)**——需要提供存储容量。该存储证明机制也可抵御专用挖矿设备，且能耗较少。

  例子有 Filecoin、Spacemint。

### 1. 权益证明(Proof of Stake)

作为消耗计算资源的替代，有的加密货币要求参与者花钱才能参与。当然，如果区块链用于支持一种虚拟货币应用程序，则可从参与者那里收取虚拟货币。在非许可共识协议中，如果区块链用自己发行的通证或货币奖励参与者，就称为"权益证明"。

使用虚拟货币选择参与者的方式不同，权益证明区块链之间存在很大差异。某些情况下，如在 Peercoin 中，只要持有货币就有资格参加挖矿。而在 Decred、Casper 和 Tezos 等中，参与者必须提前存入货币才能参与。在这些方案中，所有者"抵押"的货币将锁定一段时间，在此期间不能撤回。在上述两种情况下，获得奖励的份额都与工作量证明挖矿接近。权益所有者为了后续能有更多货币，放弃当前使用货币的权利。如果矿工认为货币的未来价值有保障，这么做就是合理的。

### 2. 许可制区块链

由于非许可制区块链设计为不需要管理员即可运行，因此特别适用于不需要依赖外部信任机构的场景。许多区块链应用程序适合在相对可控的环境中运行，此时如果引入外部可信机构将是有益且可接受的。

许可制区块链(Permissioned Blockchain)由机构或组织流程选择哪些服务器可参与协议。最简单的情况下，可从一开始就确定一个固定分组，并在区块链初始软件版本中直接写入分组的公钥或地址列表，当然也可用更复杂的动态分组更新系统。例如，Hyperledger Fabric 就是一种许可制区块链软件，使用"控制交易"修改活动参与者列表。

许可制区块链中，参与者的选择过程与底层共识协议设计和实现无关。但区块链的去中心化程度和可信度确实取决于选择过程的质量和透明度。例如，Hyperledger 是一个旨在推动区块链发展的跨行业协作项目，其成员之间的集体决策会被公开记录下来。目前有一个 21 个席位的理事会，由全体成员的代表组成。因此，该制度流程是去中心化的(跨多个独立的利益相关者)，并可动态调整；委员会只要有三分之二的同意票，就可引入新成员。关于区块链行业联盟，还有其他许多相关示例，如 Ethereum Enterprise Alliance 和 R3。通过在选择参与者方面引入有效的制度流程，许可制区块链也可实现去中心化。

### 3. 小结

许可制区块链和非许可制区块链的主要区别体现在选择参与者的方式上。虽然在非许可的加密货币中奖励机制作用更明显,但奖励机制在两种区块链中都会发挥作用。工作量证明或权益证明加密货币是否将继续表现出长期的奖励一致性,或其基本假设的合理性能否得到证明,都还有待观察。与主流的基于工作量证明的加密货币相比,权益证明加密货币某种程度上较新颖,但缺乏实际测试。例如,最早的权益证明加密货币 Peercoin 直至最近才具有中心化检查点机制。其他权益证明加密货币出现得更晚,人们高度期待的项目如 Tezos 和 Casper 等仍在开发中。鉴于奖励在非许可制区块链中发挥的重要作用,目前尚不清楚如何在没有货币激励的情况下启动非许可制区块链。高能耗成本使得基于工作量证明的加密货币启动起来也非常困难。另一方面,许可制区块链可借助外部可信机构,从而继承其治理结构中的去中心化特性。

# 9.3  委员会选举机制

上一节介绍了在许可制和非许可制区块链网络中如何选择对等节点。这两种情况下,区块链共识机制都通过在多个不同参与者之间分散控制来避免单点故障。然而,对于 PBFT 等许多共识协议来说,随着参与者数量的增加,将交易复制到所有对等节点将需要额外的带宽,导致运行速度越来越慢。延迟对于物联网设备之间的小额支付等实时应用尤其重要。在实际中,即使 10 000 个参与者(大约是 Bitcoin 网络上可访问的对等节点数量)中大部分都是诚实的,也不愿直接在这些节点中完整运行一次 PBFT 共识协议。中本聪共识协议可便捷地扩展到大量用户,但完成交易的延迟很长,这是因为需要多个区块确认才能确信交易已完成。

要在大量参与者中使用 PBFT 等资源密集型共识协议,可采用"委员会选举"。这是一种有效且广泛适用的方法。委员会选举从大量参与者中随机选择一小部分成员。在安全保障方面,委员会选举本质上基于如下假设:

在 10 000 名成员中,至少有 80%的成员能正确遵守共识协议,这构成了委员会遵守共识协议的基本保障。

转换成如下保证:

从总体中抽取的 100 人委员样本中,至少有 2/3 的委员会遵循该协议。

换句话说，通过公平抽样，委员会选举可用于强化前一假设。

委员会选举适用于采用工作量证明或权益证明的非许可制区块链。例如，SCP 协议[1]就是使用工作量证明将身份分配给潜在的大量参与者，然后从参与者中选择一个小的子集以提高性能。在权益证明加密货币中，可定义大量合格账户持有者，其中选举委员会样本以账户余额作为权重。

抛开总体成员的选择方式不谈，委员会选举协议的具体机制之间也存在很大差异。Algorand[2]使用密码学"抽签"机制，确保委员会选举的私密性。其实质是委员会选举结果是保密的，每个成员都会私下获知自己是不是下一届委员会的成员。

### 1. 使用 Chernoff 边界分析委员会规模

选择委员会时，主要安全目标是确保攻击者在委员会中没有太多代表。一开始先假设攻击者在总体成员中没有太多代表，接下来选择一个足够大的委员会，以便从总体成员中抽取有代表性的样本。

假设总体为 1000 个节点，85%未遭到攻陷，而其余 15%可能遭到攻击者攻陷。又假设从成员中随机抽取 100 个样本(有放回抽样，因此一个节点可能拥有多个席位)。至少有 67 个委员会席位分配给未遭到攻陷成员的概率是多少？可使用二项式分布来计算。假设 $X$ 是一个随机变量，对应于委员会中遭到攻陷成员的数量，可在表格中查找概率，或使用标准软件包计算：

$$\Pr[X \leqslant 33] \geqslant 0.999\,998 \tag{9.1}$$

概括地说，可考虑一个由 $k$ 个对等节点组成的委员会，从中随机抽样的总体成员中遭到攻陷的成员比例为常数 $\alpha < 1/3$(例如，在运行示例中 $\alpha = 0.15$)。希望委员会中遭到攻陷成员最多为 $\gamma$，其中 $\alpha < \gamma$(通常为 $\alpha < \gamma < 1/3$，这是该委员会所执行共识协议的典型最大容错能力)。作为委员会规模 $k$ 的函数(忽略常数 $\alpha$ 和 $\gamma$)，超过 1/3 的委员会成员遭到攻陷的概率为 $O(\exp[-k])$。这是一个 $k$ 的可忽略函数，意味着可通过增加样本大小有效降低攻击成功概率。

为给出更明确的边界，使用 Chernoff 边界技术[3]将该概率近似为 $\gamma$、$\alpha$ 和 $k$ 的函数。首先描述样本中遭遇攻陷节点的期望数量，$\mu = \alpha k$。注意，假设 $\alpha < \gamma$，使得遭遇攻陷节点的期望数量小于所需界限，$\mu < \gamma k$。为给出超过 $(1+\delta)\mu$ 个遭遇攻陷节点进入委员会的概率上限，这里基于 $\alpha$、$\gamma$ 定义 $\delta > 1$：

$$\delta = \min\left(\left(\frac{\gamma}{\alpha} - 1\right), \left(\frac{\gamma}{\alpha} - 1\right)^2\right)$$

应用标准 Chernoff 边界技术,可得到委员会中遭遇攻陷节点数 $X$ 的(概率)上限为:

$$\Pr[X \geq \gamma k] \leq \exp\left(-\frac{\delta\alpha k}{3}\right) \tag{9.2}$$

插入前面的示例值,$\alpha$=0.15、$\gamma$=1/3 和 $k$=100,可得到 $\delta=\gamma/\alpha-1$=11/9,和 $\Pr[X>33]<0.002\ 22$。注意,Chernoff 边界与直接计算的下限一致,但由于某因子而发散。Chernoff 边界主要用于建立渐近边界。

### 2. 委员会分片和可扩展性

委员会选举使区块链协议可"扩展",即可加入更多对等节点而不影响性能。但真正的可扩展性意味着向网络中添加更多对等节点应该可以提高吞吐量。"分片(Sharding)"作为实现此目标的一种方法为业界看好,所谓"分片"即是将应用程序划分为不同分片,每个委员会负责一个分片。Omniledger、可伸缩共识协议(Scalable Consensus Protocol)、RSCoin、Aspen 和 Chainspace 都是采用该方法的区块链协议。关键挑战需要确保涉及多个分片交易的一致性。仅涉及分片内应用程序数据的交易可在本地由委员会处理。但从一个分片到另一个分片的交易则需要委员会之间的沟通,因此需要适当的协调和锁定机制。由于竞态条件(Race Condition)和协调风险,需要对分片方案进行严格分析。

# 9.4   许可制和非许可制区块链中的隐私问题

在设计基于区块链的系统时,隐私和容错二者根本对立。一方面,区块链通过在许多对等节点之间广泛复制数据获得容错优势。但这么做又会带来隐私风险,对敏感数据更是如此。例如,比特币交易图会泄露大量信息,将不同假名或地址的金融活动链接起来。

协议可指定对等节点有责任删除不再需要的机密(即安全删除日志条目)。如果所有对等节点都遵循该协议,这可能是有效的。然而,与两可情况(Equivocation)不同,通常并不能直接检测到单个对等节点是否发生了数据泄露。如果不能发现泄露数据的作恶者,那么基于声誉的模型也不会发挥作用。

### 1. 隐私保护与可用性之间的权衡

在许可制区块链中,人们更倾向于希望对等节点是可信的,能保障客户记录机密,并在披露信息时遵循"知必所需"原则(例如,客户只能查询自己账户的余额,不能查看其他账户的余额)。不管怎样,这都需要在可用性(倾向于更多副本)和隐私(倾向于更少副本)之间权衡。Hyperledger Fabric 和 Quorum 等一些许可制区块链为应用程序提供了支持权衡调整的功能。Hyperledger Fabric 的"私有通道(Private Channels)"允许将某些应用程序功能限制为仅由参与节点的指定子集处理,从而减少了隐私丧失或数据泄露的攻击面。但系统的可用性也将取决于这一指定子集的活动性。

## 2. 零知识证明

密码技术可在这里提供帮助。用户既能隐藏自己的私人信息,又能在光天化日之下将私人信息加密存储在区块链中,绕开了权衡问题。零知识证明(Zero-knowledge Proof)在这种情况下特别有用,因为可让用户在不透露数据本身的情况下证明一段加密数据能满足某些属性。

针对以下基于区块链的具有私有账户余额的虚拟货币进行设计:公有区块链将每个用户 $P_i$ 的余额存储为密码承诺 $C$=Com($r$, \$bal),用户知道自己的实际余额\$bal 以及该承诺使用的随机数 $r$。现在假设虚拟货币需要支持一种功能,即用户从账户中提取 \$$X$ 数量的"公开可见的"货币,但不透露有关余额的任何信息。换句话说,用户必须完成以下操作而不泄露有关\$bal 的任何信息:

(1) 证明\$$X$ 小于 $C$ 承诺的秘密余额。

(2) 发布更新的账户余额 $C'$,并显示比 $C$ 少了 \$$X$。

下面使用名为 Camenisch-Stadler 的通用记号描述这一应用程序的零知识证明,说明了证明者和验证者知道的公共信息(陈述)、仅证明者知道的私有信息(证据)以及证据和陈述之间必须满足的关系(断言或语言)。

$$ZK\{(r, r', \$bal) : C = \text{Com}_r(\$bal) \wedge C' = \text{Com}_{r_1}(\$bal - \$X)\}$$

总之,上述记号表示证明者必须说服验证者,证明者知道如何将两个承诺 $C$ 和 $C'$ 分别对应值\$bal 和(bal-\$$X$),并且\$bal $\geqslant$ \$$X$,因此不会发生溢出。

使用这种记号的应用程序可被系统地转化为零知识证明方案[4],并可在性能上进行权衡取舍。上例类似于机密交易[5]加密货币设计,但存在其他许多可能的变体。环签名(Ring Signature)可与机密交易结合使用,掩盖发送方的身份[6]。基于 Zcash[7]的 Zcash 安全层隐藏了金额、发送者和接收者。基于零知识证明的应用程序特别适合非许可制区块链,避免向任何对等节点泄露信息。但不利的一面是,如果客户端丢失了密钥,私有数据也随之丢失。

## 3. 秘密分享和安全多方计算

假设可信任大多数区块链对等节点能保守秘密。例如,假设在 $N$ 台可用服务器中,确信明年将遭受数据泄露的服务器不超过 $t$ 台。此时可使用秘密分享技术,该技术允

许客户端将敏感数据 $s$ 作为分享秘密 $[\![s]\!]$ 发布给 $N$ 个服务器，若想获取有关 $s$ 的任何信息，需要与 $t+1$ 个或更多服务器交互。

Shamir 的秘密分享(Secret Sharing)方案如下：考虑一个秘密的域元素 $s \in F_p$，其中 $p$ 是一个大质数。可通过 $F_p$ 上的随机 $t$ 次多项式 $f(\cdot)$ 表示秘密元素 $s$，其中秘密是 $f$ 在 0 点的取值，即 $s=f(0)$。设想网络中的每个对等节点负责存储多项式上的一个点，即第 $P_i$ 个节点存储 $[\![s]\!]^{(i)}=f(i)$。由于多项式次数最多为 $t$，因此任何 $t+1$ 方都可通过交互以及多项式插值恢复 $f(\cdot)$，从而得到 $s$。但如果最多 $t$ 个对等节点遭受数据泄露，则攻击者不会了解与机密相关的任何信息。

除了简单地重建秘密值，组织还可使用安全多方计算(Secure Multiparty Computation，SMC)计算秘密分享值。理论上这种方法完全通用，并可通过将程序表示为算术电路从而支持对秘密分享数据进行任意计算[8, 9]。但实际上，这种编译很昂贵。例如，虽然秘密分享值的线性运算可在本地进行，但乘法需要一轮交互(使用 BGW 协议[9]或 Beaver 三元组[10])才能完成。提供有效通用的基于秘密分享数据的计算方案仍然是正在研究的活跃领域。

秘密分享是隐私和可用性之间的权衡。许多 SMC 协议允许最大阈值参数 $t<N$。注意，对于给定的设置 $N$，参数 $t$ 决定了隐私保障的程度，表示最多可有 $t$ 个对等节点遭到攻陷而不会威胁到机密。但由于需要至少 $t+1$ 个对等节点交互才能对机密进行计算，因此，如果 $N-t$ 个节点损坏，就会丢失机密。最近有些 SMC 协议，如 SPDZ [11]，在"多数不诚实"环境中提供了隐私保护，其中最多可有 $t \leqslant N-1$ 个参与方受损而不会泄露有关机密的信息。但在此设置下，即使一台服务器损坏，也会丢失机密。

## 9.5  小结

区块链可将信任去中心化，但不能完全消除信任。区块链中所需的安全和属性都依赖于大多数参与者的表现。无论参与者是指定的、随机选择的还是追求奖励的，总体目标都相同——让许多不同的人参与进来并扮演好各自角色。

目前已提出多种实现该目标的方法，而且正在进行实际部署。可信权威机构在此过程中的影响程度不同，会有不同的设计方案，其中许可制和非许可制的设计分别代表两个极端。具有数字货币的区块链通常以货币奖励参与者。在"更多"参与者和"更好"参与者之间似乎存在内在矛盾。要求参与者消耗能源或花费金钱的目的主要在于提高进入门槛，使得有诚意的个体才能参加。尽管可采用密码机制保护用户隐私，但很难在大团体中保守秘密。通常来说，更多参与者意味着更多成本，但抽样组成一个小型委员会可能是有效的缓解策略。

　　未来的区块链设计肯定会尝试更多方法。目前还没有一个综合模型比较评价这些设计。参与者对奖励的反应取决于系统设计范围之外的因素，例如奖励货币的市场价格波动。为简单起见，研究者宁愿希望单独评价系统设计。但区块链生态系统已非常复杂，众多彼此竞争的网络都在吸引着矿工和其他区块链参与者，矿工们必须从中做出选择。在研究者的设想中，成功的模型将是分布式系统和行为经济学思想的有机结合，也可能是在现有区块链案例所积累的经验启发下得到的推理。

# 第 10 章

# 用未确认交易冲击区块链内存：
# 新的DDoS攻击形式及安全对策

本章由 Muhammad Saad、Laurent Njilla、Charles A. Kamhoua、Kevin Kwiat 和 Aziz Mohaisen 撰写。[1]

## 10.1 简介

区块链技术重新定义了人们在分布式系统中看待信任机制的方式。区块链作为一个防篡改和透明的公共账簿，容易验证但很难破坏。例如，区块链通过一个由工作量证明支持的仅可追加的模型提供了在去中心化 P2P 节点环境中增强信任的能力。由于这些特性，区块链可应用于智能合约、保险、去中心化数据存储、云计算、物联网(IoT)和防伪等应用中[1~4]。

虽然区块链可公开验证且防篡改，但当攻击者具有强烈的攻击动机时，区块链在一些攻击[5]面前还是脆弱的。区块链系统的应用空间在过去两年中取得了巨大增长[6]，而对这些应用的攻击数量也在增加[7]。一些著名的区块链攻击包括51%攻击、自私挖矿、双花、扣块攻击、区块分叉和分布式拒绝服务攻击(DDoS)[8~11]。Vasek 等人[12]指出，拒绝服务攻击是困扰比特币用户最普遍的攻击形式。

在一般区块链系统中，DDoS 攻击针对的是矿工、用户和第三方(如交易所)[13]。在 P2P 环境中，DDoS 攻击可采取多种形式。例如，在引导过程中，攻击者可能将用户或矿工重定向到一个伪造的网络，使得用户或矿工无法访问真实网络。Maria Apostolaki 等人[14]估计，在当今广泛部署的区块链系统中，攻击者可通过劫持几个(<100)BGP 前缀隔离超过 50%的网络哈希算力。DDoS 攻击还可利用区块容量限制和

---

1 Muhammad Saad 和 Aziz Mohaisen 就职于美国佛罗里达大学计算机科学系。Laurent Njilla 就职于位于美国纽约州罗马市的美国空军研究实验室网络保障分部。Charles A. Kamhoua 就职于位于美国马里兰州阿德尔菲的美国陆军研究实验室网络安全分部。Kevin Kwiat 就职于位于美国佛罗里达州萨拉索塔的 CAESAR Halloed Sun TEK 公司。

网络吞吐量阻止对合法用户交易的验证。例如，在典型的区块链系统中，区块容量被限定为某个大小，如 1MB，而在 PoW 系统中挖矿的平均时间是 10 分钟，每个交易的大小从 200KB 到 1KB 不等。在这些约束下，区块链每秒只能验证 3~7 个交易[15, 16]。由于吞吐量较低，就出现了一个竞争环境，只能接受选定的交易进入区块。这也使区块链系统容易受到泛洪攻击(Flood Attacks)[17]，恶意用户会利用区块容量(如 1MB)限制，用垃圾交易淹没区块链，进一步导致对合法交易验证的延迟。为防止利用区块容量限制这种攻击，矿工应对传入的交易进行优先级检查，优先考虑那些提供较高挖矿费的交易。

区块链中，内存池(mempool)作为一个存储仓库，记录所有待确认的交易。一旦用户生成一个交易，就将交易广播到整个网络，然后存储到内存池中等待确认。如果内存池传入交易的速率小于网络的吞吐量(3~7 个交易/秒)，则不存在未确认交易队列。一旦速率超过吞吐量，交易就会在内存池中积压，长时间未经确认的交易最终遭受拒绝。这种攻击不是理论上的，而已实际应用于现有的广泛部署的区块链上。例如，2017 年 11 月 11 日，比特币内存池有超过 11.5 万个未确认交易，导致 7 亿美元的交易停滞[18]。随着内存池规模的增长，用户需要为每笔交易支付更多挖矿费以便优先处理自己的交易。

本章将内存池泛洪定义为一种能导致区块链系统中合法用户遭受拒绝服务攻击。我们确立了内存池规模和交易费之间的关系，并展示攻击者如何使用这种关系让合法用户支付高于正常费用。由于内存池泛洪会在用户中造成一种因交易未确定而产生的恐慌状态，用户会支付更高费用，防止交易遭受卡顿或拒绝[19]。据我们所知，目前还没有有效的机制防止垃圾交易充斥内存池并在合法用户中造成恐慌。

综上所述，本章的主题如下：

(1) 首先指出内存池泛洪对区块链系统中合法用户的影响，以及形成拒绝服务攻击的方式。

(2) 给出该攻击的威胁模型、攻击过程，以及攻击者利用系统当前协议实现其目标的方法。

(3) 提出有效的安全对策，包括基于交易费和交易龄的过滤设计，优化内存池规模，限制攻击者的能力，从而防止内存池泛洪，有利于合法用户。

(4) 通过离散事件仿真测试提出的安全对策(Countermeasure)的性能，评价不同攻击条件下安全对策的性能。

本章 10.2 节回顾相关工作。10.3 节概述包括加密货币的操作、对内存池的 DDoS 攻击和数据收集等基础知识。10.4 节和 10.5 节描述威胁模型，显示导致内存池泛洪和挖矿费升高的攻击过程。10.6 节提出安全对策。10.7 节给出实验结果。10.8 节给予总结。

## 10.2　相关工作

如前所述，众所周知的区块链攻击包括自私挖矿、51%攻击、扣块攻击、双花攻击、分叉和拒绝服务攻击。本节将回顾涉及这些攻击和区块链安全方面的重要工作。自私挖矿是矿工选择不公布自己的区块，希望挖掘后续区块以获得更多奖励的一种攻击形式。Eyal 和 Sirer[20]、Sapirshtein[11]、Solat 和 Potop-Butucaru[21]以及 Heilman[22]都对自私挖矿问题做过研究。Eyal 和 Sirer[20]提出了阻止区块链中自私挖矿攻击的防御策略。在扣块攻击(Block Withholding Attack，BWH)[23]中，矿池中的矿工选择提交部分而不是全部工作量证明，致使矿池遭受损失，但矿工仍会因为参与矿池而获得奖励。Kwon 等人[24]研究了一种新的区块链攻击形式：FAW(Fork After Withholding)攻击，这种攻击能获得高于扣块攻击的回报。

如果网络中一个矿池获得超过全网 50%的哈希算力，就可发起 51%攻击。有了网络一半以上的哈希算力，攻击者就可阻止交易验证，并阻止其他矿工挖矿。为应对这种攻击，Eyal 和 Sirer[25]提出两阶段工作量证明(Two-Phase Proof of Work，2P-PoW)协议，Bastiaan[26]对此进行分析。双花攻击或两可攻击发生在当用户从相同的输入生成两个交易，并将两个交易发送给两个接收者时[10，27]。在区块链中使用一次性签名可解决双花攻击问题[28]。

分布式拒绝服务攻击(DDoS)非常普遍[12，29]。DDoS 攻击针对的是矿池和合法用户。Johnson 等人[30]对区块链矿池的 DDoS 攻击进行了博弈论分析。Vasek 等人[12]则根据经验分析区块链系统的拒绝服务攻击。在发表这些研究之前，有些区块链遭受大规模的 DDoS 攻击[18，31]。如多个研究工作所述[32~34]，交易所作为公有区块链中的一个中心实体，也经常成为攻击目标，对于这些攻击至今没有提出具体的、明确的解决措施。区块链上另一种形式的 DDoS 攻击包括向网络发送低价值的粉尘交易。Baqer 等人[17]进行了区块链压力测试，分析区块链网络的局限性以及攻击者如何利用这些局限性。与 Baqer 等人的工作类似，本章分析当区块链内存池发生垃圾交易时，泛洪攻击对用户的影响，并提出通过内存池优化抵御攻击的安全对策。据我们所知，这是对内存池垃圾交易攻击影响的研究和相应安全对策的第一次探索。

## 10.3　区块链及其生命周期概述

下面概述区块链及其生命周期。

### 1. 交易生命周期

在使用收费结构作为激励(参见下一段)的公有链系统中,用户通过使用交易的当前值(可花费余额,如信息共享系统中的信用和额度等)生成交易[35]。可花费余额由用户以前从其他交易收到的未花费交易输出(Unspent Transaction Outputs,UTXO)[36]组成。UTXO 是已确认的交易,是区块链的一部分。为生成新的交易,需要将 UTXO 作为输入,并将新交易广播到整个网络。用户收到一个广播交易后,将交易存储到自己的内存池中,并转发给其他用户。最后,矿工从内存池中取出交易,验证 UTXO 的真实性,并通过挖矿将交易放入一个区块中。图 10.1 显示一个交易的生命周期。

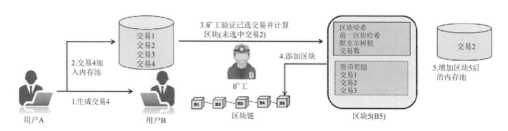

图 10.1　基于区块链的加密货币的交易生命周期

### 2. 转发费和挖矿费

转发费(Relay Fee)是对参与公有链的一种激励机制,是用户为将交易存储在内存池中所需支付的最低费用。如果交易不包括转发费,则区块链系统中的节点不会将交易转发给其他节点[37]。挖矿费(Mining Fee)也称交易费,是支付给矿工的费用,作为将交易纳入区块的激励[38]。

### 3. 确认

交易确认意味着交易已成功挖到区块中[39]。交易的确认值也称交易龄(Age of a Transaction),是该交易的区块号与全网最新区块号之间的差值。确认值为 0 表示交易已广播但在任何区块中都未挖掘到。这样的交易也称为"未确认交易",区块链开发人员不鼓励用户信任未确认交易,以免承担风险[40,41]。

### 4. 内存池(Memory Pool)

在区块链中,内存池可被视为存储所有未确认交易的缓存。支付最小转发费的交易可在网络节点之间传递。此外,每个全节点客户端使用内存池缓存传入的交易。一旦某个交易得到成功挖掘,就从内存池中删除这个交易并将其包含在区块链中。如果一个交易很长时间没有得到成功挖掘,内存池就会丢弃这个交易。

### 5. 粉尘交易

在最初的区块链设计和部署[43]中，为鼓励更多参与者，允许设置较低的最小交易输入值。后来，随着用户和交易数量的增加，通过提高最小交易数量的阈值来控制增长[44]。输入值很低的交易称为粉尘交易(Dust Transactions)[45]。粉尘交易对交易总量贡献很小，但消耗的区块空间与高价值交易一样多[17]。例如，在用于溯源(Provenance)的区块链系统中，交易中的数值可与一种数字资产关联，确保数字资产可在区块链系统中溯源。

### 6. 吞吐量

区块链中的区块容量受到限制(如 1MB)，以适应去中心化和在大型网络上传播这些区块的需要。在典型的 PoW 系统中，为控制节点的行为以及间接实施一个节点只能投一次票的结构，通常平均出块时间是几分钟。例如，在典型的 PoW 区块链中计算一个区块大约需要 10 分钟。许多区块链系统每隔一定区块数就调整一次难度系数以控制出块速度。2016 年，比特币这一典型的 PoW 区块链系统是两周调整一次。难度调整基于全网的哈希算力。平均而言，在 10 分钟内，系统共可验证 1MB 交易，相当于 3~7 个交易/秒[16]的网络吞吐量(Throughput)。

### 7. 挖矿优先级

区块链系统处理垃圾交易的方式是给予矿工对处理交易策略的完全控制权[46]。因此，矿工倾向于挖掘能提供更多费用(激励)的交易。

## 10.3.1　针对内存池的 DDoS 攻击

对基于区块链的系统发起的 DDoS 攻击有两种。一种典型攻击是攻击者利用区块容量(如 1MB)和网络吞吐量(每秒 3~7 个交易)的限制生成粉尘交易占用区块空间，防止挖掘其他交易。文献[17]对这类 DDoS 攻击进行研究，矿工们可采取相应安全对策抵御。矿工根据费用高低确定交易的优先级，选择挖掘支付较高挖矿费的交易。这可防止粉尘交易对区块空间的占用以及对合法交易处理的阻碍。另一种形式的 DDoS 攻击是对区块链系统内存池的攻击。在这种攻击中，攻击者通过生成一系列未经确认的粉尘交易淹没内存池。虽然这些交易最终可能遭到矿工的拒绝，但粉尘交易在内存池中的存在带来另一个主要问题。一般来说区块链系统中内存池规模决定了付给矿工的费用。如果内存池规模很大，而矿工挖掘交易的选择有限，用户就试图通过支付更高的挖矿费优先处理交易。最近在一个流行的公有链系统上就发生了对内存池的攻击，超过 115KB 的未确认交易淹没了内存池，导致挖矿费和交易确认时间大幅增加[18]。

## 10.3.2　评价数据的收集

　　为观察内存池规模和用户支付费用之间的关系，我们使用一个名为"区块链"[47，48]的公司提供的公共数据集。这是一个领先的软件平台，记录数字资产和区块链系统的测量结果。本次研究收集了该区块链系统中约一年的内存池规模和费用数据。图 10.2是我们根据从数据集获得的结果绘制的，其中数据使用"最小-最大"归一化到(0,1)区间，如下所示：

$$z = \frac{x_i - \min(x)}{\max(x) - \min(x)}$$

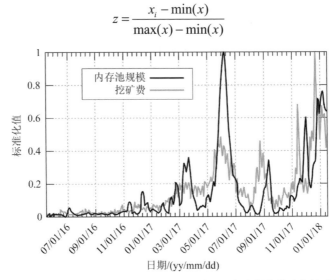

图 10.2　一个流行的区块链系统中内存池规模和用户支付的挖矿费的时序图

# 10.4　威胁模型

　　这里假设攻击者是一个在本地保存完整区块链和内存池的客户端。攻击者拥有一些已挖掘到区块链中的可花费交易，输出用 UTXO 表示。在许多区块链系统中，一个交易可分成许多不同的小交易[43]。假设攻击者拥有的可花费交易余额足够大，可分成很多粉尘交易，每笔粉尘交易至少能支付用于激励矿工的挖矿费。还假设攻击者控制了一组 Sybil 账户。每个账户都有多个公开地址，这些公开地址可在攻击期间相互转账。攻击者和 Sybil 账户之间事先知晓彼此的公开地址。此外，攻击者和 Sybil 拥有能在短时间内发起海量原始交易(Raw Transaction)[51]的客户端软件和脚本[49，50]。假设 Sybil 账户转账的速度远高于网络吞吐量[16]。虽然攻击者是网络中的完整客户端，但假设攻击者没有挖掘交易的能力，这意味着攻击者没有足够算力在 PoW 环境中挖掘新区块、丢弃交易、撤销交易或延迟挖掘其他交易。此外，攻击者无法控制网络中其他合法用户，无法阻止合法用户广播各自的交易、访问内存池及其他网络资源。攻击者还受到"预算"的约束，每笔交易需要支付最低费用才能转发到网络中，该费用会限制攻击者能生成的交易数量。

### 攻击者的目标

攻击者的最终目标是将未确认交易泛洪到内存池中。攻击者将以比网络吞吐量更高的速率广播粉尘交易。对内存池而言，到达率对应于传入交易流，离开率对应于交易挖掘率(即在区块链系统上发布交易)。内存池的离开率是固定的，因为平均区块计算时间和区块容量目前是固定的。当由于大量粉尘交易而导致内存池的到达率增加时，就会积压交易。随着队列变长，内存池的规模相应增加。庞大的内存池会让合法用户感到不安，合法用户自然想通过支付更高挖矿费以使自己的交易得到优先处理。

泛洪内存池后，攻击者的第二个目标是使自己的交易被拒绝从而降低攻击成本。对于攻击者而言，挖掘出自己的交易意味着需要支付矿工挖矿费。如果交易被拒绝，攻击者就有机会再次执行相同的攻击。在之前的相关工作中，攻击目标要么是矿池[30]，要么是区块链本身[17，52]。而在这个威胁模型中，攻击目标是系统中的内存池，如图 10.1 所示。每次攻击的受害者都是网络中遭受拒绝服务的无辜用户。该威胁模型的另一个显著特征就是攻击者不希望挖掘出自己的交易。Bager 等人[17]的分析认为垃圾交易攻击的目的是利用区块容量限制淹没区块链中的区块，这种攻击需要在区块链中进行交易挖掘。虽然区块链系统的区块容量有限制，但内存池的规模却没有限制，并且对内存池的泛洪不需要挖掘交易。此外，矿工可有效防御利用区块容量的攻击，却无法用同样的措施防御内存池攻击。由于交易的挖掘涉及挖矿费，而该攻击的目标只是泛洪内存池，因此攻击者并不希望区块接受垃圾交易。根据 DDoS 攻击的分类[53]，对内存池的泛洪攻击可被认为具有"可变速率的语义攻击"特征。

## 10.5　攻击过程

如前所述，当传入交易的速率超过网络吞吐量时，未确认交易开始在内存池中积压。随着积压交易的增加，对交易的挖矿竞争也在增加。用户试图通过向矿工提供更多费用使自己的交易得到优先处理，从而导致所有交易需要支付的挖矿费都增加了。为方便使用，人们期望公有链系统能提供内存池规模和平均支付费用的在线估算(Estimate)服务[54]，并据此向希望在预期时间内确认交易的用户推荐适当的挖矿费。

内存池规模会影响用户支付的挖矿费，这会为攻击者利用内存池规模发起攻击从而在合法用户中制造恐慌创造了可能。当一个合法用户看到内存池规模开始增长时，出于理性考虑，会试图通过增加挖矿费求得自己的交易被优先处理。而攻击者的粉尘交易最终被矿工拒绝，以保护区块链免受垃圾交易的影响。即便如此，这一策略本身也对攻击者有利，因为攻击者没有因此损失任何费用，而合法用户却需要支付比规定更多的费用来确保其交易得到确认。而且，粉尘交易遭受拒绝后，攻击者可多次发起同样的攻击。

如图 10.2 所示，内存池规模与支付给矿工的交易费高度相关。据报道，2017 年某个流行的区块链上发生了一起未确认垃圾交易攻击，导致挖矿费被提高[18，55]。从图 10.2 可看出，在攻击这段时间内，内存池规模远大于平均规模，且挖矿费的价格随着内存池规模增大而呈现出类似的上涨趋势。2017 年 12 月，密码分析研究者[56，57]认为，内存池泛洪问题就是为了增加挖矿费用，并促使用户放弃使用和参与这个区块链系统。为进一步建立挖矿费和内存池规模之间的关系，研究团队计算数据集的皮尔逊相关系数[58]。皮尔逊相关系数定义如下：

$$\rho(X,Y) = \frac{\text{Cov}(X,Y)}{\text{Var}(X)\text{Var}(Y)}$$

从中可观察到，内存池规模与挖矿费之间的相关性高达 0.69。因此可得出结论，过大的内存池规模也可能导致其他问题。交易验证确认的延迟还会产生两可交易和双花等[28]多个问题。

如威胁模型所述，攻击者的目标是最大化内存池规模并且最小化攻击成本。攻击成本是指如果交易被成功挖掘，就需要向矿工支付的费用，包括转发费和挖矿费。支付的费用越高，交易的优先级就越高，交易被成功挖掘的机会就越大[59]。为避免支付费用，攻击者会将交易设计成不太可能得到矿工优先处理的形式。同时，攻击者希望其交易尽可能长时间留在内存池中。为此，设想这种攻击可分成两个阶段进行——即分配阶段和攻击阶段。

## 10.5.1 分配阶段

在分配阶段，攻击者会估算网络的最小转发费用，将其可花费交易(UTXO)分成很多交易并发送到 Sybil 账户。实现方式有两种：

(1) 攻击者将之前的 UTXO 生成一个粉尘交易，并发送到一个 Sybil 账户，从而获得一个新交易(未花费交易)。攻击者使用新交易作为输入，并对所有 Sybil 地址多次重复该过程；

(2) 将自己的可花费交易输出给所有 Sybil 账户的所有地址，从而产生一组新的未花费交易。与前一种方式不同，第二种方式中对所有 Sybil 的输出是在一个交易中完成的。这种性质的交易称为"多发"交易("send many" Transaction)[60]，即用户在一个交易中向多个地址发送交易。

由于攻击者的目标是生成尽可能多的交易，所以不会选择"多发"交易这种方式。所有输出到 Sybil 地址的交易都将独立生成。在分配阶段产生的交易所包含的 UTXO 输入是已事先被成功挖掘的交易，因此这些交易的交易龄大于零且能覆盖最小挖矿费。

## 10.5.2　攻击阶段

分配阶段完成后，所有 Sybil 账户将有可观余额。在攻击阶段，所有 Sybil 账户将通过从分配阶段收到的这些余额生成原始交易(Raw Transactions)[51]。Sybil 账户将相互交易产生粉尘交易。为使攻击的严重程度最大化，Sybil 账户更倾向于每个交易只有一个接收者。这样会使交易率远高于网络吞吐量，因此，内存池中的交易到达率将高于已挖掘交易的离开率，这会造成攻击期间的交易积压和内存池规模扩大。攻击会持续到所有垃圾交易都进入内存池。攻击阶段产生的交易将使用分配阶段输出的交易作为 UTXO 输入，这些输入交易都还处于在区块链中等待确认阶段，因此其确认因子(Confirmation Factor)或交易龄得分(Age Score)为零。

## 10.5.3　攻击成本

如前所述，攻击者的目标之一是最小化攻击成本。为此，攻击者会希望攻击交易成为内存池而不是区块链的一部分。这可通过提高攻击交易的最小转发费 $R_f$ 而非最小挖矿费来实现。转发费是将交易广播到网络中所有对等节点使得内存池接受该交易所需的费用。如果攻击者提高挖矿费，交易将得到矿工的优先处理，最终可能被成功挖掘。为避免这种情况，Sybil 账户只支付转发费。如果一个交易有 $i$ 个输入，其中每个输入大小为 $k$ 字节，$o$ 个输出，每个输出大小为 $l$ 字节，那么这个交易的总量大小及其相关成本分别由式 10.1 和式 10.2 决定。

$$S(\text{bytes}) = (i \times k) + (o \times l) + i \tag{10.1}$$

$$C(\text{cost unit}) = R_f \times \frac{S}{1024} = R_f \times \frac{[(i \times k) + (o \times l) + i]}{1024} \tag{10.1}$$

使用式 10.2，假设攻击者受到预算 $B$ 和网络设置的最小值 $T_{\min}$ 限制，攻击者可生成的交易总数 $T_a$ 的算式如式 10.3 所示。

$$T_a = \frac{B \times 1024}{R_f \times T_{\min} \times [(i \times k) + (o \times l) + i]} \tag{10.3}$$

现在从合法用户的角度看这个系统。要使交易被挖掘到区块链中，一个合法用户需要支付广播交易的转发费和奖励给矿工的挖矿费[44]。如果用户贡献了 $T$ 个交易，则每个交易的成本和所有交易的总成本可由式 10.4 和 10.5 推导得到。

$$C(\text{cost unit}) = [R_f + M_f] \times \frac{[(i \times k) + (o \times l) + i]}{1024} \tag{10.4}$$

$$T_l(\text{cost unit}) = T \times [R_f + M_f] \times \frac{[(i \times k) + (o \times l) + i]}{1024} \tag{10.5}$$

如前面威胁模型(10.4 节)所述，攻击者的目标是增加合法用户的单笔交易成本(见式 10.4)。合法用户的目标是使交易被成功挖掘，为此需要支付转发费和较高挖矿费。攻击者的目标则是使内存池接受其交易却不会被成功挖掘，这样攻击者只需要支付转发费。反之，如果攻击者的所有交易都被成功挖掘，则攻击者遭受的损失最大；这种情况下，攻击者目标达成时的成本为交易总数和转发费的乘积。攻击者还可用余额 $B-(T_a \times R_f)$ 重新发起相同的攻击。

# 10.6　对内存池攻击的应对策略

为抵御针对区块链内存池的 DDoS 攻击，我们提出两种应对安全对策，都是利用传入交易的性质来阻止垃圾交易。应对区块链垃圾交易攻击的有效安全对策之一是防止粉尘交易在网络中传播。如果内存池能丢弃垃圾交易，并停止将垃圾交易转发给其他内存池(区块链中的节点)，那么内存池的规模就可得到有效控制，从而遏制住垃圾交易。现有的安全对策则通过增加区块容量或缩短交易确认时间来增加吞吐量。我们认为这并非一个有用的策略。如果增加区块容量以容纳更多交易，则攻击者可通过增加粉尘交易的数量以占据区块中的更多空间。所以过滤垃圾交易才应该是更好的解决方案。下面将对此进行探讨。

## 10.6.1　基于费用的内存池设计方案

任何旨在优化内存池规模的设计都需要在垃圾交易到达节点时将其过滤掉。如威胁模型所述，攻击者只打算将垃圾交易在内存池之间转发，而不希望真正挖掘这些垃圾交易。为此，攻击者只在交易中支付最小转发费，以便内存池接收和转发交易。为防止垃圾交易被成功挖掘，攻击者并不支付挖矿费。据此构建一个基于费用的内存池设计方案，如算法 1 所示。

---

**算法 1：** 基于费用的内存池设计方案

---

      **Inputs :** incoming transactions;

                  minimum relay fee;

                  minimum mining fee;

                  Threshold Size;

      **Output:** Mempool Size

      **State:** Mempool Empty

1   **foreach** *transaction* ∈ *incoming transactions* **do**

2      **while** (Mempool Size < Threshold Size) **do**

3        **if** *(transaction relay fee > minimum relay fee)* **then**

4          Mempool ← transaction

5          UPDATE(mempool); /*接受交易后更新内存池规模*/

6        **else**

7          (transaction mining fee < minimum mining fee)

           *transaction rejected*;

     **State:** Mempool Size Exceeds Threshold Size

8    **while** (Mempool Size > Threshold Size) **do**

9      **while** *(transaction relay fee > minimum relay fee)* **do**

10        **if** *(transaction mining fee > minimum mining fee)*

         **then**

11          *Mempool ← transaction*;

12          UPDATE(mempool);

13        **else**

14        (transaction relay fee < minimum relay fee)

         *transaction rejected* ; /*交易支付转发费而未支付挖矿费 */

15   **return** *Mempool Size*

     **Result:** Spam Transactions Rejected

---

本方案假设在交易开始到达节点时内存池初始是空的，还假设每个传入交易
(Incoming Transaction)都有与其相关的转发费和挖矿费。方案还设定一个阈值
(Threshold Size)，超过这个阈值，内存池就开始过滤垃圾交易。最初，当交易到达内
存池时，内存池会逐个检查每个交易能否支付最小转发费(Minimum Relay Fee)。如果

交易能支付最小转发费，就接受该交易并更新内存池规模(Mempool Size)。随着不断向内存池中添加交易，内存池的规模会增长。当内存池规模达到阈值时，内存池将开始应用基于费用的策略。此时，内存池只接受能支付最小转发费和最小挖矿费的传入交易。这个方案背后的关键思想是，只应该接受那些最终会被挖掘到区块链中的交易。这种技术为传入交易设置了一个上限，并能过滤垃圾交易，从而有效减少内存池的规模。如果更新后的内存池规模小于阈值基线，则内存池可继续执行仅检查转发费的操作，否则将继续应用基于费用的策略。

### 1. 对基于费用的内存池设计方案的分析

接下来将根据威胁模型分析基于费用设计方案的工作原理及效用。除了通过提高挖矿费用的门槛限制攻击者在其预算范围内产生的交易数量，还将观察这种设计方案对同一网络中其他合法用户的影响。

在区块链的当前设置中，攻击者只需要为传播交易支付转发费。如果内存池采用基于费用的设计，将拒绝所有垃圾交易。内存池只接受同时支付转发费和挖矿费的交易。另一方面，由于合法用户会始终支付转发费和挖矿费，因此内存池总会接受合法用户的交易，合法用户将在该方案中受益。一旦攻击者意识到这种基于费用的设计，执行攻击的唯一方法就是适应新规则并伪装成合法用户。攻击者可通过向每个交易增加挖矿费来实现这一点。在给定预算 $B$ 的情况下，为每个交易增加挖矿费将减少攻击者可能生成的交易总数，式 10.3 现在将变成：

$$T_a = \frac{1024 \times B}{[(i \times k) + (o \times l) + i] \times [R_f + M_f] \times T_{\min}} \tag{10.6}$$

由式 10.6 可知，攻击者可生成的交易量与为每笔交易支付的总费用成反比，这与预期相符。利用该关系，可调整费用参数并研究费用对攻击者能力的限制程度。为此，可模拟挖矿费的提高对内存池接受交易量的影响。为攻击者分配一个固定预算，并选择最小挖矿费和最大挖矿费。根据式 10.3，为攻击者选择的预算能产生 1000 个带有最小挖矿费的交易。然后生成 1000 个合法交易，每个交易的挖矿费在最小和最大挖矿费之间正态分布。利用定制的离散事件时间仿真，增加挖矿费，并查看对攻击者和合法用户的影响。

### 2. 评价参数(Evaluation Parameters)

使用混淆矩阵(Confusion Matrix)作为评价指标，定义如表 10.1 所示。使用以下参数测试仿真结果的有效性。

表 10.1  混淆矩阵

|  |  | 实际交易 | |
| --- | --- | --- | --- |
|  |  | 合法 | 恶意 |
| 内存池 | 合法 | TP | FP |
| 交易 | 恶意 | FN | TN |

- 精确率(Precision)——精确率是对实验中获得的相关信息相对于总信息的度量。数学上定义为真阳性和真阳性与假阳性之和的比值 $\dfrac{TP}{TP+FP}$。

- 召回率(Recall)——召回率是对从实验中检出的相关信息量与总相关信息量的度量。数学上定义为真阳性和真阳性与假阴性之和的比值 $\dfrac{TP}{TP+FN}$。

- F1 分数(F1 Score)——F1 分数同时使用精确率和召回率，是精确率和召回率的调和平均值。F1 分数可计算为 $\dfrac{2\times 精确率\times 召回率}{精确率+召回率}$。

- 正确率(Accuracy)——在机器学习中，正确率测量分类器确定实验结果分类的强度。正确率可计算为 $\dfrac{TP+TN}{TP+TN+FP+FN}$。

- 阴性率(Negative Rate)——阴性率或特异度是对从所有假性集合中识别出真假性的量度。真假率可计算为 $\dfrac{TN}{TN+FN}$。

本章的所有实验中将使用这些评价指标。

### 3. 评价结果

根据表 10.1 中的混淆矩阵绘制结果(如图 10.3 所示)，以评价基于费用的内存池设计方案的效果。用真阳性(TP)和假阳性(FP)分别表示内存池接受的合法交易和恶意交易，用假阴性(FN)和真阴性(TN)分别表示内存池拒绝的合法交易和恶意交易。图 10.3(a)为混淆矩阵的结果。结果显示，随着挖矿费阈值的增加，内存池规模(TP+FP)、恶意交易(FP)和合法交易(TP)都在减少。在固定预算的情况下，增加挖矿费会减少交易的总数。相应地，由于垃圾交易(FP)减少了，内存池的规模也减少了。然而，挖矿费的增加也限制了付费的合法用户，这反过来解释了合法交易(TP)减少的趋势。

根据图 10.3(a)的结果和上面定义的评价指标，测量该设计方案的精确率和正确率。从图 10.3(b)中可看出，正确率随着挖矿费的增加而增加，到达最大值后下降，在正确率达到最大值的地方，我们发现了最小挖矿费存在的上限。

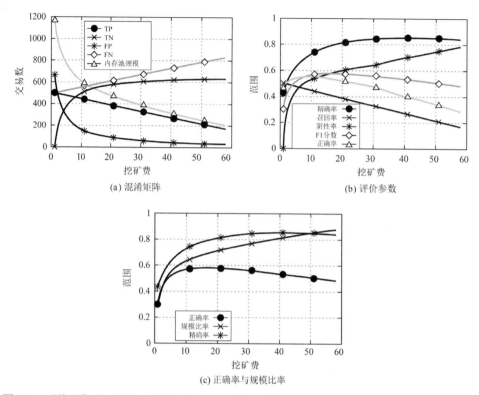

图 10.3　对基于费用设计方案的分析。注意，随着挖矿费的增加，内存池的规模减小了。但增加挖矿费也影响了合法交易，这就是检测正确率随着挖矿费的增加而降低的原因

图 10.3(c)绘制了正确率和规模比率。规模比率是内存池内的交易和传入交易总数的比例，较低的规模比率表明规模优化程度较高。图 10.3(c)的结果显示，在费用阈值为 13 的情况下，实现了 60%的正确率、70%的规模优化比率和 78%的精确率。增加费用参数进一步提高了规模优化，但降低了正确率。因此，基于费用的内存池设计方案在规模效率和对内存池发动 DDoS 攻击的恶意交易的检测正确率之间进行了权衡。

### 4. 基于费用的内存池设计方案的局限性

接下来重点说明基于费用的内存池设计方案的局限性以及第二个方案的设计动机。

为理解"基于费用的内存池设计方案"的局限性，先重点介绍区块链中某些交易的特性。假设 Alice 向 Bob 发送一个交易(这里的交易可以是虚拟的数字资产，例如基于区块链的信息共享系统需要在利益相关者之间传递威胁指标)。该交易尚未经过验证和挖掘，但 Bob 已通过向 Charlie 发送 5 BTC 花费掉了。要成功挖掘 Bob 的交易，需要先挖掘 Alice 发出的父交易。这种顺序的交易称为父子交易[61，62]。要使子交易成为区块链中的合法交易，需要先挖掘其父交易。然而，通常当父交易的优先级因子较

低时，子交易会通过增加挖矿费用来增加总体优先级因子，这就是"孩子为父母买单"(Child Pays for Parent，CPFP) [61]。

合法用户应该并不希望看到这种情况，因为更多子交易可能导致内存池中出现交易堵塞。但攻击者可利用这个机会绕过基于费用的设计方案，而且能以更低成本执行攻击。对于在攻击阶段生成的交易，需要先验证和挖掘在分配阶段的父交易。攻击者可通过降低优先级因子(如只支付最小转发费和不支付挖矿费)，来最小化第一阶段交易被接受的概率。当第一阶段的父交易被接受的概率较低时，子交易就可通过更高转发费和挖矿费来增加优先级因子。这种情况下，对采用基于费用的安全对策的内存池来说，当内存池规模较小时，攻击阶段的垃圾交易就可进入内存池。而当内存池的规模达到阈值后，内存池将开始选择那些能支付最小转发费和挖矿费的传入交易。由于所有 Sybil 账户的交易都选择支付转发费和挖矿费，因此内存池也将接受这些交易，这样攻击者就成功了。这种情形说明了基于费用的设计方案也有其局限性。

### 5. 安全对策

解决上述局限性的一种方法是根据挖矿费的多少对传入交易的优先级进行区分。内存池可根据费用值对传入交易排序，优先接受愿意给出更高挖矿费用的交易。随着挖矿费的增加，攻击者生成交易的能力下降(式 10.6)。这是因为攻击者受到预算的限制，增加挖矿费能减少可生成交易的数量，从图 10.3(a)可看出这一趋势。虽然内存池中垃圾交易的数量减少了，但优化规模的同时也降低了合法交易被接受的正确率和数量。随着费用这一参数值的增加，合法用户支付更高费用的能力也随之降低。所以说，基于费用的安全对策确实限制了攻击者对内存池的泛洪，也限制了成功通过费用阈值的合法交易数量。为消除这些局限性，我们提出基于交易龄的安全对策。

## 10.6.2　基于交易龄的安全对策

### 1. 基于交易龄的内存池设计方案

为限制攻击者成功的机会，我们提出基于交易龄的内存池设计方案，以解决前述模型的局限性。这个设计方案利用交易的确认因素(也就是交易的"年龄")来区分合法交易和恶意交易。在区块链系统中，交易龄通常用来判断该交易至今已经取得多少区块的确认。

算法 2 所示的设计方案假设内存池的规模已达到基线阈值，内存池只接受能支付转发费和挖矿费的交易。现在，对于每个满足上述条件的传入交易，计算其输入，也就是父交易的数量。将"平均交易龄(Average Age)"变量初始化为 0。接下来计算平均交易龄，即把每个父交易的交易龄相加后除以父交易的总数。这个值用于估计传入交易的确认值(Confirmation Score)。然后对内存池应用"最小交易龄限制(Minimum Age Limit)"过滤。最小交易龄限制可取任何大于 0 的值[63]。如果平均交易龄满足年龄限制条件，则内存池接受该交易，否则就丢弃。

区块链系统中的交易包含一个输入指针，该指针会指向之前接收到的可花费交易。对垃圾交易而言，这些输入是不可花费的，因此垃圾交易不太可能被挖掘，但这刚好满足了想要广播垃圾交易的攻击者的要求，即这些垃圾交易最终会被拒绝。尽管设计方案已考虑到交易龄，但未在广播这些交易时考虑这个因素。因此，攻击者可能利用系统的这个特性，从而无须花费即可广播垃圾交易并淹没内存池。本设计方案将检查传入交易的交易龄。在攻击阶段，由于垃圾交易中指针所指向的父交易不会在任何区块中确认，这些父交易(产生于分配阶段)的交易龄也就为 0。

利用垃圾交易的特性，计算所有输入指针(父交易)的平均交易龄。最小交易龄设置为 1 意味着所有进入内存池的交易至少已在区块链的最新区块中得到确认。确切地讲，一旦交易被挖掘到某个区块中，该交易的父交易就会从 UTXO 集合中被移除，不能再次花费(这是防御双花的措施)。交易本身成为新的可花费交易 UTXO。有了这些优势，基于交易龄的设计方案能保护区块链系统免受垃圾交易和双花影响。

一旦实施这种设计方案，如果用户准备提交交易，就需要至少有一个合法的确认来支持当前交易。这种情况下，合法用户具备优势，因为可用已确认的有较高交易龄长的父交易来生成正常的新交易。另一方面，攻击者尽管能支付较高挖矿费，但由于交易的确认因子较低，大多数垃圾交易仍将被拒绝。

---

**算法 2**：基于交易龄的内存池设计

**Inputs :** incoming transactions;

　　　　　minimum relay fee;

　　　　　minimum mining fee;

　　　　　minimum age limit;

　　　　　age of each input of transaction;

　　　　　Threshold Size;

**Output:** Mempool Size

**State:** Mempool Size Exceeds Threshold Size

1　**for each** *transaction ∈ incoming transactions* **do**

2　　　initialize;

3　　　*average age* = 0;

4　　　N ← number of parent transactions of current transaction;

```
5        while (transaction relay fee > minimum relay fee) do
6            while (transaction mining fee > minimum mining fee)
             do
```

$$average\ age = \frac{(\sum_{i=1}^{N} parent_i)}{N} ;\ /*\ 应用交易龄过滤\ */$$

```
8            if (average age > minimum age limit) then
9                Mempool ← transaction;
10               UPDATE(mempool); /* 接受交易后更新内存池规模 */
11           else
12               (average age < minimum age limit)
                 transaction rejected; /* 如果交易龄因子低于阈值则拒绝交易 */
13       return Mempool Size;
         Result: Spam Transactions Rejected
```

### 2. 基于交易龄的内存池设计方案的分析

再分析基于交易龄的内存池设计方案的工作过程及其对抗 DDoS 攻击的原理。本设计方案假定攻击者有能力绕过基于费用的设计，并愿意在所有交易中支付转发和挖矿费用。此外，攻击者还知道自己的交易最终不会通过验证，因此交易所含的转发费和挖矿费比合法用户支付的费用还高。

接下来的第二次实验主要分析基于交易龄的对策的有效性。将最小交易龄限制和最大交易龄限制设置为传入交易的阈值。对于攻击者，想要拥有交易龄大于 1 的交易，就只能在分配阶段生成。在攻击阶段生成的子交易，其交易龄只能为 0，这是由于其父交易尚未确认。为捕捉到恶意交易，假设所有恶意交易的平均交易龄在从 0 到最小交易龄限制的区间内呈正态分布，而所有合法交易的平均交易龄则分布在从 0 到最大交易龄限制的区间内。如果共生成 2000 笔交易，那其中一半是恶意交易，一半是合法交易。然后对内存池上所有传入交易应用基于交易龄的设计方案，对传入交易提高交易龄要求，并评价每个交易检测的正确率和内存池状态。

### 3. 评价结果

使用与表 10.1 相同的混淆矩阵参数，图 10.4 的结果显示，随着平均交易龄的增加，恶意交易(FP)急剧减少，内存池的规模减小到只有合法交易能保留下来。由于 FP 较低，TP 较高，在图 10.4(b)中精确率接近于 1。从图 10.4(c)可看到，在平均交易龄为 100 的地方实现了较高的正确率、精确率和内存池规模的优化。将交易龄参数增至 200 时，正确率并没有如基于费用的设计中那样下降很多，而内存池规模比率却提高到 90%，精确率提高到 98%。这表明该策略可防止大多数恶意交易进入内存池，并能帮助内存池接受合法用户的交易。

在这种环境下，如果攻击者打算向网络发送垃圾交易，就需要使自己的大部分交易在区块链中得到确认。然而，攻击模型已描述了交易确认对攻击者是不可取的，因为这会导致攻击者损失挖矿费和转发费，增加攻击成本。如前所述，在基于 PoW 的区块链中，区块挖掘的平均时间是 10 分钟。因此，在所有交易中每确认一个交易，攻击者就必须平均等待 10 分钟。根据图 10.4(c) 的结果，攻击者必须等待至少 100 个区块才能重新启动攻击。由于平均区块计算时间为 10 分钟，100 个块将导致 16 小时的延迟，通过调整区块链操作参数还可进一步控制攻击者的延迟等待时间。

即使攻击者在等待和支付费用后仍然计划进行攻击，也没能力泛洪内存池了。这时，攻击者可能达到的最佳效果是通过一系列交易对网络产生偶发压力。较高的攻击成本和较低的激励将使攻击者丧失信心。因此，基于交易龄的设计方案在确保可为合法用户提供常规服务的同时，针对 DDoS 攻击能提供更高的安全性。

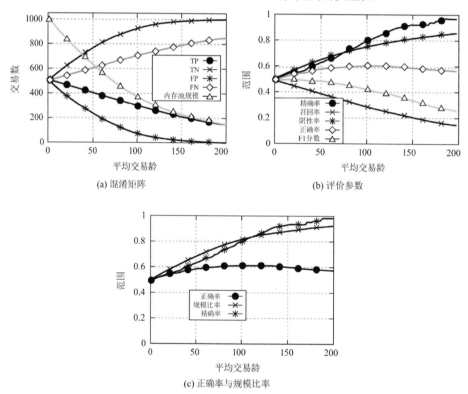

图 10.4 对基于交易龄的设计方案的分析。注意，对于基于交易龄的设计，
正确率、精确率和内存池规模比率都比基于费用的设计要高

### 4. 基于交易龄的安全对策的局限性

尽管基于交易龄的安全对策提供了对区块链上 DDoS 攻击的有效防御，但该设计方案也存在一些局限性。首先，该方案要求所有传入交易都具有一个已确认的父交易。受制于内存池瓶颈和规模大小，验证交易可能需要更长时间。在低延迟、高吞吐量的区块链中，对快速交易的需求不可避免，如果用户不愿意等待对父交易的验证[27, 28]，用户的交易将因此被内存池拒绝[64]。然而，区块链在短时间内不会演变成这样的应用程序，所以这不是一个重大问题。

# 10.7　实验与结果

本节将讨论的实验主要比较内存池受到攻击时的设计方案。提出的场景类似于文献[18]，即一组攻击者用粉尘交易泛洪区块链的内存池。

在模拟实验中，生成一系列合法交易和垃圾交易。每个交易都有交易龄、转发费和挖矿费这些特性。对于这两种交易，通常会在选定费用值范围内分配交易的转发费和挖矿费。根据攻击流程，尽管在分配阶段发现了攻击者可能也拥有一些具有相当交易龄的交易，但仍会生成具有较小交易龄的垃圾交易。因此，通常做法是在从 0 到一个较低的交易龄限制阈值范围内，对垃圾交易按正态分布分配交易龄；而对于合法交易，则在从 0 到一个较高的交易龄上限范围内，按正态分布分配交易龄。

在实验中，固定了合法交易的规模，并将恶意交易的数量占比从 0 增加到 90%。研究发现，在这两个模型(基于费用的模型和基于交易龄的模型)中，混淆矩阵的 TN 和 FP 比较适合用来确定检测垃圾交易的效率。图 10.5(a)和图 10.5(b)分别绘制了在无策略(No Policy)、基于费用的策略(Fee-based)和基于交易龄的策略(Age-based)的情况下，内存池中 TN 类和 FP 类的个数变化。从中可看出，当攻击增加时，这两种设计策略都能有效地检测和丢弃恶意交易。尽管这两种设计都能有效地降低 FP 类交易，但基于交易龄的设计获得更好的效果。随着恶意交易的增加，基于交易龄的设计丢弃了所有未确认交易，而基于费用的设计则限制了攻击者支付费用的能力。

图 10.5(c)和图 10.5(d)绘制了阴性率和正确率。从图中可看出，随着恶意交易的增加，基于交易龄的设计的正确率也提高了。基于费用的设计的正确率开始时很低，但随着恶意交易占比的增加而提高。一开始正确率低的原因是 TP 的检测率低。虽然基于交易龄的设计似乎是检测恶意交易的最佳选择，但从图 10.5(e)可看出，基于费用的模型具有更高的规模效率。注意，当恶意交易的占比较低(表明攻击程度较小)时，基于费用的策略在正确率和内存池规模优化方面有效。但随着攻击率的提高，基于交易龄的策略会由于阴性率更佳而变得更有效。

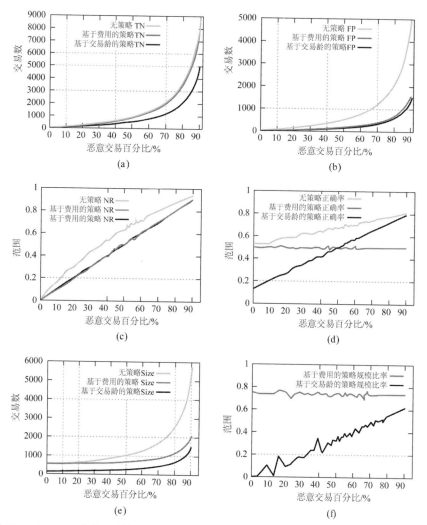

图 10.5　在 DDoS 攻击下无策略、使用基于费用的策略和使用基于交易龄的策略的性能比较

　　内存池规模由真阳性与假阳性的数目 TP+FP 决定。对于这两种设计，图 10.5(e) 绘制出各自的内存池规模变化。从图中可看出，在恶意交易数量略低的情况下，基于费用的设计也具有较小的内存池规模。但基于交易龄的设计由于低 FP 而效率更高。为理解内存池规模优化比例，使用式 10.7 中的模型定义。

$$\text{size ratio} = 1 - \frac{\text{mempool}_{\text{size}_{\text{under design}}}}{\text{mempool}_{\text{size}_{\text{no design}}}} \tag{10.7}$$

　　该式给出使用攻击对策时内存池规模差距的比例。图 10.5(f) 的结果表明，基于费用的设计无论恶意交易占比多少都实现了一致的内存池规模优化。而基于交易龄的设计策略的内存池规模比率会随着恶意交易占比的增加而增加。在 88% 是恶意交易的情况下，基于交易龄的设计能达到 60% 的内存池规模比率。从图 10.5 可看出，在检测正确率和内存池规模优化之间需要权衡。

面对 DDoS 攻击，可在内存池规模和正确率之间进行权衡，以选择适当的安全对策。如果攻击不那么严重，但待处理的交易积压较多，则基于费用的设计方案将限制传入的恶意交易并优化内存池规模，直到清除积压。如果攻击严重[18]且大多数传入交易(其父交易)未经确认，那么基于交易龄的设计方案在检测恶意交易、降低 FP 和优化内存池规模方面更有效。

## 10.8　小结

本章描述了一种针对区块链内存池的 DDoS 攻击，该攻击会使合法用户陷入支付更高挖矿费的境地。针对区块链内存池的攻击，之前没有研究过。为解决这种攻击问题，本章讨论了两种应对策略：基于费用的设计方案和基于交易龄的设计方案。从分析和仿真结果可得出如下结论：在攻击不严重的情况下，基于费用的设计方案在内存池规模优化方面更有效。但基于费用的设计方案对攻击者和合法用户都有影响。相比之下，当攻击严重时，基于交易龄的设计方案更有益，在帮助了合法用户的同时还能过滤掉最多的垃圾交易。与基于费用的设计方案相比，基于交易龄的设计方案实现的内存池规模优化虽然少一些，但其垃圾交易检测的正确率更高。如果将上述分析和设计扩展成一个混合模型，就可利用这两种设计的优点实现最大程度的垃圾交易检测率和内存池规模优化，具体情况还需要做进一步研究。

# 第11章

# 使用基于声誉的范式防止数字货币矿工对矿池的攻击

本章由 Mehrdad Nojoumian、Arash Golchubian[1]、Laurent Njilla[2]、Kevin Kwiat[3]和 Charles A. Kamhoua[4]撰写。

## 11.1 简介

安全博弈主要用于模拟攻击者和防御者之间的较量[1, 2]。双人博弈可扩展到包括任何数量的选手,在该场景下攻击者和防御者都尽力最大化自己能获得的效用。例如,防御者给系统提供数据,通过启用功能、转移攻击面、减少攻击面度量以获得效用。与之类似,如果禁用功能或增加攻击面度量,攻击者将获得效用。

在现有的大多数安全博弈中,每一轮攻击者和防御者都基于各自的策略从行动组合中选择不同的行动完成博弈。例如防御者可改变目标系统的设置从而转移攻击面,攻击者则可操纵系统并禁用某些功能。每一轮过后,博弈进入新状态,玩家基于效用函数获得各自的奖励。

有一个研究领域可应用安全博弈,这就是对比特币(Bitcoin)[3]等数字货币的交易验证。挖矿非常消耗资源,因此矿工会组成不同的联盟来验证每个交易区块以获得报酬。由于只有第一个完成挖矿的联盟才能获得报酬,因此竞争非常激烈。

为解决竞争可能导致的问题,已有文献分析了不同的挖矿策略。Rosenfeld [4]介绍了扣块攻击(Block-Withholding Attack),不诚实的矿工支持的是另一个竞争联盟,在实际上已拥有完整解决方案的时候却只透露验证问题的部分解,这样这些不诚实矿工

---

1 Mehrdad Nojoumian 和 Arash Golchubian 就职于美国佛罗里达大西洋大学计算机与电气工程与计算机科学系。
2 Laurent Njilla 就职于位于美国纽约的美国空军研究实验室网络保障分部。
3 Kevin Kwiat 就职于位于美国佛罗里达州萨拉索塔的 CAESAR Halleod Sun TEK 公司。
4 Charles A. Kamhoua 就职于位于美国马里兰州阿德尔菲的美国陆军研究实验室网络安全分部。

分享了该联盟的收入却没有任何实际贡献。Eyal 和 Sirer[5]介绍了自私挖矿攻击 (Selfish Mining)，即联盟的参与者将发现的区块保密，并继续私下验证更多区块，直至得到具有威胁性长度的子链，其结果是自私的选手得到奖励。Johnson 等人[6]从另一个角度看待矿工的恶意行为，他们比较了诚实矿工和不诚实矿工的策略，即矿工联盟通过投资以获得更多计算资源，以及对竞争联盟发起 DDoS 攻击(Distributed Denial-of-Service)。通过探究两组不同规模的矿工联盟对这两个策略的取舍，进行博弈论分析。最近研究者们对日蚀攻击(Eclipse Attack)[7]或顽固挖矿(Stubborn Mining)等攻击方式也进行了研究，日蚀攻击指屏蔽网络中某些节点的攻击，顽固挖矿指自私挖矿的一般化攻击 [8]。

因此，本章提出一个新的基于声誉的框架，该激励框架不仅会激励矿工诚实挖矿，而且使得矿工没有动力对其他矿池进行扣块攻击、自私挖矿、日蚀攻击和顽固挖矿等恶意活动。本章首先介绍这个基于声誉的范式的架构，解释该模型是如何奖励或惩罚矿工的，随后通过博弈论分析说明这个新框架如何鼓励矿工并避免不诚实的挖矿策略。

本章 11.2 节介绍数字货币和博弈论基础知识，11.3 节回顾现有的使用博弈论分析数字货币的研究工作，11.4 节描述基于声誉的挖矿激励模型，11.5 节解释该模型的工作原理和流程，11.6 节展示主要结果和证明。最后在 11.7 节给予总结。

# 11.2　预备知识

## 11.2.1　数字货币：术语和机制

以比特币(Bitcoin)为典型代表的数字货币框架内，交易分组成区块，再由网络中被称为矿工的一部分节点对区块进行验证。挖矿，即工作量证明(Proof of Work)，是带有难度系数的密集计算过程，其难度系数随硬件系统计算能力的增加而增大。节点组成矿池(Mining Pool)，在矿池管理员(Pool Manager)的监督下完成挖矿任务。某些技术文献把 Bitcoin 或其他数字货币的挖矿过程称作矿工的数学难题(Mathematical Puzzle)。

第一个完成工作量证明的矿池将获得一定数量的新挖到的比特币，矿池将其作为激励分给参与挖矿的矿工，因此这个过程也被称为挖矿(Mining)。将经过验证的区块添加到现有已验证区块链(Blockchain)中，所有矿工会立即停止对已验证区块的挖矿工作，转而验证下一个区块。

每个区块包含区块号、一次性随机数、一组交易、父区块(即前一个区块)的哈希值(即父区块的地址)。挖矿过程中矿工们通过尝试不同的一次性随机数，试图生成一个小于某个阈值的区块哈希值，即以一定数目的 0 开始的数。显然生成一个以 5 个 0 起始的哈希值比生成以 4 个 0 起始的哈希值难度更大，这就是挖矿的难度系数 (Difficulty Factor)。

哈希算力($h_r$)也称为挖矿能力(Mining Power)，是矿工在给定时间间隔内能计算得到的哈希值总次数。因此找到一个合法有效的哈希值(称为完全工作量证明，Full Proof of Work)的平均耗费时间和矿工的哈希算力相关。实际上，矿池管理员给矿池里的矿工发送当前区块的多个不同模板，矿工通过改变其中的一次性随机数寻找合法有效的哈希值。如果一个矿工完成完全工作量证明，就把完成结果发给矿池管理员。矿工管理员再以整个矿池的名义发布这个合法区块，并根据矿工们的挖矿能力分配收益。注意，新币由创建新币的矿工显式地放置在区块中。

为估计每个矿工的挖矿能力，矿池管理员为每个矿工分配一个比实际计算目标难度低的局部目标(Partial Target)。例如，如果实际计算目标是找到以 5 个零起始的哈希值，那么局部目标可以是以一个 0 起始的哈希值(注意，这只是一个用于解释的简化示例)。管理员会要求每个矿工发送根据部分解计算出的哈希值。矿池难度应保证矿工可频繁找到符合难度的部分解，这样矿池管理员可公平地估计每个矿工的挖矿能力，并据此分配挖矿收益。

## 11.2.2　博弈论: 基础概念和定义

博弈包括一组玩家(Player)，一组行动(Action)和策略(Strategy)，和一个效用函数 (Utility Function)。策略是玩家选择行动的方式。玩家用效用函数计算采取某个行动可得到的收益。在合作博弈(Cooperative Game)中玩家联合起来分配总效用，也就是合作受约定好的协议激励。然而在非合作博弈(Noncooperative Game)中，玩家无法形成能协调行为的协议，也就是说，玩家之间的合作必须靠自我约束实现。本章先简单回顾一些著名的博弈论概念[9]，以便进一步分析讨论。

**定义 1:** 定义 $A \stackrel{\text{def}}{=} A_1 \times A_2 \times \ldots \times A_n$ 为 $n$ 个玩家的行动组合，其中 $A_i$ 表示选手 $P_i$ 可能选择的行动。博弈 $\Gamma = (A_i, u_i)$，$1 \leqslant i \leqslant n$，包含 $A_i$ 和每个选手 $P_i$ 的效用函数 $u_i:A \to R$，行动向量 $\vec{a} = (a_1, \ldots, a_n) \in A$ 记为博弈的一个结果(Outcome)。

**定义 2:** 效用函数 $u_i$ 用于说明选手 $P_i$ 对不同结果的偏好。如果 $u_i(\vec{a}) > u_i(\vec{a'})$，则 $P_i$ 相比结果 $\vec{a'}$ 更倾向于 $\vec{a}$；如果 $u_i(\vec{a}) \geqslant u_i(\vec{a'})$，则 $P_i$ 相比结果 $\vec{a'}$ 更弱倾向于 $\vec{a}$。

为允许选手采取随机策略，先定义 $\sigma_i$ 为选手 $P_i$ 的行动组合 $A_i$ 的概率分布，也就是说选手按照分布 $\sigma_i$ 对行动 $a_i \in A_i$ 采样。如果每个分布 $\sigma_i$ 下某个行动的概率总是 1，则这个策略称为纯策略(Pure Strategy)；否则称为混合策略(mixed strategy)。假设

$\vec{\sigma}_i=(\sigma_i,\dots,\sigma_n)$ 是选手的策略向量，令 $(\sigma'_i,\vec{\sigma}_{-i})=(\sigma_i,\dots,\sigma_{i-1},\sigma'_i,\sigma'_{i+1},\dots,\sigma_n)$，其中 $P_i$ 将 $\sigma_i$ 替换为 $\sigma'_i$ 而其他选手的策略保持不变。$u_i(\vec{\sigma})$ 表示 $P_i$ 在策略向量 $\vec{\sigma}$ 下的期望效用。选手的目标是最大化 $u_i(\vec{\sigma})$。在下列定义中，$a_i\in A_i$ 和其分布 $\sigma_i\in S_i$ 可以互换。

**定义 3**：如果对所有 $i$ 和 $\sigma'_i\neq\sigma_i$，都有 $u_i(\sigma'_i,\vec{\sigma}_{-i})\leqslant u_i(\vec{\sigma})$，则这个策略向量 $\vec{\sigma}$ 称作处于纳什均衡(Nash Equilibrium)，也就是说只要其他选手遵循协议，没有选手会因为背离协议而获得好处。

**定义 4**：令 $S_{-i}\overset{\mathrm{def}}{=}S_1\times\dots\times S_{i-1}\times S_{i+1}\times\dots\times S_n$。称一个策略(或一个行动)$\sigma_i\in S_i$ 被另一个策略(或另一个行动) $\sigma'_i\in S_i$ 在 $S_{-i}$ 弱占优(weakly dominated)。如果对任何 $\vec{\sigma}_{-i}\in S_{-i}$，都有 $u_i(\sigma_i,\vec{\sigma}_{-i})\leqslant u_i(\sigma_i',\vec{\sigma}_{-i})$，则存在一个 $\vec{\sigma}_{-i}\in S_{-i}$ 使得 $u_i(\sigma_i,\vec{\sigma}_{-i})<u_i(\sigma_i',\vec{\sigma}_{-i})$，也就是说 $P_i$ 永远不能通过采取策略 $\sigma_i$ 提高效用，但有时能通过不采用 $\sigma_i$ 提高效用。如果选手 $P_i$ 总能通过不采用 $\sigma_i$ 提高效用，则称策略 $\sigma_i\in S_i$ 严格占优(Strictly Dominated)。

# 11.3　文献综述

区块链概念由某位或某些不知名的作者于 2008 年提出，是一个较新的概念。但其去中心化验证数字货币交易的独特方式及内在的安全性，得到来自计算机科学和经济领域的大量关注。然而着重通过博弈论方法对区块链进行的研究还很少。本节将梳理一下博弈论与区块链相关的研究工作。

Johnson 等人[6]研究了一个矿池对另一个矿池发起 DDoS 攻击的动机，从经济视角审视这个问题，会发现攻击者的动机是增加自己验证下一个区块的成功概率，从而赚取挖矿收益。因此与攻击小矿池相比，攻击者更有动机攻击较大矿池。这个结论和文献[10]的统计数据吻合，即 17.1% 的小矿池、62.5% 的大矿池曾遭受 DDoS 攻击。文献还发现两个有趣现象。首先，增强防御 DDoS 攻击的能力将提高矿池受到这种攻击的市场门槛。这与直觉相符，即防御这种攻击的能力将降低攻击者的效用；其次，因为攻击小矿池的动机较低，所以攻击成本将使小矿池免于 DDoS 攻击。

Babaioff 等人[11]分析了比特币协议的另一个问题。这个问题在比特币终止挖矿奖励时会更严重。在现有设计中，处理交易的节点会通过两种方法获得收益：第一种是通过生成新的区块，第二种是通过交易费。比特币数量限制为最多约 2100 万个[12]，新生成的比特币数量呈现指数级减少，直至达到限额。那时交易费将成为激励矿工的唯一来源。由于挖矿再没有新的比特币奖励，矿工会有动机隐匿可能的交易信息。在这种动机激励下，由于一个交易只由一个节点验证，导致交易验证时间延长，这样就会削弱比特币系统的能力。

Kroll 等人[13]将比特币看作共识博弈，从挖矿的角度考虑比特币的经济性，以确定是否存在任何动机促使诚实矿工违背挖矿协议。研究证明，所有矿工在比特币参考实现中的合作会产生纳什均衡结果，但矿工采取其他行为时也存在无穷多个均衡。研究还证明，有动机的敌对者可能有能力使货币崩溃，因此，有必要建立治理结构应对可能的背离行为。

尽管 Barber 等人[14]没有提到任何博弈论模型，但详述了区块链协议中几个可能的漏洞。通货紧缩螺旋、修订历史攻击和交易确认延迟攻击等漏洞是博弈论研究的绝佳对象。Carlsten 等人[15]研究当最后一个区块奖励发放后比特币和区块链面临的问题，一旦从协议中剔除采矿奖励而只留下交易费，就会增加矿工背叛的动机。

Luu 等人[16]仔细研究了对矿池的扣块攻击(由 Ronsenfeld[4]提出)。他们认为，从长期操作看，这种攻击总有动机，但短期操作可能无利可图。Eyal[17]研究了同一课题，并得出结论：两个矿池互相攻击会导致矿工困境(Miner's Dilemma)，这也是一种囚徒困境。Lewenberg 等人[18]提出了对区块链协议的一种修改，允许包含分叉块以提高运转率，并为新协议节点间交易费的竞争提供了一个博弈论模型。

# 11.4　基于声誉的挖矿模型和设置

如图 11.1 所示，本章模型包含一组矿池管理员 $M(_i,p_i)$，$1 \leqslant i \leqslant I$，矿池管理员组成工作量证明计算联盟。$0 \leqslant p_i$ 表示矿池管理员迄今累计收益；一组矿工 $m(jk, r_k)$ 表示这个矿工或联盟矿工的声誉值，$1 \leqslant j \leqslant J$，$1 \leqslant k \leqslant K$，$-1 \leqslant r_k \leqslant +1$。矿工或联盟矿工可能通过直接攻击(如 DDoS)或合谋攻击(如扣块攻击)干扰某个矿池的工作量证明。因此矿工的行动组合包含两个行动：即干扰矿池计算的恶意行为，表示为 $D$: Dishonest Mining；诚实执行工作量证明的行动，表示为 $H$: Honest Mining。

注意当前数字货币的设置，每个矿工通过唯一身份 $j$ 标识。然而在该模型中，给每个矿工分配一个公开的声誉值 $r_k$，其中 $k$ 是声誉值的索引。事实上，声誉值反映了这个矿工迄今为止在挖矿绩效和恶意行为(如行为历史)上的表现。声誉值 $r_k$ 每隔一定时间更新，更新依据不同标准，如完成完全工作量证明和部分工作量证明的比率，或是否发现该矿工有合谋攻击、自私挖矿或参与 DDoS 攻击等恶意行为。每个矿池管理员 $i$ 也分配一个参数 $p_i$，表示其通过矿池获得的累积收益。由于 $p_i$ 反映了管理员的表现，可作为管理员的声誉值。

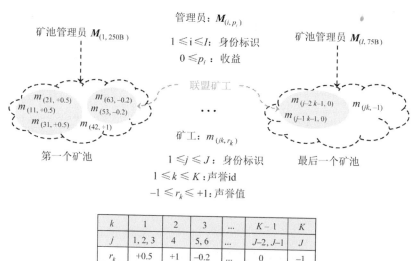

图 11.1 基于声誉的挖矿模型

在实际设置中，由于合作关系、个人关系、共同国籍其至地理接近等原因，一些相互高度信任的矿工可组成联盟，称作联盟矿工(Ally Miner)，并可拥有同一声誉值 $r_k$。也就是说，联盟成员可合作共建一个声誉 $r_k$，但同时需要对每个成员的恶意行为负责。这就引出"近邻监视"(Neighborhood Watch)这一术语，指每个联盟成员在动机驱使下监视自己的盟友。例如联盟成员可同意通过执行随机算法采用包括网络安全检测技术或透明策略在内的各种方法互相监视，从而保证没人能由于任何形式的合谋攻击接受其他矿池的贿赂。这样，矿池管理员不需要担心矿池里的每个成员。如果一个矿工想要发起攻击，该名矿工要么需要说服所有盟友，要么需要自己单干，很可能还没等到单干对挖矿过程产生实际影响，其他盟友通过随机监视就能发现该攻击行为。

有时，矿池管理员可能重组矿池。矿池管理员按照基于矿工声誉值 $r_k$ 形成的非均匀概率分布，随机给矿工或联盟矿工发送邀请(即采取基于邀请的方式)。也就是说，声誉高的矿工或联盟矿工收到邀请的概率更高，不可信的矿工收到邀请的概率更低。如果收到多个邀请，矿工/联盟矿工可选择要加入的矿池。这就形成矿工和管理员间基于美德的(Merit-based)双向选择。

要长期维护这个公共声誉系统，矿工或联盟矿工的最佳策略是保持高声誉值以求长期效用最大化。这样就驱使矿工或联盟矿工避免任何不诚实行为，即使不诚实行为会带来短期效用也应避免。注意，声誉系统必须能抵抗重入攻击(Re-entry Attack，即不诚实的矿工带着新身份 $j$ 重新加入)。本章采用理性信任模型(Rational Trust Modeling

[19])确保可抵御重入攻击。

此外，在提出的模型中，联盟矿工倾向于形成更大联盟以维持更高声誉值并最终获得更多收益，但除非新矿工非常值得信任，否则联盟将没有动力接受该矿工加入。这是因为单个矿工可能伤害整个联盟。值得一提的是尽管联盟矿工只有单一声誉身份 $r_k$，但因为每个矿工都有唯一的身份标识 $j$，所以矿工不能在一个联盟内做出恶意行为后又加入另一个联盟。

该模型可被视为一个全球社区，其中每个矿池代表一个联邦政府(Federal)，每个联盟代表一个州政府(State)。因此，每个联盟负责检测小规模联合体内的恶意行为。每个联盟可改变规模，也可加入新的矿池。这个框架不仅可减少矿池管理员的管理负载，还允许实施预防性和检测性协议。

# 11.5　在基于声誉的模型中挖矿

方案是使用基于声誉的范式设计的，有必要采用声誉/信任模型对抗众所周知的重入攻击(Re-entry Attack)，即防止不诚实的矿工使用新身份重返博弈。否则方案就不能正确发挥作用。下一节将讨论这个问题。

## 11.5.1　防御重入攻击

为防御重入攻击，采用文献[19]中提出的理性信任建模(Rational Trust Modeling)方法。

下面先简述这种建模技术如何工作。假设存在两个信任函数，第一个函数 $f_1(\Gamma_i^{p-1}, \alpha_i)$ 有两个输入，即玩家 $P_i$ 在 $p-1$ 期间的信任值 $\Gamma_i^{p-1}$ 和玩家选择的行动 $a_i$(合作或背叛)。这个函数更新计算玩家 $P_i$ 在下一轮 $p$ 时的信任值 $\Gamma_i^p$。而第二个函数 $f_2(\Gamma_i^{p-1}, \alpha_i \ell_i)$ 多了一个输入 $\ell_i$ ，表示玩家的生命期(Lifetime)，这个参数值可决定在基于声誉的实现方案(如研究者提出的基于声誉的挖矿框架)中具有合理互动次数的玩家的存在时间。

采用第二个函数，假设其他两个输入一样，基于声誉的方案中生命期长的玩家应该比生命期短的玩家获得更多奖励或更少惩罚。这里的奖励意味着得到更高信任值或变得更可信，最终获得更多效用，反之就是惩罚。换句话说，如果两个玩家 $P_i$ 和 $P_j$ 都选择合作，即 $a_i = a_j = C$，而且当前信任值相等，$\Gamma_i^{p-1} = \Gamma_j^{p-1}$，但生命期参数不同，如 $\ell_i > \ell_j$，那么具有较长生命期的玩家应在下一轮得到更高信任值，即 $\Gamma_i^p > \Gamma_j^p$。这有助于玩家 $P_i$ 累积更多效用/收入。

例如，在一个基于声誉的电子贸易系统中，卖家可选择售出有缺陷的产品获得较高收入，或者售出没有缺陷的同款产品却获得较少收入。如果使用第一个函数 $f_1$，那么卖家就有动力售出有缺陷的产品获得较高收入，之后再用新身份重返电子贸易系统，即重入攻击。然而如果采用第二个函数 $f_2$，售出有缺陷的产品对卖家并不是最佳选择。因为如果卖家用新身份重返市场，卖家的生命期将变成 0，之前累积的信用全部丢失。最终卖家会因为生命期的影响而丢失可能获得的巨大潜在收入，即买家总是倾向于选择生命期长(且有着合理的交易次数)的卖家，而不是新来的卖家。

需要强调的是，这只是理性信任建模的一个例子。事实上，第二个函数使用生命期参数 $\ell_i$ 来增强可信赖性并防止重入攻击。值得指出的是，信任函数/声誉系统可基于电子商务、区块链挖矿等不同的应用场景来选择不同参数，从而防御不同攻击。

## 11.5.2　检测机制的技术探讨

在基于声誉的系统中，对矿工的奖励或惩罚需要用到检测机制。本节讨论能检测矿工扣块攻击、自私挖矿、DDoS 攻击、日蚀攻击、顽固挖矿或其他未知攻击等不合作行动的技术和机制。

矿池本身可以较高准确率发现是否遭受扣块攻击。实际上，计算部分工作量证明要比计算完全工作量证明容易得多。因此，矿池可通过实际算力估计其期望算力。其间的差距如果大于某个阈值，有可能表明发生了扣块攻击。

在确定哪个注册矿工是作恶者时，存在两种可能性。第一，如果那个矿工或联盟矿工的算力足够高，完全工作量证明和部分工作量证明的比率可显示出该矿工是否在进行扣块攻击；第二，如果那个矿工的算力不高，完全工作量证明的成功率应该很低，从统计上不能判断那个矿工是否在进行扣块攻击。然而后一种情况对挖矿的影响可忽略(接近零)，即算力很低的单个矿工或多个矿工进行扣块攻击，几乎不会影响挖矿协议的公平性。

Eyal 和 Sirer [5]认为孤块数量的增加可能意味着区块链中存在自私挖矿。另外，区块链里发布连续区块所用的时间也可能是自私挖矿的证据。有研究者对此做过实验分析。也就是说，诚实矿工发布两个几乎连续区块的情形十分罕见，这种情况更常见于矿工/联盟矿工通过快速发布私下挖出的区块战胜诚实矿工。因此检测出自私挖矿的矿工并非难事。

Heilman 等人[7]指出，日蚀攻击有一些攻击特征和特性可被检测到，例如短时间内大量来自不同 IP 地址的 TCP 连接，或者攻击者突然将大量节点连接到比特币网络中。因此针对类似异常行为的检测软件可用于发现攻击者。同样，网络安全研究文献中的其他很多技术也能用于检测 DDoS 攻击、顽固挖矿攻击等。

还有一些方法可用于检测注册矿工在比特币网络内部进行的贿赂和非法货币交易
(除非这些交易发生在比特币网络之外)。这和政府部门检测传统银行系统中发生的洗
钱和非法货币交易的原理一样。换句话说，检测到贿赂行为可能表明存在合谋行为，
要不然为什么来自两个竞争矿池的矿工需要频繁地进行一定数额的货币交易呢？

### 11.5.3　合谋矿工困境

本节将考虑这样一种场景，两个独立的或来自两个不同联盟的矿工需要决定是否
和攻击者合谋破坏另一个矿池的工作。合谋有两种方式，一种是单个矿工和攻击者合
谋，另一种是多个矿工和攻击者组成联盟。这里考虑第二种合谋方式，因为相比第一
种情况，这种情形更普遍。值得一提的是博弈论范式常用于分析诚实参与者和攻击者
的相互影响。下面在计算区块链工作量证明的情况下，对矿工和攻击者的合谋建模。
首先考虑双矿工博弈，也称作合谋矿工困境(Colluding Miner's Dilemma)；在该博弈中，
矿工可能与合谋也可能不合谋来挫败目标矿池的挖矿工作。然后将其扩展到 $n$ 个矿工
参与的博弈。在所有区块链网络的矿工中重复进行，博弈轮数未知。

如表 11.1 所示，在双矿工博弈中，如果两个矿工都和攻击者合谋，每个矿工可得
到 1/2 单位的效用，也就是攻击者的预算平摊到两个矿工上。然而如果一个矿工和攻
击者合谋，而另一个矿工诚实行动，合谋的矿工将从攻击者那儿得到 1 个单位的效用。
这种困境的结果是，合谋会总是处于纳什均衡状态，这就意味着矿工总会选择合谋，
因为合谋可得到较高效用，最符合矿工的利益。在攻击者预算有限的情况下，这种假
设是合理的。注意，预算有限是因为区块链中的挖矿奖励是固定的。

表 11.1　合谋矿工困境的收益

| $m(j\,k, r_k)$　＼　$m(j'\,k', r_k)$ | $H$：诚实挖矿 | $D$：不诚实挖矿 |
|---|---|---|
| $H$：诚实挖矿 | $(0, 0)$ | $(0, \Omega)$ |
| $D$：不诚实挖矿 | $(\Omega, 0)$ | $\left(\dfrac{\Omega}{2}, \dfrac{\Omega}{2}\right)$ |

通过建立社会理性模型[20，21]可解决合谋矿工困境。社会理性模型即在理性的、
有预见性的矿工间进行重复博弈，每个矿工被赋予一个公开声誉值，这个值随着时间
推移直接影响矿工的效用。解决方法如下：

(1) 矿池管理员给矿工发送邀请，邀请矿工加入矿池完成工作量证明。矿池管理
员不仅尽力最大化矿池的收入，还要保护自己的矿池抵御各种恶意行为。这些邀请会
基于矿工的信任值，非均匀地分布发送。

(2) 另一方面，攻击者利用自己有限的预算和矿工合谋，以破坏目标矿池的工作量证明。

在这个模型下，如果矿工和攻击者合谋，矿工可能在当前轮得到一些效用，但如果矿池管理员检测到矿工的恶意行为，以后就会降低选择这个矿工的概率，因为这个合谋矿工的声誉值减少了。信任/声誉管理系统可参考[22，23]。因此，对矿工来说，最佳选择是不与攻击者合谋，否则恶意行为会减少其声誉值，导致失去可获得更多收益的挖矿机会。

## 11.5.4　重复挖矿博弈

本节提出的信任模型能在重复博弈环境中抵抗重入攻击。矿工想要通过工作量证明计算、与攻击者合谋或其他不诚实的挖矿策略来最大化自己的效用。通过使用本节中的模型，合作(不与攻击者合谋以及不执行恶意行为)始终处于纳什均衡状态，这是由于模型中除了使用短期效用函数(Short-term Utility)外，还引入长期效用函数(Long-term Utility)。模型不仅奖励诚实矿工，还会惩罚合谋/不诚实的矿工。为便于描述且不失一般性，模型定义两种行动，即不诚实/合谋(Dishonest/Collude)属于不合作行为，诚实/不合谋(Honest/Not Collude)属于合作行为(与文献[24]类似)。

挖矿是个轮数未知的多轮重复博弈过程。每个矿工 $m(jk, r_k)$ 分配一个公开声誉值 $r_k$，该值初始值为 0 且有界：$-1 \leqslant r_k \leqslant +1$。另外，每个矿工的行动 $a_j \in \{H, D, \perp\}$，其中 $H$ 和 $D$ 分别表示诚实挖矿(Honest Mining)和不诚实挖矿(Dishonest Mining)，$\perp$ 表示在当前轮没有任何矿池管理员 $M(i, p_i)$ 选择 $m(jk, r_k)$。最后，每个矿工通过计算两个效用函数(即长期效用函数 $u_j$ 和实际效用函数 $u'_j$)选择要采取的行动。注意，每轮博弈包含一系列区块验证，如验证固定数量的区块或等待一定时长。

(1) 假设矿工的类型(即诚实矿工、不诚实矿工、新矿工)概率分布不均匀，在每轮博弈中，每个矿池管理员 $M(i, p_i)$ 根据每轮博弈中的概率分布结果，给其中一些矿工发送邀请。

(2) 每个矿工 $m(jk, r_k)$ 会计算自己的长期效用 $u_j$，然后从行动组合中选择一个新行动，即采用诚实挖矿策略或不诚实挖矿策略。

(3) 每轮博弈结束时，根据工作量证明的成果，每个矿工 $m(jk, r_k)$ 会收到自己的短期效用 $u'_j$，即获得的实际收益。

(4) 利用声誉系统，根据每个矿工/联盟的行为表现，公开更新被选中的矿工或联盟矿工的声誉值 $r_k$。

## 11.5.5 合谋矿工的效用偏好

考虑当前和未来的博弈，令 $u_i(\vec{a})$ 表示 $m(jk, r_k)$ 博弈结果 $\vec{a}$ 中的长期效用，令 $u_j(\vec{a})$ 表示 $m(jk, r_k)$ 当前轮博弈结果 $\vec{a}$ 的短期效用。再令 $d_j(\vec{a}) \in \{0, 1\}$ 表示矿工 $m_{(jk, r_k)}$ 在当前轮是否采取了不诚实的挖矿策略。定义 $\Delta(\vec{a}) = \Sigma_i d_i(\vec{a})$，即采用了不诚实挖矿策略的矿工数量。令 $r_j^{\vec{a}}(p)$ 表示 $m_{(jk, r_k)}$ 在 $p$ 轮结果 $\vec{a}$ 后的声誉值；注意，$\vec{a}$ 和 $\vec{a}'$ 是重复博弈的两个不同结果。

矿工的偏好如下所示：$d_i(\vec{a}) = d_i(\vec{a}')$ & $r_k^{\vec{a}}(p) > r_k^{\vec{a}'}(p) \Rightarrow u_i(\vec{a}) > u_i(\vec{a}')$，即每个矿工 $m(jk, r_k)$ 不管采取诚实策略还是不诚实策略，都偏好维持高声誉值，这样才可能获得更高的长期效用。$d_i(\vec{a}) > d_i(\vec{a}') \Rightarrow u'_j(\vec{a}) > u'_j(\vec{a}')$，即如果矿工 $m(jk, r_k)$ 采用不诚实的挖矿策略，会从攻击者那里获得短期效用；最后，$d_i(\vec{a}) = d_i(\vec{a}')$ & $\Delta(\vec{a}) < \Delta(\vec{a}') \Rightarrow u'_j(\vec{a}) > u'_j(\vec{a}')$，即如果 $m(jk, r_k)$ 采用不诚实策略，且 $\vec{a}$ 中不诚实矿工的总数小于 $\vec{a}'$ 中不诚实矿工的总数，那么矿工从 $\vec{a}$ 中获得的短期效用更高。

## 11.5.6 合谋矿工的效用

在模型中，根据每个矿工 $m(jk, r_k)$ 考虑了当前和未来博弈(即所有效用偏好)后可能的收益或损失，可计算出长期效用函数 $u_i$。而短期效用函数 $u'_i$ 仅根据给定时间区间内的当前收益或损失来计算，如只考虑上述最后两个效用偏好的收益或损失。

令 $\varphi_j$ 作为每个矿池管理员 $M(i, p_i)$ 基于每个矿工 $m(jk, r_k)$ 的声誉值 $r_k$ 为其所分配的奖励，且令 $\delta_j(\vec{a}) = r_k^{\vec{a}}(p) - r_k^{\vec{a}}(p-1)$ 作为两个连续声誉值的差值。注意，当 $p$ 轮选择的行动是 $H$: honest mining 时，$\tau_j = \left|\delta_j(\vec{a})\right| / \delta_j(\vec{a})$ 是正数，反之(选择 $D$: dishonest mining)为负。令 $\Omega > 0$ 为效用单位，如$50。为满足矿工的偏好，通过下列线性组合来计算长期效用函数 $u_j(\vec{a})$，具体如下所示：

$$u_j(\vec{a}) = \Omega\left(\tau_j \varphi_j + d_j(\vec{a}) + \frac{d_j(\vec{a})}{\Delta(\vec{a}) + 1}\right) \tag{11.1}$$

注意，实际效用函数 $u_j(\vec{a})$ 仅包含第二项和第三项，即 $u_j(\vec{a}) = \Omega(d_j \vec{a}) + d_j(\vec{a})/(\Delta(\vec{a}) + 1)$。长期效用函数的第一项表示矿工 $m(jk, r_k)$ 在未来博弈中将由于其行为(通过 $r_k$ 反映)获得或失去 $\varphi_i$ 个单位的效用。获得还是失去取决于 $\tau_j$，也取决于矿工的声誉值 $r_k$。第二项表示矿工 $m(jk, r_k)$ 如果采用不诚实策略或与攻击者合谋，将在当前博弈中得到一个单位的效用，否则就失去这个机会。最后，第三项表示和所有其他不诚实的矿工分享一个单位的效用。

## 11.6　用博弈论分析来评价提出的模型

本节使用博弈论理论分析方法，评价上文中提出的基于声誉的挖矿模型。首先考虑(2,2)博弈，即两个矿工之间的博弈，证明这种情况下，诚实挖矿总是优于不诚实挖矿。此后将分析扩展至 $(n, n)$ 博弈，即在 $n$ 个矿工间进行的博弈。

**定理 1:** 在两个矿工之间的(2, 2)博弈中，使用式 11.1 定义的效用函数时，诚实挖矿 $H$ 比不诚实挖矿 $D$ 严格占优。

证明：计算 $m(jk, r_k)$ 每个博弈结果的效用 $u_j$。令 $m_{(j'k', r'_k)}$ 表示其他矿工。

(1) 如果两个矿工都采用诚实挖矿策略，$\delta_j$ 为正，$d_j = 0$，$\Delta = 0$：

$(\delta_j > 0, d_j = 0, \Delta = 0) \Rightarrow u_j(H, H) = \Omega \varphi_j$

(2) 如果只有 $m(jk, r_k)$ 采用诚实挖矿策略，$\delta_j$ 为正，$d_j = 0$(因为 $m(jk, r_k)$ 未参与合谋)，且 $\Delta = 1$(由于 $m_{(j'k', r'_k)}$ 采用了不诚实挖矿策略)：

$(\delta_j > 0, d_j = 0, \Delta = 1) \Rightarrow u_j(H, D) = \Omega \varphi_j$

(3) 如果只有 $(j'k', r_k')$ 采用诚实挖矿策略，$\delta_j$ 为负，$d_j = 1$(由于 $m(jk, r_k)$ 采用了不诚实挖矿策略)，$\Delta = 1$：

$(\delta_j < 0, d_j = 1, \Delta = 1) \Rightarrow u_j(D, H) = \Omega(-\varphi_j + 1.50)$

(4) 如果两个矿工都采用不诚实挖矿策略，$\delta_j$ 为负，$d_j = 1$，$\Delta = 2$ (因为两个矿工合谋)：

$(\delta_j < 0, d_j = 1, \Delta = 2) \Rightarrow u_j(D, D) = \Omega(-\varphi_j + 1.33)$

如果奖励因子 $\varphi_i \geqslant 1.5$(由矿池管理员 $M_{(i, p)}$ 决定)，将得到如下收益不等式，定理得证。

$$\overbrace{u_j^{(H, H)}(\vec{a}) = u_j^{(H, D)}(\vec{a})}^{m_{(jk, r_k)}: 诚实挖矿} > \overbrace{u_j^{(D, H)}(\vec{a}) > u_j^{(D, D)}(\vec{a})}^{m_{(jk, r_k)}: 不诚实挖矿}$$

同样，假设 $\varphi_i$ 至少为 1.5 时(注意，最小值基于模型参数而定)，收益矩阵如表 11.2 所示：

表 11.2　两个矿工的(2, 2)博弈

| $m(jk, r_k)$ ＼ $m(j' k', r'_k)$ | $H$: 诚实挖矿 | $D$: 不诚实挖矿 |
|---|---|---|
| $H$: 诚实挖矿 | (1.5, 1.5) | (1.5, 0) |
| $D$: 不诚实挖矿 | (0, 1.5) | (−0.17，−0.17) |

以上说明，在基于声誉的挖矿模型中，诚实挖矿总处于纳什均衡中。将证明扩展至 $n$ 个矿工的情况，令 $H_j$(或 $D_j$)表示矿工 $m(jk,r_k)$，采取诚实挖矿策略(或不诚实挖矿策略)，令 $H_{-j}$ (或 $D_{-j}$ ) 表示除 $m(jk,r_k)$ 外的其他所有矿工采取诚实挖矿策略(或不诚实挖矿策略)，最后，令 $\mathcal{M}_{-j}$ 表示除 $m(jk,r_k)$ 外的一些矿工采取诚实挖矿策略，一些矿工采取不诚实挖矿策略。

**定理 2**：在 $n$ 个矿工间的 $(n,n)$ 博弈中，当用如式 11.1 所示的效用函数 $u_j(\vec{a})$ 时，诚实挖矿策略 $H$ 比不诚实挖矿策略 $D$ 严格占优。

证明：计算不同场景下每个输出结果的效用。令 $n > k \geq 2$。

(1) 如果所有矿工采取诚实挖矿策略，或 $m(jk,r_k)$ 和 $k-1$ 个矿工采取诚实挖矿策略，或只有 $m(jk,r_k)$ 采取诚实挖矿策略，那么 $\delta_j$ 为正，$d_j = 0$，$\Delta \in s = \{0, n-k, n-1\}$：

$$(\delta_j > 0, d_j = 0, \Delta \in s) \Rightarrow u_j^{(H_j, H_{-j})} = u_j^{(H_j, \mathcal{M}_{-j})} = u_j^{(H_j, D_{-j})} = \Omega \varphi_j$$

(2) 如果只有 $m(jk,r_k)$ 采取不诚实挖矿策略，$\delta_j$ 为负，$d_j = 1$，$\Delta = 1$：

$$(\delta_j < 0, d_j = 1, \Delta = 1) \Rightarrow u_j^{(D_j, H_{-j})} = \Omega(-\varphi_j + 1.5)$$

(3) 如果 $m(jk,r_k)$ 和 $k-1$ 个矿工采取不诚实挖矿策略，其余矿工采取诚实挖矿策略：

$$(\delta_j < 0, d_j = 1, \Delta = k) \Rightarrow u_j^{(D_j, \mathcal{M}_{-j})} = \Omega \left( -\varphi_j + \frac{k+2}{k+1} \right)$$

(4) 如果所有矿工采取不诚实挖矿策略，$\delta_j$ 为负，$d_j = 1$，$\delta = n$(因为没人诚实挖矿)：

$$(\delta_j < 0, d_j = 1, \Delta = n) \Rightarrow u_j^{(D_j, D_{-j})} = \Omega \left( -\varphi_j + \frac{n+2}{n+1} \right)$$

分析如下：令 $*_{-j}$ 表示 $H_{-j}$、$\mathcal{M}_{-j}$ 或 $D_{-j}$，易证：

$$1.5 > \frac{k+2}{k+1} > \frac{n+2}{n+1} \qquad n > k \geq 2$$

同样，假设 $\varphi_i$ 至少为 1.5，诚实挖矿或不与攻击者合谋总处于纳什均衡中。因此，不管其他矿工的行为如何，总是选择诚实挖矿策略符合 $m(jk,r_k)$ 的最大利益：

$$u_j^{(H_{j,*-j})}(\vec{a}) > u_j^{(D_{j,*-j})}(\vec{a})$$

# 11.7　小结

本章为区块链工作量证明提出一个基于声誉的挖矿模型。首先解释不诚实挖矿问题，并描述所提出的模型，然后为前述问题提供一个候选解决方案。注意，不诚实挖矿是指任何针对其他矿池或竞争者的恶意行为，如扣块攻击、自私挖矿攻击、日蚀攻击、顽固挖矿等。

本章提出的挖矿博弈在一组矿池管理员和矿工之间重复进行，其中采用抵御重入攻击的信任管理系统持续度量每个矿工或矿工联盟的声誉值。在每一轮博弈中，矿池管理员根据由矿工声誉值决定的不均匀分布，仅给部分矿工发送邀请。值得一提的是每轮博弈包含一系列区块验证，例如验证固定数目的区块或等待一定时长。

本章证明了在前面提出的模型环境下，诚实挖矿处于纳什均衡中。也就是说，对矿工来说，破坏工作量证明的计算或进行不诚实挖矿，即使能获得短期效用，也不是最有利的选择。这是由于模型中引入了长期效用函数，随着时间推移会对矿工的效用产生影响。后面研究者们可能利用比特币网络中的真实数据通过模拟来实现提出的博弈算法。

### 致谢

本研究在美国陆军研究办公室(Army Research Office)赞助下完成，授权号为 Grant Number W911NF-18-1-0483。本章明示或暗示的观点及结论是作者的意见，不代表陆军研究办公室或美国政府的官方政策。美国政府授权为政府目的复制和分发重印本，无须受此处任何版权注释的限制。

# 第 IV 部分

# 区块链实施

# 第 12 章

# 提升物联网安全性的
# 私有区块链配置

本章由 Adriaan Larmuseau[1]和 Devu Manikantan Shila[2]撰写。

## 12.1　简介

随着物联网(IoT)的不断发展，由于存在不良的安全实践、有缺陷的协议以及缓慢的补丁更新等问题，物联网设备及其网络的安全性日益受到关注。区块链技术[1]所提供的防篡改、去中心化、分布式和安全的交易链能为物联网的部署提供帮助。这种安全的交易链可向物联网设备网络提供小额支付[2]、可信身份管理[3]和可验证的数字工件[4]等。

除了这种安全的交易链外，新近推出的区块链框架还提供对智能合约[5]的支持。智能合约是存储在区块链中的一段代码，用于执行经部分或全部区块链网络成员验证的交易，这些交易一经验证也将存储在区块链中。未来，将安全链与智能合约相结合的区块链技术将有能力重塑物联网设备部署的开发、管理和信任方式。

然而，将区块链部署为物联网协议时的主要挑战是为物联网设备网络配置区块链找到正确方式。第一个主要争议是采用公有区块链还是私有区块链。互联网上的每个用户都可访问公有区块链，因此，获得广泛采用的公有区块链网络具有强大的网络效应，这些网络效应可增加交易链的复制份数和链的长度，进而增加了改变交易链所需的哈希算力，以及增加了可用于保护区块链共识模型的计算能力，因而增强了区块链的基本安全属性，即交易链不可篡改。然而在实际应用中，大多数流行的公有区块链为增强安全性却不得不降低性能，在扩展区块链的总吞吐量方面，这一问题尤其突出。

以太坊(Ethereum[6])是最流行的支持先进智能合约功能的公有区块链，其吞吐量

---

1　供职于中国上海软件与智能系统中国区联合技术研究中心。
2　供职于美国东哈特福德软件系统集团联合技术研究中心。

可达每秒 15 笔交易。对于以太坊这种规模的公有区块链来说，与比特币每秒 7 笔交易[7]相比，能达到每秒 15 笔交易的速度已经很惊人了，但大规模的物联网设备需要更高的吞吐量。2017 年，优步(Uber)平均每秒提供 126 次服务[8]。Visa 支付系统拥有数百万个连接的支付终端，可以说是全球最大的物联网部署之一，每秒能处理高达 56 000 次交易[9]。虽然某些较新的区块链技术(如 IOTA[10]和 Nano[11])等正尝试着创建能处理同等吞吐量水平的区块链，但迄今为止，这些高吞吐量区块链都未能成为将顶级性能与健壮性相结合的智能合约平台。

因此，本章主要探讨为物联网部署配置私有区块链的复杂性。区块链框架使用不同类型的共识算法确定将哪些交易添加到区块链中。比特币等传统区块链框架采用工作量证明(Proof-of-Work，PoW)共识协议，要挖出新的区块必须解决耗能较大的密码谜题[12]，而新区块链框架正在探索其他共识协议，如授权证明(Proof of Authority，PoA)[13]、委托权益证明(Delegated Proof of Stake，DPoS)和实用拜占庭容错(Practical Byzantine Fault Tolerance，PBFT)[14]。

本章提出两个用于物联网部署的区块链，一个采用 PoW 共识协议，另一个采用 PBFT 共识协议。本章不去考虑这两种共识协议之间的性能差异，而将关注点放在物联网设备在这两种区块链部署中扮演的角色，以及这两种区块链能为物联网设备提供什么样的安全保障。区块链框架会区别对待两种设备角色，即全节点和轻客户端。其中，全节点是区块链网络的主干，下载传入的交易区块，并根据区块链共识规则进行检查，存储区块链的完整或压缩副本。在实施全网络智能合约的区块链框架中，全节点还负责执行和验证对存储在区块链中的智能合约的调用。相比之下，轻客户端并不直接支持区块链网络，而通过向区块链发送新交易以及访问自己感兴趣的交易等方式参与到区块链网络中。

本章将探讨两种区块链物联网系统在系统功能和网络安全保障方面的差异。一种系统是将物联网设备配置为私有区块链轻客户端或区块链无感知设备，另一种系统将物联网设备配置为私有区块链上的全节点。这两种不同的物联网区块链部署策略分别称为支持区块链的网关(以下简称为区块链网关)和支持区块链的智能终端设备(以下简称为区块链智能终端设备)。

本章 12.2 节和 12.3 节将讨论这两种不同的部署策略，并通过示例实现说明每种策略的优点和局限性，最后的 12.5 节对本章内容进行总结。

## 12.2　区块链网关

区块链网关物联网部署策略以网关设备为中心，该设备集中处理物联网和基于云/网关的私有区块链之间的交易(如图 12.1 所示)。促成这些交易的物联网设备并不是区块链的全节点，而会被配置为区块链轻客户端或区块链无感知设备。如上文所述，在该策略配置中，物联网设备并不支持私有区块链，这些设备使用网关作为区块链全节点，可将交易发送到网关并从网关接收更新。

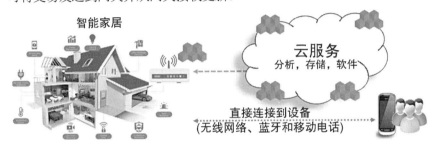

图 12.1　智能家居的区块链网关策略实施

### 12.2.1　优势

与使用传统数据库和去中心化的命令服务器方法相比，区块链网关策略有四个优势。

- 容错——在区块链网关策略中，通过采用分布式数据库，即分布在网关和支持私有区块链网络的服务器之间的区块链，提高了系统的弹性，因为不再存在单点故障。
- 安全可信的日志——区块链是由交易组成的不可篡改的链。被收集到不可篡改的链上的交易可被视为物联网内发生全网事件的可信日志。
- 安全设备注册——将区块链提供的不可篡改性与物联网内置的身份验证机制(通常通过公钥密码技术实现)结合，可轻松创建已认证物联网设备的安全注册表。
- 可信的业务逻辑——通过实施存储在区块链上的智能合约等业务逻辑规则，可将逻辑固定和透明化。此外可通过区块链网络的部分或全部算力来验证逻辑的执行。只有对区块链网络进行资源密集型的"多数"攻击，才能修改或干扰该逻辑的执行[15]。

## 12.2.2　局限性

由于本章主要关注私有区块链，而私有区块链的网络规模会受到提供资金的公司或财团资源的限制，因此前面提到的四个优势在一定程度上都存在局限性。相比之下，以加密货币作为奖励所驱动的公有区块链，其增长速度可能随着加密货币价值的增长而呈现出迅猛的增长势头。例如，以太坊公有区块链网络在不到两年的时间里增长到25 000 个节点(包括轻客户端和全节点)[16]，如此庞大的公有区块链当然能提供更好的容错能力。因为大型公有区块链网络包含更多链副本，链也更长，需要更多哈希算力才能改变链。因此，公有区块链越难篡改，其提供的日志就越可靠，设备注册也更安全。最后，大型公有区块链还可分配更强的计算能力来验证智能合约，从而提高要实现的业务逻辑结果的可信度。如简介所述，公有区块链的安全性和可靠性优势都是以巨大的性能成本为代价的，特别是在交易处理速度方面成本巨大。因此，公有区块链只有克服了交易处理限制后才会得到更广泛的应用，否则最佳解决方案仍是部署大规模的私有的或基于联盟的区块链。

另一个局限性是，区块链网关策略可提供物联网系统内发生的所有交易的可信日志。物联网内置的身份验证可确保这些交易仅来自己安全注册的设备，但该策略并不能保证这些交易的消息内容是准确的。例如，在物联网系统中，可应用区块链网关策略来记录传感器值，但无法保证这些传感器的值是正确的。因为该策略只保证这些传感器值来自受信任的设备，而且在传输过程和存储中未遭篡改。

下面将描述如何为访问控制系统的私有区块链实施区块链网关策略，并分析区块链网关策略的优势和局限性。

## 12.2.3　用于访问控制的私有以太坊网关

为说明区块链网关策略的优缺点，本节将在一个楼宇门禁系统(用户使用智能手机开锁的安全系统)的区块链原型程序中应用该策略。在该系统中，门锁使用树莓派 3B 物联网设备实现，通过应用层蓝牙低功耗(Bluetooth Low Energy，BLE)协议与智能手机通信，采用应用级 128 位 AES-CCM 加密算法实现门锁与手机之间的身份验证加密(Authenticated Encryption)。门锁作为 BLE 外设，向作为 BLE 中心运行的智能手机报告其存在。一旦验证通过，智能手机会向门锁发送一个 16 字节的用户 ID，门锁将此 ID 输入运行在区块链上的访问控制系统。门锁收到区块链访问控制系统的响应后，会给智能手机发送一个通知数据包，告知是否需要打开或关闭门。

根据区块链网关策略，这些门锁设置为以太坊轻客户端，通过以太坊网关与公司的私有以太坊区块链网络通信(如图 12.2 所示)。这些网关是运行一个或多个以太坊

PoW 矿工的计算机，矿工把门锁提交过来的交易打包成区块放到私有区块链上。理想情况下，这些网关应该来自建筑物中的不同利益相关者，例如建筑物所有者、租户和安全服务提供商等角色，多利益相关方的私链是最值得信赖的私有区块链。不过，在这个原型实现中，私有网络由研究者提供的四个网关组成。

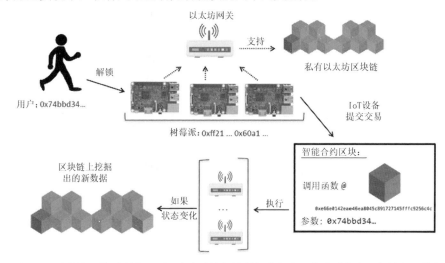

图 12.2　以太坊网关原型实现了一个本地访问控制解决方案，在该系统中，门锁和网关由以太坊地址(0xab…)标识。通过在系统初始阶段就已经添加到区块链上的智能合约，来实现访问控制规则(颜色更深的区块表示智能合约)

为提高交易吞吐量，对以太坊的 PoW 机制进行修改，从一个很低的难度开始(四个网关的网络在 200 毫秒内挖出区块)，且难度不再增加。这与公共以太坊区块链的 PoW 形成鲜明对比，后者每 14.7 秒就会更新一次创建新块的 PoW 难度。需要注意，这里的快速挖矿绝对不代表这是一个扩展区块链的解决方案。由于该原型是一个私有区块链网络，因此能通过信任的网关之一和系统的交易吞吐量，在 PoW 难度以及由网络接管的相关风险之间做出平衡。在该原型中，将系统配置为 200 毫秒，确保门锁和智能手机之间的 BLE 协议不会因区块链的交易处理而延迟太久。

私有以太坊区块链通过部署在区块链上的智能合约实现楼宇访问控制系统。该智能合约在原型的初始阶段先被添加到区块链，门锁随后加入网络。门锁加入网络时可得知该智能合约的区块链地址，从而可通过以太坊的 Web3 接口与之交易。网关矿工接收这些交易信息，通过执行智能合约代码对其进行处理，并将处理结果挖掘到区块链上。该原型中使用的部分智能合约代码如图 12.3 所示。

```
contract BuildingControl is Ownable {

mapping(address => bool) private lockRegistry;
mapping(address => mapping(uint128 => bool)) private
    lockPermissions;
mapping(address => mapping(uint128 => uint)) private Successes;
mapping(address => mapping(uint128 => uint)) private Failures;

function registerLock(address _lock,bool _registered) public
    onlyOwner {
lockRegistry[_lock] = _registered;
}

function logEvent(uint128 _user) public returns (bool) {
if(lockRegistry[msg.sender] == true &&
  lockPermissions[msg.sender][_user] == true) {
  Successes[msg.sender][_user] = block.timestamp;
  return true;
}
Failures[msg.sender][_user] = block.timestamp;
return false;
}
}
```

图 12.3　用于管理建筑物访问控制的 Solidity 智能合约已编辑片段。映射用于为设备、
权限和事件创建区块链注册表。公有函数强制执行访问控制规则

　　研究者用 Solidity 写成的智能合约，继承自 OpenZeppelin 的标准所有权合约 Ownable，Ownable 合约将此智能合约的所有权(在该原型中即为建筑物访问控制系统的所有权)分配给在区块链上部署这个合约的以太坊账户。这个合约定义了四个映射，其内容存储在区块链中。第一个映射 lockRegistry 创建的区块链注册表中包含允许向访问控制智能合约提交交易的所有门锁。注册表通过以太坊地址标识门锁，而以太坊地址是非对称加密密钥对公钥 keccack-256 哈希的最后 20 个字节，门锁通过该非对称密钥对，在以太坊区块链中对自身进行标识。因此，只有智能合约的所有者明确添加了门锁的以太坊地址后，门锁才能加入建筑物的访问控制系统中。因此，通过 lockRegistry 映射，可利用以太坊提供的安全认证构建许可设备的可信注册。第二个映射 lockPermissions 创建了一个由 128 位数字标识的所有门锁和用户的区块链注册表，相关用户可打开相应门锁。第三个映射 Successes 和第四个映射 Failures 创建的区块链注册表分别记录用户最近一次成功或不成功地与门锁交互的时间。注意，注册表只存储最近的时间，可通过浏览区块链查询历史时间。

　　列出的智能合约代码片段中以 logEvent 公有函数作为示例。与区块链连接的门锁每次通过 BLE 从智能手机接收到用户 ID 时，都会提交交易，交易会调用该函数。logEvent 函数检查提交交易的设备是否为注册设备，以及提交的用户是否有权访问门锁，并用检查结果更新区块链。另外，门锁会接收到该函数的布尔值结果，通知门锁

是否打开。

## 12.2.4　评价

该构建访问控制系统的原型实现利用了区块链网关策略的四个关键优势，如下所示：

- 容错——与现有的构建访问控制系统(门锁由中心化命令服务器控制)不同，即使众多网关发生故障，原型系统也可保证访问控制记录可被查询。需要注意，在网关故障下，系统的完全可用性取决于门锁能否通过网络访问多个网关。
- 安全可信的日志——每当用户尝试打开门锁时，不论成功与否，该事件都会被记录到不可篡改的区块链上。各种不可篡改的访问控制事件日志尤其适用于那些需要高安全性的设施。
- 安全设备注册——所有物联网设备都通过其以太坊地址在区块链上注册，以太坊地址源自设备的公钥，从而实现了简单安全的身份验证。
- 可信业务逻辑——通过智能合约方式实施访问控制规则，可固化这些规则并使其保持公开透明，同时通过私有区块链网络的计算能力进行连续验证。

注意，在此原型部署中，因为仅有四个运行简单 PoW 共识机制的网关，所以日志和访问控制规则的可信度以及总体容错性受到限制。利益相关者为这个私有区块链网络提供的网关越多，这个私有区块链就越完善，就越能提升整体可信度和容错性。不过，如前所述，这个私有区块链仍然永远无法达到公有区块链所能提供的信任度和可靠性级别。

另外，此原型仅保证提交访问控制请求的门锁是经过明确授权的，并且这些请求的日志是不可篡改的。因为区块链网关策略仅为物联网提交到区块链网络的那些交易提供了区块链的优势，所以在这些请求中无法保证数据的准确性。这种情况下，能劫持门锁的攻击者可能通过阻止或延迟门锁发送交易或通过修改交易中包含的用户 ID，来伪造存储在区块链中的记录。通过这种方式，在个人用户并没有访问控制违规行为的情况下，攻击者会伪造虚假记录陷害该用户。

## 12.3　区块链智能终端设备

将物联网设备配置为区块链全节点，就可实施区块链智能终端设备策略。该节点可下载并验证所有传入的交易区块并调用存储在区块链上的智能合约(如图 12.4 所示)。因此，这种区块链部署可仅由物联网设备组成，不必添加任何网关或后端云服务。

但可通过添加网关和云后端来扩展网络并提高安全性。

图 12.4　为智能家居实施的区块链终端设备策略。这种部署策略允许<br>物联网/用户设备成为区块链全节点。网关和后端云服务是可选的

## 12.3.1　优势

与12.2节所述的区块链网关策略类似，支持区块链的智能终端设备策略利用区块链技术获取安全、可信的事件日志，通过安全设备注册强制执行身份验证，并享受透明可信的业务逻辑。与区块链网关策略相比，区块链智能终端设备策略还在如下两个方面有所改进：

- 容错——通过在更多设备上部署区块链框架，让更多设备提交区块链交易，区块链得到更多复制，因此具有更高的容错性。此外，随着物联网设备的配置及运行变得与在设备上启动区块链客户端一样简单，物联网设备的数据和行为在区块链上存储和实现得越多，就越容易处理物联网设备故障。

- 可信物联网设备行为——区块链智能终端设备策略为物联网系统提供的最大改进是能将区块链框架的智能合约机制作为在物联网设备上运行可信代码的方式。注意，这不同于前面讨论的可信业务逻辑。虽然区块链赋予的安全性和信任度提升可利用整个区块链网络来验证高级业务逻辑，但这里所指的可信物联网设备行为不必是高级代码，也不需要通过整个网络验证。可信物联网设备行为可能是读取传感器设备、建立网络连接、安装软件更新等。为获得对此类操作的信任，会使用区块链框架来验证执行物联网设备行为的代码是否被修改(与存储在区块链上的代码副本进行对比)。此外，区块链框架可用于验证是否可复制行为代码的结果，例如强制少量等效物联网设备复制该行为。

## 12.3.2　局限性

如前述区块链网关策略一样，由于网络规模受到限制，所有安全性和容错优势在私有区块链中都会受到限制。此外，直至本章撰写之时，现有的区块链全节点客户端都还是非常耗费资源的，因此，区块链智能终端设备策略仅适用于具有相当大内存和处理能力的物联网设备。在大多数现有的区块链框架中，可信设备行为(Trusted Device Behavior)很难实现，因为目前的智能合约编程模型还不够灵活，不能支持物联网设备的传感器读取或给应用程序打补丁等低级操作。

最后，虽然利用区块链框架来控制物联网设备的行为可提升对所提交数据的信心，可增强对提交到区块链中所创建数据的控制，但这种方法仍然不完全值得信赖。因为定义行为的智能合约仍依赖于底层区块链执行环境、设备操作系统和硬件的正确执行，而资源丰富的攻击者仍可能利用这些组件成功篡改提交给区块链的数据。

## 12.3.3　支持私有 Hyperledger 区块链的智能传感器设备

本章通过在供应链温度监控解决方案区块链原型中应用区块链智能终端设备策略，来分析该策略的优缺点。供应链是基于区块链创新的关键领域，区块链凭借其不可篡改的多利益相关方数据库，为构建从制造商到仓库再到最终用户的产品跟踪系统提供了理想平台。特别是食品和药品供应链，正在进行各种区块链实验。在这些实验中，物联网设备起着至关重要的作用，因为它们提供了要添加到区块链中的数据。但供应链上有很多地方，如在运输过程中，由于连接限制或对提交给网关的数据的有效性存在顾虑等原因，可能并不希望使用如 12.2 节中详细介绍的区块链网关策略。因此，本章还将研究在运输新鲜食品的卡车中使用的、通过树莓派设备实现的温度感应物联网设备的原型网络。该原型通过直接在传感器设备之间托管区块链来部署区块链智能终端设备策略，每个设备都是完全启用 Hyperledger Fabric 的节点。

Hyperledger Fabric[17]是一个开源的区块链框架，主要用于在多个组织之间部署可信数据库。与以太坊不同，Hyperledger Fabric 区块链不采用 PoW 共识协议，而采用不需要资源密集型挖掘计算的实用拜占庭容错[14]等共识协议。虽然 Hyperledger Fabric 设计为云框架，将区块链作为托管在各种 Docker 容器中的一系列微服务实现，但研究者将其移植到轻量级物联网设备上(树莓派的定制容器可在线获得)。Hyperledger Fabric 是唯一经过广泛测试并有完善文档的区块链框架，可为智能合约提供功能强大且灵活的编程模型。

如 12.1 节基于以太坊的原型所述，传统智能合约局限于一组特定的计算和功能，其作用包括：①使得区块链的所有全节点不管底层硬件如何都可执行和验证智能合约；

②通过为每个操作分配价格，可以更方便地核算公有区块链上智能合约的计算成本。后者还确保智能合约不会由于无限运行而破坏区块链网络，因为那些希望执行智能合约的人只能投入有限的财务资源。

相比之下，Hyperledger Fabric 智能合约(称为 Chaincode，链码)是隔离的 Docker 容器，支持 Java 和 Golang 等全功能编程语言。在非区块链代码中所使用的库和框架，同样可用于区块链中，只要能使这些库和框架在容器环境中运行即可。此外，Hyperledger Fabric 智能合约仅受限于智能合约调用可能花费的最大时间。这是一个在整个区块链范围内设置的约束值，在原型中被设置为 2 分钟，对物联网设备从其温度传感器读取数据而言，这个时间足够了。Hyperledger Fabric 智能合约模型的最终优势在于允许区块链管理员将某些智能合约的执行限制在区块链网络内节点的选定子集上。

如图 12.5 所示，原型利用 Hyperledger Fabric 的成员资格服务创建了两个组织 Org1 和 Org2，其中每个组织由一组自签名证书定义，这些证书构成了分别用于验证组成物联网设备信任根的组织。组织 Org1 对供应链中的权威组织进行建模，如接收运送食物的超市模型；而 Org2 对低级组织进行建模，如辅助监测供应链中的温度。

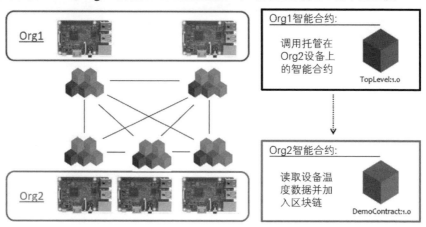

图 12.5　在启用 Hyperledger Fabric 的温度传感器之间托管一个区块链，通过智能合约将传感器数据添加到区块链，该合约指定 Org2 的设备应如何与温度传感器交互

每个组织中的设备都运行该组织中特定的智能合约。通过利用 Hyperledger 特有的背书策略(Endorsement Policy)功能强制执行这种隔离，即交易只有经过相应组织批准才是有效的。运行 Hyperledger Fabric 框架的节点通过检查用于签署智能合约交易的数字签名来验证交易是否通过批准。

Org2 中的设备是连接到温度传感器的树莓派设备，运行用 Golang 编写的名为 DemoContract 的智能合约，该合约提供可调用的函数 putSensor。该函数的代码片段如

图 12.6 所示。putSensor 函数可充当连接温度传感器的区块链集成设备的驱动程序。首先,打开与温度传感器相连的树莓派 GPIO 引脚,读取数据,然后使用 Hyperledger Fabric 区块链存储函数 stub.putState 将获取的温度值写入区块链。Hyperledger Fabric 区块链模型是一种键值数据库。在列出的示例中,调用智能合约的交易发送方与从传感器读取的值之间的关联被存储在区块链中。如果成功写入区块链,则 putSensor 函数会将区块链写入的传感器值作为消息返回给发起智能合约交易的设备并终止。

```
func (t *Demo) putSensor(stub shim.
    ChaincodeStubInterface, args []string) pb.Response{
...
pin,e := rpi.OpenPin(7,rpi.IN)
if e != nil { panic(e) }
pinVal,e1 := pin.Read()
if e1 != nil { panic(e1) }
...
e2 := stub.PutState(sender,[]byte(tempVal))
if er2 != nil { return shim.Error(err.Error()) }
...
return shim.Success([]byte(tempVal))
```

图 12.6　存储传感器值的 Hyperledger 智能合约

注意,Hyperledger Fabric 区块链框架在设计上并没有为这种硬件集成的智能合约功能提供支持。Hyperledger Fabric 智能合约的设计原则是尽可能成为与设备无关的容器,使开发人员能轻松地在各种云计算机之间复制。为启用这种新型的硬件集成智能合约,研究者使用自定义智能合约容器对 Hyperledger Fabric 进行扩展,该容器具有对树莓派 GPIO 引脚的读写访问权限(如图 12.7 所示)。这是通过将 Linux sysfs[18]虚拟文件接口和 GPIO 引脚作为卷加载到容器中实现的。此外,容器还集成了额外的 Golang 软件包,轻松实现与 GPIO 引脚的高级交互。到目前为止,这些硬件接口容器仅在运行开发模式的 Hyperledger Fabric 节点上工作。

与 Org2 的物联网设备在不同之处在于,Org1 的设备运行一个名为 TopLevel 的智能合约,该合约调用 Org2 的设备上运行合约的 putSensor 函数,然后将所得的温度传感器值与预期值进行比较,如图 12.8 所示。因此,第三方(如 Org1 模型中的超市审核员)可通过区块链交易在 Org1 设备上调用 TopLevel 智能合约,来审核货运食品的安全性。然后,该交易会生成一个从 TopLevel 合约到温度传感器的交易,温度传感器读取 Org2 设备上运行的智能合约。因此,Org1 的设备不会直接促成对传感器数据的收集,而使用 Hyperledger 区块链框架强制其对 Org2 中设备的授权。

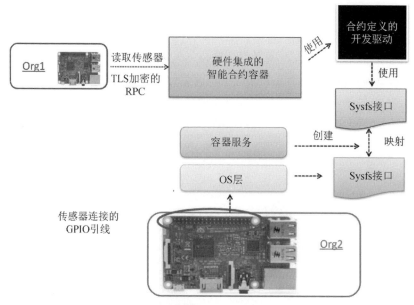

图 12.7　硬件集成智能合约架构允许将硬件接口推送到合同容器，来实现智能合约内的设备驱动

```
invokeArgs := ToChaincodeArgs("putSensor")
resp := stub.InvokeChaincode("DemoContract",
    invokeArgs,"")
if resp.Status == shim.OK {
 tempValue, err = strconv.Atoi(string(resp.Payload))
 if(tempValue < ExpectedValue)
 ...
```

图 12.8　Org1 的合约调用 Org2 设备上运行的智能合约的传感器读取函数 putSensor，并检查返回结果

## 12.3.4　评价

与 12.2 节所述的访问控制解决方案类似，这个多组织的温度感知原型利用区块链框架获取所有事件的安全可信日志(这种情况下是读取温度)、物联网设备的安全设备注册(通过 Hyperledger Fabric 的会员服务)和某些可用于供应链的可信业务逻辑。此外，该原型还利用区块链智能终端设备的独特优势，如下所示：

- 容错——在此供应链原型中，传感器数据在 Org1 和 Org2 的所有设备之间复制。即便多个物联网设备丢失，该原型也可轻松应对，因为数据永远不会丢失。并且，由于设备行为是在区块链层上设置，因此，对设备的配置很简单，只需要将其连接到私有区块链网络即可。

- 可信的物联网设备行为——区块链智能终端设备策略对物联网系统提供的最大改进是，能利用区块链框架的智能合约机制作为在物联网设备上运行可信强制行为代码的方式。此原型通过 DemoContract 智能合约确保通过一种可靠方式从温度传感器读取数值，在把传感器数值存储到区块链之前，该合约指定了从传感器读取数值时的确切代码。因为该代码的精确副本存储在区块链上，所以对那些运行着传感器读取代码的容器进行任何修改或伪造，都将无法产生区块链系统可接受的交易。

注意，即使在此原型中，存储在区块链上的温度值也不是完全值得信赖的。能否在 Org2 设备上运行的 DemoContract 智能合约中获取正确的温度传感器值，取决于 Linux 操作系统及其 sysfs 接口未受篡改，以及 sysfs 的虚拟文件与运行该智能合约的容器之间的映射未受篡改。但温度传感器和物联网设备仍然容易受到各种形式的基于硬件的篡改。不过，在设置中，利用区块链的核心功能，即通过复制验证计算结果，可抵御来自硬件或操作系统篡改引发的安全风险。特别是可以这样配置：对 DemoContract 的 putSensor 函数的所有调用都必须由 Org2 中的所有设备验证(因为这些设备位于同一个卡车集装箱中)。在这种设置中，只有所有设备读取的传感器温度值相同时，才会将新的传感器值写入区块链。尽管 Hyperledger 确实提供了支持这种行为的功能，但实验发现，在用于构建原型(1.0)的 Hyperledger 版本中，此功能仍然不可靠且未完成。

最后，区块链终端设备策略的一个重要限制在于，将物联网设备配置为区块链全节点需要该物联网设备具有大量内存和计算资源。如前所述，该原型在树莓派设备上运行了 Hyperledger Fabric 基于容器架构的端口。尽管在物联网设备上运行这一容器架构确实需要大量内存和计算，但在实验中遇到的一些限制都十分合理。通过将每个智能合约的最大内存配置为上限 100MB，可在六个容器上最大化树莓派设备的 CPU 性能，其中一个容器是 Hyperledger Fabric 区块链全节点微服务，而其他五个容器是智能合约。在实验中，这五个同时发生的智能合约约束并没有受到太大限制。

# 12.4　相关工作

到目前为止，有关区块链的大多数研究都集中在揭示和改善区块链的隐私保护和安全限制[19]上。与本章将区块链用于物联网部署框架的工作相关的还有 IBM 的 ADEPT 项目，该项目用区块链作为物联网设备网络[20]。但 ADEPT 仅考虑了以太坊区块链框架，并未将物联网终端设备的应用视为功能齐备的区块链对等节点，而根据物联网设备的能力将区块链对等节点隔离。该项目的文献也缺少安全性的具体细节。

同样，Zhang 等人针对碳排放权认证、保护物理系统、电力资源交易以及在多能源系统[21]之间协调等场景设计了区块链物联网架构，但并没有实现这些方案。越来越多的研究者将区块链视为实现物联网后端服务的一种手段。例如，Daza 等人提出，区块链在物联网[22]中可更好地发现设备。Samaniego 和 Deters 则探索了 IBM Bluemix 云平台与在 Arduino 物联网设备[23]本地托管的区块链相比，交付区块链服务时的网络延迟问题。

Huhet 等人在类似于 12.2 节的以太坊网关原型的工作中，探索了采用以太坊在树莓派设备网络上管理设备密钥的方法[24]。该研究提供了智能合约示例，但没有探讨方案的局限性。Dorri 等人做了另一项工作，与 12.2 节中对区块链网关的探索类似，将区块链作为智能家居设备网络，通过一个中心矿工处理传入和传出交易 [25]。然而，该实验的评价结果是基于仿真而非本章介绍的功能原型。

多家初创公司正在探索多组织区块链供应链解决方案，例如 12.3 节提到的供应链温度监控原型。最具有代表性的是 VeChain 和 Waltonchain。VeChain 是一个公有区块链，旨在将其标识符(VID)集成到 QR 码、NFC 和 RFID[26]等众多物联网标签中。这可简化基于区块链的供应链产品跟踪。为解决简介中所述的公有区块链吞吐量挑战，VeChain 正尝试将授权证明用作共识机制。同样，Waltonchain 是一个公有链，旨在跟踪整个供应链中的产品。与其他产品相比，Waltonchain 的主要差异是具有直接与区块链集成的定制 RFID 集成电路[27]。

# 12.5　小结

本章描述、实施并比较了用于在物联网设备网络上部署私有区块链的两种不同配置策略。利用区块链网关策略，不必将物联网设备配置为区块链全节点客户端，通过引入网关将物联网设备接入区块链。物联网设备与区块链之间的这种连接使开发人员能安全地注册物联网设备，将数据存储在可信日志中，并以透明且经过网络验证的方式执行高级业务逻辑。相比之下，区块链智能终端设备策略可将物联网设备配置为区块链全节点，从而为区块链网络提供更高容错能力，并实现重要的安全功能，例如，直接在智能合约中可靠收集传感器数据。本章通过基于区块链的访问控制系统以及用区块链改进供应链温度监控系统的原型实现分别介绍了这两种策略。

# 第13章

# 区块链评价平台

本章由 Peter Foytik 和 Sachin S. Shetty 撰写[1]。

## 13.1　简介

本章主要开发一个测试平台来评价前几章中提出的方法。本章假设读者具备一些编程、脚本和面向对象设计的知识，读者如果熟悉开源软件的话会受益更多。通过在线存储库可访问软件代码，可下载并在任何能满足开源软件需求的系统上运行。其中一个软件是用 C#构建的定制化的简单区块链模拟应用程序。这个应用程序使用免费的 Microsoft .NET 框架。还有一个软件是 Hyperledger Fabric。Hyperledger Fabric[1, 2]是由 Linux 基金会管理的开源区块链应用程序和工具集，要求用户运行开源框架的 Docker，以便托管预构建的应用程序容器。Hyperledger Fabric 还需要 Golang 和 JavaScript 这样一些开源软件/脚本语言。

上述两个例子让研究者可在若干不同环境中评价前几章提出的算法和协议，以迭代方式模拟基于 C#的简单实现。使用区块链对协议进行模拟使得研究人员不需要了解整个系统的操作就可评价算法或协议。Hyperledger Fabric 是一个功能齐备的区块链平台，可对其进行修改，以在实际环境中运行。这两个例子都可进行扩展，以评价算法和协议的性能。

运行示例所需的源代码、资料和其他文档可在 GitHub(https://github.com/odu-vmasc/Blockchain_BookChapter)上找到。

### 13.1.1　架构

人类自从有了文档，就一直使用账本记录软件系统和物理系统中的状态变化。简

---

单地说，账本是一个键值对(Key Value Pair)，键和数值可以是任意数字。键值对状态的每个变化都与一个哈希值关联，该哈希值是由先前的哈希值和表示包含状态变化的键值对的数据组合计算得到。账本实现的关键在于以下几个方面，这需要进行事先计划和讨论：

(1) 分布式账本

(2) 参与节点

(3) 参与节点间的消息传递方法

(4) 共识节点或和对等节点的集成

## 13.1.2　分布式账本

本章重点讨论账本的软件实现。从软件实现角度看，账本在许多编程语言中自然存在，通常指通过链表、数组、字典或映射等形式表示的数据结构。尽管受限于数据类型的特性，但上述任何一种数据结构都可用作账本。

区块链账本最常用的数据结构是链表。链表提供一个不必指定初始大小、可增长的动态结构。链表可描述为节点链，其中每个节点都可以是一个数据结构。节点(区块)的数据结构可根据列表所存储数据的类型定制。为发挥区块链的功能，节点(区块)的数据结构至少需要包含一个链接，即将节点链接到前一个节点的指针。当前节点的哈希值必须基于前一个节点的状态和哈希值得到。同样，每个节点需要以相同方式链接到下一个节点。

此外，对于节点中可表示的信息，开发者还有很多自由空间，这主要取决于区块链所支持系统的状态。大量研究正在进行，以确定适合在区块链中存储的数据的数量上限。目前一致认为，对于大型数据系统，区块链适合管理的是存储系统的状态数据以及以往存储在传统数据库系统中的数据。传统数据和状态对区块链来说就是一个键值对。键是一个 ID，表示要进行状态观察的对象，值是该对象的状态表示。为实现系统的灵活性，键和数值可用字符串表示，这样可提高健壮性。然而，并没有什么理由可认为整数或布尔值等其他数据类型不可用于表示键和数值。策略性地选择数据类型可减少数据的占用空间，能让区块链具有更好的性能。

所使用的哈希函数需要根据最新标准以及哈希中要输入的数据大小确定。应注意所选哈希函数的已知漏洞，以及给定输入大小后哈希函数的性能表现。哈希函数的输入数据应包括前一个区块的哈希值以及与当前区块关联的某些键值对。哈希函数的输出是表示区块链中当前状态区块的唯一标识值。这个哈希值不仅表示区块的数据完整性，还表示区块在区块链中的位置完整性。SHA-2、SHA-3、BLAKE2 等许多公开的哈希函数都经过大量测试，其性能已得到广泛认可。这些哈希函数已用 C#实现并存在于 Hyperledger Fabric 工具包的库中，以便开发者使用。

## 13.1.3 参与节点

由于区块链本质上是去中心化的，因此去中心化的组件需要作为系统中的参与节点参与处理。理想情况下，这些节点应分散在许多机器上。在区块链的实施过程中，可定义一些节点执行去中心化的任务，所需的节点类型因实现策略而异，但至少需要定义能在对等网络中彼此通信的对等节点。这些对等节点要能读写本地账本，以维护和保持区块链的状态。大多数情况下，对等节点要能相互通信，但某些情况下需要使用管理节点。显然，管理节点的出现使系统更趋中心化，偏离了区块链系统去中心化的目标。

节点本质上是去中心化的，需要进行模块化并开发成数量可扩展的对象。实现方式可以是使用独立计算机、虚拟机或容器实例运行节点程序，或在模拟的软件代码中使用编程对象。最后这个实现方式可用来在中心化环境中测试区块链协议。

## 13.1.4 通信

参与节点间的通信协议因实现的性质和策略而异，但节点至少要能一对一相互通信。所有参与节点都要具备 P2P 通信能力，或能与管理节点通信，再经由管理节点转发给其他节点通信。许多情况下，都需要通过广播这种最高效的方式将消息传输到所有参与节点。广播就是指向参与网络中的所有节点或部分节点同时发送消息。

另一种策略是闲聊网络协议(Gossip Network Protocol)，即信息通过相邻节点在整个网络中传播。该策略利用疾病和流行病传播的行为特性，通过相互连接的节点所组成的网络传播信息。这种方法需要知道相邻节点的信息而且需要网络高度连通。如果网络中很大一部分只通过一条链路连接，将极大地降低信息传输的性能。

通信协议的实现可基于区块链系统的标准协议完成。参与节点是通过 HTTP 协议连接到互联网的单个机器，可在私有设置中通过局域网通信，甚至可在单个机器上的虚拟网络中通信。每种设置都可设计使用相同的通信协议，支持将来在各种环境中的扩展和复制。

在模拟环境中通信方法非常简单，可将消息简化为指向对等对象的函数调用。这种情况下，挑战在于如何在模拟环境中准确表现出真实系统的异步性，这可通过几种方式实现。当存在并发进程时，通过使用参与节点个体的线程和并行进程，每个线程或派生进程所包含的进程可能出现轻微延迟，这就能为系统提供更多变化。此外，延迟也可用在调用模拟对等对象通信的消息函数上。延迟值可以是静态暂停时间，也可以是基于静态迭代器值的循环进程。为进一步增加异步性，可在暂停或循环迭代器中设置随机选择的值。

## 13.1.5　共识

任何异步去中心化系统都存在一个核心问题，即对消息进入系统的顺序达成共识。良好的共识方法可确保分布系统上消息的顺序是可信的。如果两个消息几乎同时从网络的两个不同末端进入系统，分布系统该如何确定哪个消息最先发生呢？本地参与节点自然会认为距自己最近的消息比距自己较远的消息更早进入系统。确保消息按到达网络的顺序进行处理是区块链系统共识算法的主要挑战。

本章将简述可供读者实现的三种共识算法，重点介绍这些算法如何影响区块链系统的执行能力。多数情况下，区块链系统的最大瓶颈是共识算法。这是由于在大型节点网络中达成共识非常困难且耗时。考虑到网络跳转的速度，消息必须通过重重节点才能到达其他节点，直到所有或至少大多数节点收到。因此，人们很快就会发现，系统去中心化程度越高，性能就越差。当然这取决于采用的共识方法。当涉及性能时，区块链系统中往往需要进行权衡，想要更好的性能就需要较高的集中度。因此面临的挑战是为区块链系统的用例给出与之适应的设计或实现，以达到较好的性能和较高的去中心化水准。

## 13.2　Hyperledger Fabric

Hyperledger Fabric 是一个开源工具包，由 Linux 基金会[1]的 Hyperledger 产品管理和维护，可用于构建许可制区块链系统。Hyperledger Fabric 这样的许可制区块链在一些参与节点间分发账本，这些参与节点或事先获得许可，或由证书颁发机构发放密码证书授予许可。这样账本就不是大量公开分发，而是私下分发给极少数节点。按照设计，只有这些节点才有权访问账本中的信息以及账本本身的信息。

通常认为 Hyperledger Fabric 是许可制区块链，因为其节点需要才能授权访问。此类系统既有优点也有缺点。许可制系统的好处是其内容和系统对公众不开放，许可和访问控制都需要经由证书颁发机构通过协议分发和实施。但数据私有的代价是：区块链的不可篡改这一属性只限于由有限的机器组成的子网中。公共网络虽然对所有连接设备都开放，但也提供了更多机会来推广区块链，从而确保形成更大网络，如果想通过控制网络中的绝大部分来获取优势，网络越大，这种可能性就越低。

## 13.2.1　节点类型

- 客户端(Client)——被授权或允许与安装在对等节点上的链码进行通信的节点。
- 对等节点(Peer)——在网络中作为验证节点的节点，承载账本的本地副本和链码。
- 排序节点(Orderer)——对参与节点进行组织的节点。从 Hyperledger Fabric v1 开始，排序节点决定使用的共识方法，并处理大部分需要广播到所有参与节点的消息。
- 证书颁发机构(Certificate Authority，CA)——提供密码文件及许可的节点，授权与其他 Hyperledger Fabric 节点通信和操作。
- Kafka 和 Zookeeper——允许使用 Hyperledger Fabric 运行 Kafka 共识的特殊节点。

## 13.2.2　Docker

Docker 是一个构建计算机系统容器化镜像的框架，提供一种在任何环境中快速启动、扩展和运行各类系统和应用程序的方式。无论系统设置是操作系统、参数还是软件，都可托管在 Docker 平台上让用户启动 Docker 容器。Docker 容器启动后，容器可通过 Docker 平台设置的网络接口与其他容器以及开发者所在的物理机器交互。开发者还可将互联网流量通过端口转发到这台机器上的特定 Docker 容器，从而将容器与网络连接。

Docker 容器可在托管 Docker 平台的任何机器上运行，不必关心机器上安装的是什么操作系统。Docker 容器可被视为一个运行应用程序或服务的完整系统。容器不是虚拟机，只利用刚好足够的资源来执行应用程序或服务所需的任务，这样可更有效地部署应用程序和服务。这类系统还提供一种扩展系统的简便方法，只需要启动更多此类 Docker 容器即可，而不必创建新机器并将其添加到网络中。

启动 Docker 容器首先需要在开发机上安装 Docker 平台。开发者可安装诸如 Dock Compose 的工具集来帮助管理 Docker 容器。Docker 平台和 Docker Compose 工具集可安装在 Windows、Linux 和 Apple 环境中。大多数情况下，Docker 容器的启动、停止和一般管理通过开发者计算机的命令行界面或终端完成。容器作为镜像文件存储在托管 Docker 平台的机器本地。这些镜像文件可以是开发者通过构建或修改现有基础镜像生成的，也可以是从自己的开发环境创建的全新镜像。Docker 提供公开托管各类 Docker 容器的中心服务，开发者可使用这些公开发布的容器或从中构建新的 Docker 容器。

### 13.2.3　Hyperledger Fabric 示例练习

本节将演示在 Hyperledger Fabric 上开发所需的操作。更多操作细节可参考 Hyperledger Fabric 的文档网站[2]。使用 docker-compose 的*.yaml 文件,可用一个命令启动 Hyperledger Fabric 网络。yaml 文件中的信息包括:确定要启动哪些镜像的信息、启动时要复制到镜像的信息、镜像的通信端口、要在镜像启动时启动的应用程序或脚本以及应该启动的环境变量。假设开发机上已安装并测试了 docker 和 docker compose 环境,用户就可按本节所示指令执行测试了。本章使用 Ubuntu Linux 终端的图形界面和示例作为参考。

使用终端/命令行界面,导航到包含场景示例文件的目录,即 bookchapter。在 bookchapter 目录中有几个其他目录和文件。所有*.yaml 类型的文件都是配置文件,Docker Compose 使用这些文件启动或帮助启动 Docker 容器。该目录包含 Hyperledger Fabric 启动需要的各种 yaml 文件。目录 e2e_cli 包含 fabric 客户端所需的文件和目录,该参与节点将允许与 Hyperledger Fabric 系统交互。Kafka 目录包含启动 Hyperledger Fabric 系统(该系统运行 Kafka 共识算法)所需的文件和目录。fabric-samples 目录包含 Hyperledger Fabric 社区提供的样例程序,其中的 basic-network 目录包含启动 Hyperledger Fabric 基本测试网络所需的文件,scripts 目录包含需要加载到 fabric 客户端 Docker 容器中的 bash 脚本文件。在启动 fabric 客户端前,开发者可使用任何文本编辑器修改这些脚本文件,以便为自己提供更适用的开发平台。

### 13.2.4　运行第一个网络

基本网络需要运行在能执行 bash 脚本文件的计算机上。本章描述如何执行 Linux 环境中的第一个网络。开发者安装了 Docker 环境和 Docker Compose 工具并进行测试(如 Docker Whale 的 hello world 测试)后,就可着手建立基本的 Hyperledger Fabric 系统了。最基本的示例就是 Hyperledger Fabric 的第一个网络。basic-network 目录中包含后缀为*.sh 的脚本文件,后缀为*.yaml 或*.yml 的配置文件,以及 config 和 crypto-config 目录;config 和 crypto-config 目录包含所需的密码安全文件和区块链设置的初始状态。

要启动第一个网络,开发者首先进入 basic-network 目录,然后运行脚本文件 generate.sh。该文件将生成区块链初始状态文件,如创世区块。脚本运行成功后,用户将看到类似于图 13.1 的输出。

图 13.1　工件(artifact)生成脚本的输出截屏

generate.sh 脚本使用类似于 configtxgen 和 cryptogen 的预编译应用程序。应用程序 configtxgen 为 Hyperledger Fabric 生成初始区块，而应用程序 cryptogen 为 Hyperledger Fabric 系统的不同对等节点和参与节点生成密码证书文件。

生成这些文件后，开发者就可运行脚本 start.sh 来启动基本网络。在 Linux 环境终端下，输入并执行：

```
./start.sh
```

这个脚本文件将启动配置文件 docker-composition.yml 中定义的 Hyperledger Fabric 基本网络。之后，将在每个节点上建立区块链通道。如果脚本文件运行无误，开发者将看到如图 13.2 所示的结果。

图 13.2　基本网络示例中启动脚本的控制台输出截屏

start.sh 脚本使用 Docker Compose 和配置文件 docker-composition.yml 启动基本网络。Docker-compose 工具集读取配置文件，确定需要启动的容器镜像、将要向镜像添加的数据、镜像如何与网络通信、在启动时容器应执行的命令。然后，docker-compose 工具集检查本地容器存储库，查看本地是否存在所需的容器镜像。如果不存在，就从指定位置或默认的 Docker 公共托管中心下载。如有必要，工具集将下载容器镜像再根据.yml 配置文件中指定的信息启动容器镜像。start.sh 中用于启动网络的主要命令是：

```
docker-compose -f docker-compose.yml up
```

　　docker-compose 命令使用-f 标志指定一个配置文件。在本例中，使用的配置文件是 docker-compose.yml。最后，使用 up 命令表示启动网络。此命令使用 docker-compose 工具读取配置文件，并使用配置文件中定义的设置和属性启动 yml 文件中描述的服务或容器。

　　在文本编辑器中查看 docker-compose.yml 文件，将看到如图 13.3 所示的详细信息。yml 和 yaml 配置文件的内容根据服务或容器划分。图 13.3 显示了 Hyperledger Fabric 的证书颁发机构(CA)服务。在这个配置文件中，与该容器关联的标签是 ca.example.com。之后，定义了容器使用的镜像，这里是 hyperledger/fabric ca:x86_64-1.0.0。冒号后的字符表示要使用的标签或版本。如果没有冒号和版本，docker compose 将使用最新的标签或版本。由于有些容器未指明最新版本，因此可能产生问题，导致出错。为简便起见，本书中包含的配置文件使用的标签或版本都是 x86_64-1.0.0。配置文件中的其他相关详情可从在线 Docker 文档中找到。

```
version: '2'

networks:
  basic:

services:
  ca.example.com:
    image: hyperledger/fabric-ca:x86_64-1.0.0
    environment:
      - FABRIC_CA_HOME=/etc/hyperledger/fabric-ca-server
      - FABRIC_CA_SERVER_CA_NAME=ca.example.com
    ports:
      - "7854:7854"
    command: sh -c 'fabric-ca-server start --ca.certfile /etc/hyperledger/fabric-ca-server-config/org1.example.com-cert.pem
      --ca.keyfile /etc/hyperledger/fabric-ca-server-config/a22daf356b2aab5792ea53e35f66fccef1d7f1aa2b3a2b92dbfbf96a448ea26a_sk -bb
    admin:adminpw -d'
    volumes:
      - ./crypto-config/peerOrganizations/org1.example.com/ca/:/etc/hyperledger/fabric-ca-server-config
    container_name: ca.example.com
    networks:
      - basic

  orderer.example.com:
    container_name: orderer.example.com
    image: hyperledger/fabric-orderer:x86_64-1.0.0
    environment:
      - ORDERER_GENERAL_LOGLEVEL=debug
      - ORDERER_GENERAL_LISTENADDRESS=0.0.0.0
      - ORDERER_GENERAL_GENESISMETHOD=file
      - ORDERER_GENERAL_GENESISFILE=/etc/hyperledger/configtx/genesis.block
      - ORDERER_GENERAL_LOCALMSPID=OrdererMSP
      - ORDERER_GENERAL_LOCALMSPDIR=/etc/hyperledger/msp/orderer/msp
    working_dir: /opt/gopath/src/github.com/hyperledger/fabric/orderer
    command: orderer
    ports:
      - 7050:7050
    volumes:
      - ./config/:/etc/hyperledger/configtx
      - ./crypto-config/ordererOrganizations/example.com/orderers/orderer.example.com/:/etc/hyperledger/msp/orderer
      - ./crypto-config/peerOrganizations/org1.example.com/peers/peer0.org1.example.com/:/etc/hyperledger/msp/peerOrg1
    networks:
      - basic
```

图 13.3　docker-compose yml 配置文件的示例视图

　　可以看到，docker-compose.yml 文件中有多个服务。每个服务都应该作为独立的 Docker 容器启动。要查看已经启动和正在运行的容器，可使用 Docker 的 ps 命令。如果之前的终端正在显示启动脚本的日志，则可从一个新的终端窗口输入并查看。要查看正在运行的容器，请使用以下命令：

```
docker ps
```

运行这条命令将生成如图 13.4 所示的结果。

```
CONTAINER ID        IMAGE                                      COMMAND                  CREATED             STATUS
  PORTS                                          NAMES
6ce400ce0abd        hyperledger/fabric-peer:x86_64-1.0.0       "peer node start"        25 minutes ago      Up 25 minutes
  0.0.0.0:7051->7051/tcp, 0.0.0.0:7053->7053/tcp   peer0.org1.example.com
bbe61328047f        hyperledger/fabric-couchdb:x86_64-1.0.6    "tini -- /docker-e..."   25 minutes ago      Up 25 minutes
  4369/tcp, 9100/tcp, 0.0.0.0:5984->5984/tcp       couchdb
7d362b698b48        hyperledger/fabric-orderer:x86_64-1.0.0    "orderer"                25 minutes ago      Up 25 minutes
  0.0.0.0:7050->7050/tcp                           orderer.example.com
beffb4ce1f11        hyperledger/fabric-ca:x86_64-1.0.0         "sh -c 'fabric-ca-..."   25 minutes ago      Up 25 minutes
  0.0.0.0:7054->7054/tcp                           ca.example.com
```

图 13.4 基本网络 docker ps 命令的终端结果示例

报告中提供了容器的 ID、容器对应的镜像、名称和状态等有用信息。此时，系统正在运行，开发人员可构建与系统交互或在当前运行的容器上执行命令的应用程序。任何时候开发者都可用如下 docker 命令查看不同容器的任何控制台输出或日志记录：

```
docker logs <id or name>
```

例如：

```
docker logs orderer.example.com
```

上例将提供该节点从启动到目前生成的所有日志输出，如图 13.5 所示。

```
2018-03-26 13:37:04.171 UTC [orderer/main] func1 -> DEBU 6a3 Closing Deliver stream
2018-03-26 13:37:04.613 UTC [orderer/main] Deliver -> DEBU 6a4 Starting new Deliver handler
2018-03-26 13:37:04.613 UTC [orderer/common/deliver] Handle -> DEBU 6a5 Starting new deliver loop
2018-03-26 13:37:04.614 UTC [orderer/common/deliver] Handle -> DEBU 6a6 Attempting to read seek info message
2018-03-26 13:37:04.614 UTC [policies] GetPolicy -> DEBU 6a7 Returning policy Readers for evaluation
2018-03-26 13:37:04.614 UTC [cauthdsl] func1 -> DEBU 6a8 0xc420122010 gate 1522071424614100888 evaluation starts
2018-03-26 13:37:04.614 UTC [cauthdsl] func2 -> DEBU 6a9 0xc420122010 signed by 0 principal evaluation starts (used [false])
2018-03-26 13:37:04.614 UTC [cauthdsl] func2 -> DEBU 6aa 0xc420122010 processing identity 0 with bytes of 0a074f7267314d535012
fc052d2d2d2d2d424547494e202d2d2d2d2d0a4d4949434744434341622b6741774942416749515672466b6a587531366f4d764d766f7a54575148456a414b
42676771686b6a4f50515144416a427a4d5173770a435159445651514745774a56557a45544d4245474131554543424d4b5132467361575a76636d35705954
45574d4251474131554542784d4e5532467549455a790a5957356a61584e6a627a455a4d4263474131554543684d5162334a6e4d53356c654746746347786c
4c6d4e76625445634d426f474131554541784d54593245750a62334a6e4d53356c654746746347786c4c6d4e7662544165467730784f44417a4d6a4d794d44
41334d6a4661467730794f44417a4d6a41794d4441334d6a46610a4d467378437a414a42674e5642415954416c56544d524d77455159445651514945777044
595778705a6d3979626d6c684d5259774641594456515148457731540a59573467526e4a68626d4e7063324e764d523877485159445651514457785a775a57
56794d433576636d63784c6d56345957317762475575593239744d466b770a457759484b6f5a497a6a3043415159494b6f5a497a6a3044415163445167414145
6d62467268626b326e45785748736d2b71346e2f395a594141302f44666461560a3970785639502b434e6344664d426b6d63693771767949703262744457253
3552685972356c57776173414a6f694d68774930495175364e4e4d457377446759440a565230504151482f424151444167654141d41774741315564457745 42
2f7751434d4141774b7759445652306a42435177496f4167393971474b37356b424770560a703651766f4c476d3242686430556836786e496d41655868494c
786337717777436759494b6f5a497a6a3045417749445277417752414967637a4e5a61422b5a0a4f59674359505a6b7045682b3547654c4a4579445a594950
36336e564e65733348464543494849704876 5a703748677a445679726e7972556f714534566d33340a7831326a2b4b3568734c796e5a7852490a2d2d2d2d2d
454e44202d2d2d2d2d0a
2018-03-26 13:37:04.614 UTC [msp/identity] newIdentity -> DEBU 6ab Creating identity instance for ID &{Org1MSP 9fa8fd6e3594209
402fdcf1a13866e5393cf43172784e1039ff793ffcfc1e212}
2018-03-26 13:37:04.614 UTC [cauthdsl] func2 -> DEBU 6ac 0xc420122010 identity 0 does not satisfy principal: The identity is a
 member of a different MSP (expected OrdererMSP, got Org1MSP)
2018-03-26 13:37:04.614 UTC [cauthdsl] func2 -> DEBU 6ad 0xc420122010 principal evaluation fails
2018-03-26 13:37:04.614 UTC [cauthdsl] func1 -> DEBU 6ae 0xc420122010 gate 1522071424614100888 evaluation fails
2018-03-26 13:37:04.614 UTC [cauthdsl] func1 -> DEBU 6af 0xc420122010 gate 1522071424614605886 evaluation starts
2018-03-26 13:37:04.614 UTC [cauthdsl] func2 -> DEBU 6b0 0xc420122010 signed by 0 principal evaluation starts (used [false])
2018-03-26 13:37:04.614 UTC [cauthdsl] func2 -> DEBU 6b1 0xc420122010 processing identity 0 with bytes of 0a074f7267314d535012
fc052d2d2d2d2d424547494e202d2d2d2d2d0a4d4949434744434341622b6741774942416749515672466b6a587531366f4d764d766f7a54575148456a414b
42676771686b6a4f50515144416a427a4d5173770a435159445651514745774a56557a45544d4245474131554543424d4b5132467361575a76636d35705954
45574d4251474131554542784d4e5532467549455a790a5957356a61584e6a627a455a4d4263474131554543684d5162334a6e4d53356c654746746347786c
4c6d4e76625445634d426f474131554541784d54593245750a62334a6e4d53356c654746746347786c4c6d4e7662544165467730784f44417a4d6a4d794d44
41334d6a4661467730794f44417a4d6a41794d4441334d6a46610a4d467378437a414a42674e5642415954416c56544d524d77455159445651514945777044
595778705a6d3979626d6c684d5259774641594456515148457731540a59573467526e4a68626d4e7063324e764d523877485159445651514457785a775a57
56794d433576636d63784c6d56345957317762475575593239744d466b770a457759484b6f5a497a6a3043415159494b6f5a497a6a3044415163445167414145
6d62467268626b326e45785748736d2b71346e2f395a594141302f44666461560a3970785639502b434e6344664d426b6d63693771767949703262744457253
3552685972356c57776173414a6f694d68774930495175364e4e4d457377446759440a565230504151482f424151444167654141d41774741315564457745 42
2f7751434d4141774b7759445652306a42435177496f4167393971474b37356b424770560a703651766f4c476d3242686430556836786e496d41655868494c
786337717777436759494b6f5a497a6a3045417749445277417752414967637a4e5a61422b5a0a4f59674359505a6b7045682b3547654c4a4579445a594950
36336e564e65733348464543494849704876 5a703748677a445679726e7972556f714534566d33340a7831326a2b4b3568734c796e5a7852490a2d2d2d2d2d
454e44202d2d2d2d2d0a
2018-03-26 13:37:04.614 UTC [msp/identity] newIdentity -> DEBU 6b2 Creating identity instance for ID &{Org1MSP 9fa8fd6e3594209
402fdcf1a13866e5393cf43172784e1039ff793ffcfc1e212}
2018-03-26 13:37:04.614 UTC [msp] SatisfiesPrincipal -> DEBU 6b3 Checking if identity satisfies MEMBER role for Org1MSP
2018-03-26 13:37:04.614 UTC [msp] Validate -> DEBU 6b4 MSP Org1MSP validating identity
2018-03-26 13:37:04.615 UTC [cauthdsl] func2 -> DEBU 6b5 0xc420122010 principal matched by identity 0
2018-03-26 13:37:04.615 UTC [msp/identity] Verify -> DEBU 6b6 Verify: digest = 00000000  3d 16 07 d3 a4 cd a4 e6  9f 77 0f 44
cd 3c 54 8f  |=.........w.D.<T.|
00000010  25 a4 06 3b 47 4a fe 16  6e a1 00 0d b3 85 05 4c  |%..;GJ..n......L|
2018-03-26 13:37:04.615 UTC [msp/identity] Verify -> DEBU 6b7 Verify: sig = 00000000  30 45 02 21 00 90 36 b8  1e 0b 44 fc 1f
50 45 f2  |0E.!..6...D..PE.|
00000010  99 ee af 4c ed a1 3b a1  2a 76 c4 5b 09 d2 dc b0  |...L..;.*v.[....|
00000020  02 53 8f 6b 72 02 20 1c  7f f5 dd e3 d4 84 f3 15  |.S.kr. .........|
00000030  a8 ae ab b5 12 70 26 10  8b 34 17 ad 40 e8 e5 c8  |.....p&..4..@...|
00000040  27 cb cb 4b 32 29 28                              |'..K2)(|
2018-03-26 13:37:04.615 UTC [cauthdsl] func2 -> DEBU 6b8 0xc420122010 principal evaluation succeeds for identity 0
2018-03-26 13:37:04.615 UTC [cauthdsl] func1 -> DEBU 6b9 0xc420122010 gate 1522071424614605886 evaluation succeeds
2018-03-26 13:37:04.616 UTC [orderer/common/sigfilter] Apply -> DEBU 6ba Forwarding validly signed message for policy &{%!s(*c
ommon.ImplicitMetaPolicy=&{Readers 0}) %!s(int=1) [%!s(*policies.implicitMetaPolicy=&{0xc4202cfe40 1 [0xc420195008]}) %!s(*pol
icies.implicitMetaPolicy=&{0xc4202cf540 1 [0xc420194f68]})]}
2018-03-26 13:37:04.616 UTC [orderer/common/deliver] Handle -> DEBU 6bb [channel: mychannel] Received seekInfo (0xc420bfe3e0)
start:<specified:<number:1 > > stop:<specified:<number:18446744073709551615 > >
```

图 13.5　排序节点所生成日志的终端视图

本例中显示的是与当时排序节点的动作相关的调试输出和时间戳日志。

要显示实时的日志信息，可加入-follow 命令。例如：

```
docker logs –follow orderer.example.com
```

该命令将无限占用终端，直到 Docker 容器停止。如果打算这样做，请确保有一个已打开的空闲终端专用于接收该 Docker 容器的实时日志反馈。

恭喜。这时已启动并观察到基本的 Hyperledger Fabric 网络了。要关闭网络，可使用 stop 脚本文件，在 Linux 终端中使用如下命令执行 stop 文件：

```
./stop.sh
```

使用的主命令如下所示：

```
docker-compose –f docker-compose.yml stop
```

该命令将停止容器并将其当前设置保存到 docker 环境中供日后使用。要停止并杀死容器，以释放其名称或其他唯一设置供其他容器使用，开发者可在 Linux 终端中执行如下命令：

```
./teardown.sh
```

使用的主命令如下所示：

```
docker-compose –f docker-compose.yml down
```

这个命令实际上与 up 命令相反，up 命令初始化并启动容器，down 命令停止容器，然后从 docker 环境中删除容器内容。通常，docker 环境将在本地库中保存以前用过的容器镜像的缓存，这样开发者以后使用这些镜像时可加快启动过程。

## 13.2.5　运行 Kafka 网络

上一节主要介绍基本网络。基本网络使用一种简单的共识机制，系统中的所有交易仅由对等节点之一就可以验证。这类系统非常适合启动简单的原型网络，因为可测试单个对等节点、排序节点和客户端之间的基本通信结构。接下来，用户就可运行更复杂的分布程度稍高的共识系统，在这种系统中，需要更多对等节点来运行某些共识算法。在下一示例中，Kafka 共识将至少需要一个排序节点、四个 Kafka 节点和三个 Zookeeper 节点；另外，每个通道或组织需要一个对等节点。此外，需要启动客户端节点与 Kafka 网络交互。

先进入 Kafka 目录启动该网络。这个目录中有一些 yaml 配置文件，一个包含生成

创世区块和通道信息等系统文件的目录，以及一个包含节点密码证书的目录。在基本
网络示例中，使用脚本启动网络。在本例中，将使用 docker-compose 命令启动
orderer-Kafka.yaml 网络，如下所示：

```
docker-compose -f orderer-Kafka.yaml up
```

运行后可看到来自对等节点、Kafka 节点、Zookeeper 节点和排序节点的输出。这
些输出日志让开发者知道每个容器已启动且在运行。如果所有容器都启动但出现错误，
没关系，系统仍可按预期执行。图 13.6 显示 orderer-Kafka 启动且出现一个小小的 HTTP
错误。

图 13.6　Kafka 示例的终端输出

使用 docker ps 命令确认一切运行正常。应该可看到类似于图 13.7 所示的内容，
其中有一个客户端节点、四个对等节点、一个排序节点、四个 Kafka 节点和三个
Zookeeper 节点。

```
docker ps
```

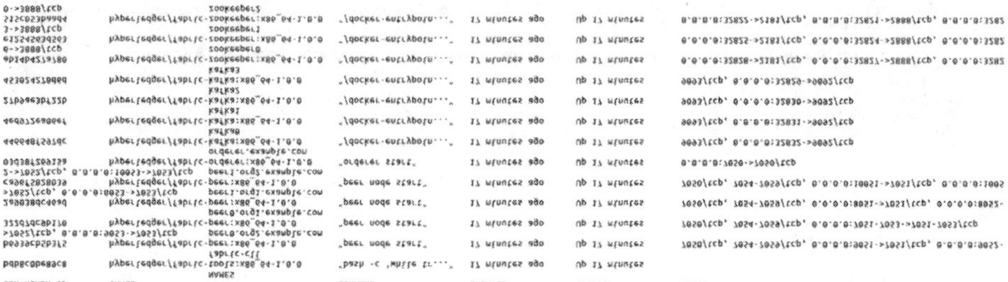

图 13.7　运行 Kafka 系统时 docker ps 命令的终端结果

本例中，客户端节点将与一个对等节点通信，而这个对等节点和排序节点通信。排序节点信任 Kafka 节点，基于使用 Zookeeper 的节点间共识来验证消息顺序。要从客户端节点执行命令，可使用带-it 标志和容器名的 exec 命令(ssh)安全登录到该容器。例如，要登录到客户端将使用命令:

```
docker exec -it fabric-cli bash
```

这将以 root 用户身份打开 fabric-cli 容器的终端，这时可在客户端节点上执行命令了。进入终端将显示容器默认目录(opt/gopath/src/github.com/hyperledger/fabric/peer)的内容，可看到三个目录，其中最重要的是 scripts 目录，scripts 目录是开发机的副本。如本节开头对项目文件的描述，scripts 目录位于 bookchapter 目录下，客户端节点中的文件夹是其副本。因为这些文件是在容器启动时复制的，所以如果希望更改这个目录中的脚本文件，最好在启动 docker 网络前进行。scripts 目录下包含脚本文件(.sh)，可用于处理与区块链网络交互的冗长命令。本例要运行的脚本文件是 initialize_all.sh，可进入默认文件夹执行:

```
bash./scripts/initialize_all.sh
```

执行这个命令将做几件事，大约耗时一分钟。记住，要等到脚本显示 All Good 和一个大的 END 结束符后才算结束，如图 13.8 所示。

```
2018-03-26 20:42:37.924 UTC [chaincodeCmd] install -> DEBU 00f Installed remotely response:<status:200 payload:"OK" >
2018-03-26 20:42:37.924 UTC [main] main -> INFO 010 Exiting.....
======================= Chaincode is installed on remote peer PEER3 =======================
Instantiating chaincode on all 2 channels (once for each channel)...
CORE_PEER_TLS_ROOTCERT_FILE=/opt/gopath/src/github.com/hyperledger/fabric/peer/crypto/peerOrganizations/org1.example.com
/peers/peer0.org1.example.com/tls/ca.crt
CORE_PEER_TLS_KEY_FILE=/opt/gopath/src/github.com/hyperledger/fabric/peer/crypto/peerOrganizations/org1.example.com/peer
s/peer0.org1.example.com/tls/server.key
CORE_PEER_LOCALMSPID=Org1MSP
CORE_PEER_TLS_CERT_FILE=/opt/gopath/src/github.com/hyperledger/fabric/peer/crypto/peerOrganizations/org1.example.com/pee
rs/peer0.org1.example.com/tls/server.crt
CORE_PEER_TLS_ENABLED=true
CORE_PEER_MSPCONFIGPATH=/opt/gopath/src/github.com/hyperledger/fabric/peer/crypto/peerOrganizations/org1.example.com/use
rs/Admin@org1.example.com/msp
CORE_PEER_ID=fabric-cli
CORE_LOGGING_LEVEL=DEBUG
CORE_PEER_ADDRESS=peer0.org1.example.com:7051
cat: 'log.txtm[A]': No such file or directory
======================= Chaincode Instantiation on PEER0 on channel 'businesschannel' is successful =======================

CORE_PEER_TLS_ROOTCERT_FILE=/opt/gopath/src/github.com/hyperledger/fabric/peer/crypto/peerOrganizations/org2.example.com
/peers/peer0.org2.example.com/tls/ca.crt
CORE_PEER_TLS_KEY_FILE=/opt/gopath/src/github.com/hyperledger/fabric/peer/crypto/peerOrganizations/org1.example.com/peer
s/peer0.org1.example.com/tls/server.key
CORE_PEER_LOCALMSPID=Org2MSP
CORE_PEER_TLS_CERT_FILE=/opt/gopath/src/github.com/hyperledger/fabric/peer/crypto/peerOrganizations/org1.example.com/pee
rs/peer0.org1.example.com/tls/server.crt
CORE_PEER_TLS_ENABLED=true
CORE_PEER_MSPCONFIGPATH=/opt/gopath/src/github.com/hyperledger/fabric/peer/crypto/peerOrganizations/org2.example.com/use
rs/Admin@org2.example.com/msp
CORE_PEER_ID=fabric-cli
CORE_LOGGING_LEVEL=DEBUG
CORE_PEER_ADDRESS=peer0.org2.example.com:7051
cat: 'log.txtm[A]': No such file or directory
======================= Chaincode Instantiation on PEER2 on channel 'businesschannel' is successful =======================

======================= All GOOD, initialization completed =======================
```

```
root@fabric-cli:/opt/gopath/src/github.com/hyperledger/fabric/peer# |
```

图 13.8  运行测试 Kafka 区块链的 initialize_all 脚本的终端输出

脚本运行完毕后，就可向上滚动查看运行的所有内容。脚本初始化一个业务通道，为多个组织建立对等角色，然后在其中两个对等节点上安装示例的链码，每个节点对应一个组织。启动链码后，就会在托管 Docker 容器的机器上启动一个新的 Docker 容器。每个即将使用的对等节点上都将启动一个链码容器。安装链码后，使用初始事务进行实例化。为确保每个对等节点都安装了链码，再次使用 docker ps 命令查看。应该看到如图 13.9 所示的内容。

```
CONTAINER ID        IMAGE                                      COMMAND              CREATED       STATUS
    PORTS                                                                                        NAMES
f2e4d99a9978        dev-peer0.org2.example.com-mycc9-1.0       "chaincode -peer.a..."  2 hours ago   Up 2 hours
                                                                                                 dev-peer0.
org2.example.com-mycc9-1.0
16fb35bd76d8        dev-peer0.org1.example.com-mycc9-1.0       "chaincode -peer.a..."  2 hours ago   Up 2 hours
                                                                                                 dev-peer0.
org1.example.com-mycc9-1.0
bdb8c0be89c8        hyperledger/fabric-tools:x86_64-1.0.0      "bash -c 'while tr..."  2 hours ago   Up 2 hours
                                                                                                 fabric-cli
b6939cb5b3f5        hyperledger/fabric-peer:x86_64-1.0.0       "peer node start"     2 hours ago   Up 2 hours
    7050/tcp, 7054-7059/tcp, 0.0.0.0:9051->7051/tcp, 0.0.0.0:9052->7052/tcp, 0.0.0.0:9053->7053/tcp peer0.org2
.example.com
322d7dc9b170        hyperledger/fabric-peer:x86_64-1.0.0       "peer node start"     2 hours ago   Up 2 hours
    7050/tcp, 7054-7059/tcp, 0.0.0.0:7051-7053->7051-7053/tcp                                    peer0.org1
.example.com
2a9038dc46ad        hyperledger/fabric-peer:x86_64-1.0.0       "peer node start"     2 hours ago   Up 2 hours
    7050/tcp, 7054-7059/tcp, 0.0.0.0:8051->7051/tcp, 0.0.0.0:8052->7052/tcp, 0.0.0.0:8053->7053/tcp peer1.org1
.example.com
ca96f5828039        hyperledger/fabric-peer:x86_64-1.0.0       "peer node start"     2 hours ago   Up 2 hours
    7050/tcp, 7054-7059/tcp, 0.0.0.0:10051->7051/tcp, 0.0.0.0:10052->7052/tcp, 0.0.0.0:10053->7053/tcp peer1.org2
.example.com
03d38f26915a        hyperledger/fabric-orderer:x86_64-1.0.0    "orderer start"       2 hours ago   Up 2 hours
    0.0.0.0:7050->7050/tcp                                                                       orderer.ex
ample.com
446648f597dc        hyperledger/fabric-kafka:x86_64-1.0.0      "/docker-entrypoin..."  2 hours ago   Up 2 hours
    9093/tcp, 0.0.0.0:32832->9092/tcp                                                            kafka0
4ed972ea06ef        hyperledger/fabric-kafka:x86_64-1.0.0      "/docker-entrypoin..."  2 hours ago   Up 2 hours
    9093/tcp, 0.0.0.0:32831->9092/tcp                                                            kafka1
27b9ae3bf22b        hyperledger/fabric-kafka:x86_64-1.0.0      "/docker-entrypoin..."  2 hours ago   Up 2 hours
    9093/tcp, 0.0.0.0:32830->9092/tcp                                                            kafka2
453024270d6d        hyperledger/fabric-kafka:x86_64-1.0.0      "/docker-entrypoin..."  2 hours ago   Up 2 hours
    9093/tcp, 0.0.0.0:32829->9092/tcp                                                            kafka3
ab14b427a780        hyperledger/fabric-zookeeper:x86_64-1.0.0  "/docker-entrypoin..."  2 hours ago   Up 2 hours
    0.0.0.0:32828->2181/tcp, 0.0.0.0:32827->2888/tcp, 0.0.0.0:32826->3888/tcp                    zookeeper0
e1254563d563        hyperledger/fabric-zookeeper:x86_64-1.0.0  "/docker-entrypoin..."  2 hours ago   Up 2 hours
    0.0.0.0:32825->2181/tcp, 0.0.0.0:32824->2888/tcp, 0.0.0.0:32823->3888/tcp                    zookeeper1
515c053baad4        hyperledger/fabric-zookeeper:x86_64-1.0.0  "/docker-entrypoin..."  2 hours ago   Up 2 hours
    0.0.0.0:32822->2181/tcp, 0.0.0.0:32821->2888/tcp, 0.0.0.0:32820->3888/tcp                    zookeeper2
```

图 13.9　docker ps 命令的终端输出，注意链码容器已启动

名称以 dev-开头的镜像就是链码。与处理其他容器一样，可随时查看链码容器的日志，以获取在链码源代码中设置的任何日志。

要停止 Hyperledger Fabric 的 Kafka 网络，首先用 exit 命令退出 Fabric 客户端：

```
exit
```

返回开发机后，使用 docker-compose 工具通过以下命令关闭网络：

```
docker-compose -f orderer-Kafka.yaml down
```

这将停止所有容器并清除必要的内容，使得系统能用不同的网络设置重新启动。这个过程将耗时几秒到一分钟，输出结果如图 13.10 所示。

开发者可运行 docker ps 命令来确认容器已停止，确保本例中的所有容器都已停止运行。

```
Stopping fabric-cli ... done
Stopping peer0.org2.example.com ... done
Stopping peer0.org1.example.com ... done
Stopping peer1.org1.example.com ... done
Stopping peer1.org2.example.com ... done
Stopping orderer.example.com ... done
Stopping kafka0 ... done
Stopping kafka1 ... done
Stopping kafka2 ... done
Stopping kafka3 ... done
Stopping zookeeper0 ... done
Stopping zookeeper1 ... done
Stopping zookeeper2 ... done
Removing fabric-cli ... done
Removing peer0.org2.example.com ... done
Removing peer0.org1.example.com ... done
Removing peer1.org1.example.com ... done
Removing peer1.org2.example.com ... done
Removing orderer.example.com ... done
Removing kafka0 ... done
Removing kafka1 ... done
Removing kafka2 ... done
Removing kafka3 ... done
Removing zookeeper0 ... done
Removing zookeeper1 ... done
Removing zookeeper2 ... done
Removing network kafka_default
```

图 13.10    停止网络后的终端输出

## 13.3  性能度量

提到区块链性能时，有几个重要的量化指标。区块链系统的性能指标是可以改进的，但通常采用的方法是以安全为代价增加中心化程度。人们普遍认为，中心化系统更有能力达到较高性能。这主要是因为节点之间不需要达成共识，影响性能指标的因素就只剩下单台机器接收消息和处理请求的速度。分布式区块链系统依赖于时延的消息和验证节点之间执行的共识过程。因此，谈到区块链系统时，通常认为每秒交易量(Transactions Per Second，TPS)是最佳性能指标。

可通过多种方式定义每秒交易量。作为一种基本度量方式，每秒交易量是指系统处理交易的速度，可采用多种方式进行测量：一个验证节点完全把交易写到本地账本所耗费的时间，大部分节点完全把交易写入各自账本所耗费的时间，一个时间段内的交易总数(经常利用一些方法批处理)，或并发处理多个交易所耗费的时间。第一种方法测量的是单个交易，第二种方法测量的则是整体系统交易。在本章的例子中，TPS不是最快的，但能以稍慢的速度处理多个交易，因此一个时间段内可处理大量交易。在大多数实际场景中，开发者主要关心的是整体系统在一秒内能处理的最大交易数，不怎么关心单个交易的处理速度。然而，从开发者的角度比较系统性能时，对单个交易速度的度量可能是一个重要指标，特别是当有机会通过增加批处理或并行处理方法来改进系统时，单个交易速度就提供了一个共同的测量基准，可用于进行系统间同类比较。

图 13.11 显示了测量一个区块链系统中单个 TPS 的过程。测量 TPS 的最简单方法是先记录发送交易的时间作为起始时间，然后立即开始查询区块链系统，直到发送的交易最终显示在查询记录中，并将这个时间作为结束时间。结束时间和开始时间之差就是单个交易的处理时间。下面准备开始测量，在分布式系统中，常有一些噪声导致交易延迟，例如网络问题或验证节点上的处理负载过大等，因此最好对多个交易重复这个测量过程。测量的交易数量取决于从初始测试观察到的差异，看到的每秒交易量差异越大，需要测量的样本就越多。然后可用最大值、最小值、平均值、众数和标准差等简单的描述性统计量来描述每秒交易量。

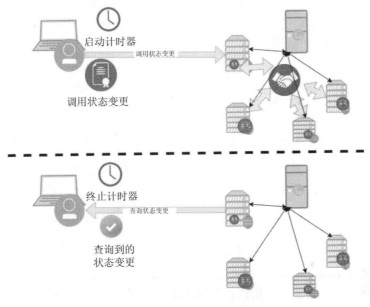

图 13.11　测量单个 TPS 的过程说明

图 13.12 显示了测量区块链整体系统 TPS 的过程。这个过程更具挑战性，因为可能同时存在多个来源的交易。要测量整个系统的 TPS，通常需要在一个或多个验证节点上创建记录机制。测量工具可通过这个记录机制在内部记录每一笔交易出现在系统中的时间，以及对等节点被授权或因达成共识而将交易写入账本的时间。这种方法没有记录很多细节，例如交易发起时的网络时间，但提供了从验证节点之一感知到的整体系统时间。若要使用此方法，最好在多个验证节点上使用同样的方法，然后比较多个交易的结果。这样的测量结果就可作为最能代表整个系统 TPS 的样本，使用这些样本的最大值、最小值、平均值、中位数、众数和标准差等描述性统计量就可表示性能。

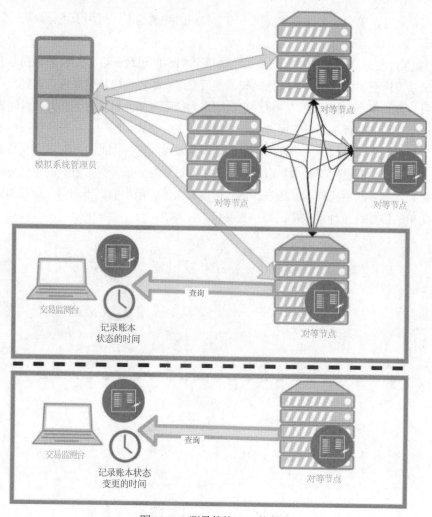

图 13.12 测量整体 TPS 的说明

## 13.3.1 PoS 模拟的性能指标

本节将提供权益证明(Proof-of-Stake,PoS)协议的性能指标[3]。在所述模拟系统中将建立如下性能指标:

- 验证节点的平均权益。
- 验证节点的平均领导次数和总领导次数。
- 并非最大权益的验证节点被选为领导者的总次数。
- 寻找领导者的平均、最大/最小迭代次数。
- 扩展新区块的平均、最大/最小时长(毫秒)。

模拟系统使用随机变量选择权益和延迟。为更好地测量系统性能，测试进行了 30 次，每次测试使用不同的验证节点数量和交易数量并记录上述性能指标。最初测试的是没有延迟的最佳场景，获得 PoS 模拟系统的基准信息，以了解 PoS 如何工作。验证节点的数量对算法的性能有很大影响，这主要是由于选择领导者时采用了轮询(Round Robin)所有验证节点的方式。图 13.13 显示了在忽略网络延迟和权益分配延迟的理想场景下 PoS 系统的性能。这种情况下，共识过程的延迟主要取决于选择领导者的过程。通过 30 次测试的延迟差异，可预估出扩展新区块的理想时间。换句话说，有 10 个验证节点时，理想的选举周期(Epoch)持续时间为 0.4~0.8 毫秒，而有 5 个验证节点时则在 0.1 毫秒内。很明显，验证节点数量越多，选举领导者的过程需要的时间就越长，这也就是平均延迟增加的原因。

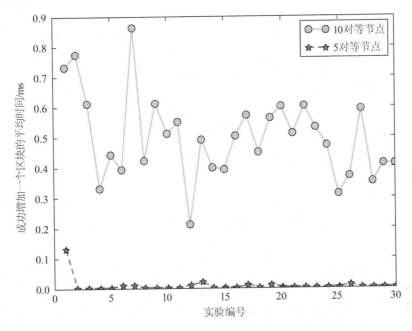

图 13.13　PoS 模拟区块链系统的性能输出示例

如图 13.14 所示，对加入随机通信延迟的系统进行类似的测试。延迟时间是从 1~5 毫秒范围正态分布中采样。通过 30 轮实验可表明，即使存在网络延迟，PoS 共识最终也会扩展出新区块，从而满足安全性和活跃性。

通过实验，可查看大多数权益持有者是否总能抓住机会成为领导者，或者少数群体的验证节点是否有机会将自己的区块包含在区块链中。为此，使用原型模拟测试 100 个区块，并查看在系统中非最大权益者在选举周期中被选为领导者的次数。图 13.15 所示的变化表明，少数群体的验证节点被选中的平均次数超过 50%，这意味着最大权益持有者并非能一直当选为领导者。有趣的是，验证节点越多，选中的领导者越可能来自少数群体，这是因为权益的分布更接近，所以选举时间也呈现类似分布。因此，系统中验证节点越多越好，这样选择领导者的过程就更公平。

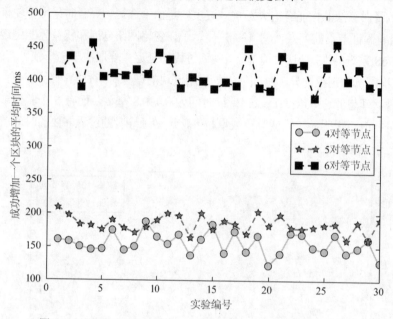

图 13.14　增加了通信延迟的 PoS 模拟区块链系统的性能输出示例

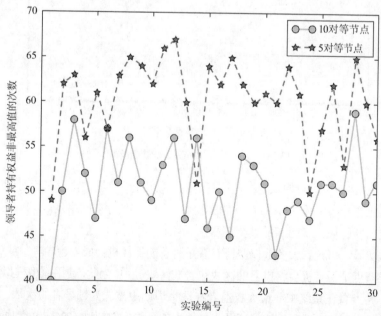

图 13.15　示例输出报告：在 PoS 过程中最大权益者未能被选为验证领导者的平均次数

**优化目标**

目前 PoS 的实现都在每个选举周期开始时发生权益分配和验证，这可能成为协议的一个主要瓶颈。由于权益分配需要动态调整实际的资源利用，因此任何验证节点验证权益资源之前都可能产生额外延迟。为解决这个问题，可强制锁定验证节点的资源，其锁定的固定时长比正常选举周期更长。使用智能合约可阻止在约定时间之前释放资源，这可作为分布式计算系统中成为验证节点的一个规范条件。

## 13.3.2　Hyperledger Fabric 示例的性能度量

Hyperledger Fabric 区块链系统中可使用各种共识方法。在开发 Hyperledger Fabric 的过程中，已经尝试并提供了几个版本的共识方法。每种共识算法都为去中心化的 P2P 系统提供一种就异步交易的顺序及有效性达成共识的方法，它们分别采取不同策略。在 Hyperledger Fabric 中提供的共识方法有单独共识算法(Solo Consensus)、实用拜占庭容错共识算法(Practical Byzantine Fault Tolerant Consensus)和 Kafka 共识算法。

单独共识算法是最基本的共识算法，也更为中心化。单独共识算法如图 13.16 所示，很适用于测试系统。这种方法通过单一节点控制系统中所有交易的共识。因为这本质上是一个中心化的区块链系统，所以并不推荐用于最终生产系统。这种情况下，将交易发送给指定节点，节点验证交易的顺序并将交易写入账本。如果网络上有其他节点，则指定节点将交易广播给其他节点，并请求更新各自的账本。这个系统不是最好的，如果存在单点故障就会影响交易顺序。

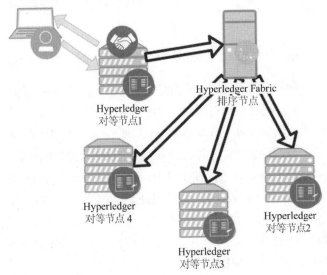

图 13.16　Hyperledger Fabric 基本配置示例

Hyperledger Fabric 的实用拜占庭容错(PBFT)算法基于文献[4]中的算法。该算法关注有多个广播消息时的策略。这种共识严重依赖于所有参与节点之间的网络通信。图 13.17 显示了共识的过程，其中客户端从请求更新区块链的消息开始。在实际场景中，可能有许多客户端向多个对等节点发送请求。对等节点需要使用 PBFT 算法来商定接收消息的顺序。

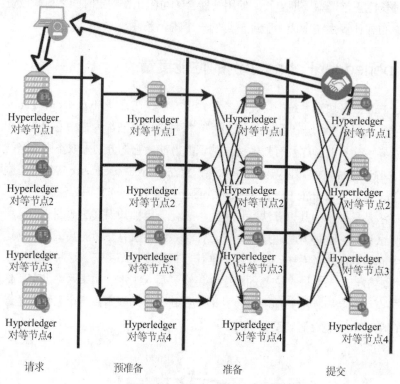

图 13.17　一个实用拜占庭容错共识过程的说明

对等节点接收到消息后，就立即将消息广播给所有参与节点。每个节点都在短时间内接收到消息，然后通过广播对所有节点做出响应，声明自己认定的所有参与节点接收到的消息顺序。然后，每个节点都会观察其他节点的交易顺序，检查所有响应。如果发现所有参与节点达成共识，将把请求写入区块链，最后响应客户端。

比较 Hyperledger Fabric 0.6 的 PBFT 和 Hyperledger Fabric 1.0 的 Kafka 进行单个交易时的 TPS。客户端使用 Python 脚本运行，该脚本将交易发送到对等网络，启动计时器，然后重复查询区块链，直到产生预期结果。最后，交易计时器停止工作并记录时间。这个过程执行 1000 次，以观察数据中的任何波动。这些测试输出数据的示例图分别如图 13.18(PBFT)和图 13.19(Kafka)所示。

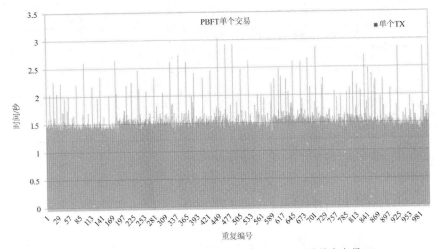

图 13.18　使用 PBFT 共识(Hyperledger Fabric 0.6)的单个交易 TPS

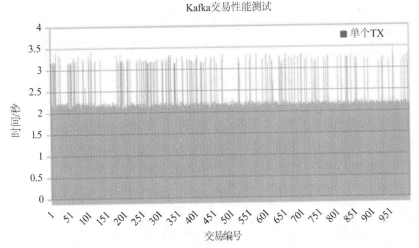

图 13.19　使用 Kafka 共识(Hyperledger Fabric 1.1)的单个交易 TPS

图中显示了 TPS 的结果是如何波动的，并可快速看出处理单个交易所需的时间。这些结果是通过一个简单网络生成的，该网络由四个对等节点和一个客户端组成，都位于使用虚拟网络的一台本地机器上的 Docker 容器中。这些数据可做进一步处理，并用描述性统计量进行比较。表 13.1 给出两种共识算法的描述性统计结果。

不同场景下的测试结果可能有所不同。但在这个简单测试中，PBFT 的性能略优于 Kafka。Kafka 的测试结果平均下来几乎多出 1 秒钟。单个交易 TPS 是了解系统的一个很好的测试基准，但也应该关注整体系统 TPS。作为对系统的度量，应该用系统 TPS 而不只是使用单个交易进行类似测试。

表 13.1　使用 PBFT 和 Kafka 共识的单个交易 TPS 指标的示例结果

| 共识算法 | PBFT (Hyperledger Fabric 0.6) | Kafka (Hyperledger Fabric 1.0) |
| --- | --- | --- |
| 平均(TPS) | 1.59 | 2.37 |
| 最大(TPS) | 3.02 | 3.48 |
| 最小(TPS) | 1.34 | 2.09 |
| 众数(TPS) | 1.52 | 2.2 |

# 13.4　简单区块链模拟

有一种测试方法是把不同区块链协议放在搭建的模拟环境中，这样做的好处是整个模拟环境都是可控的。当需要测试某个具体组件时，环境可控尤其重要。在真实的物理系统中，去中心化系统中涉及的众多组件可能产生许多未知的差异。这些额外差异需要引起注意，因为可能使共识算法等组件的分析结果失真。本节描述一个用于测试共识算法的模拟环境，阐述如何开发这个模拟系统，如何为区块链系统开发其他模拟系统，以及如何使用本节描述的模拟系统。

这个模拟区块链系统使用定制的 C#应用程序在模拟环境中实现。该实现使用简单的列表数据结构表示分布式账本，如图 13.20 所示。利用在模拟环境中的实现，可对各种算法进行全方位测试。模拟环境允许测试极端场景，并可提供更好的环境控制，这样就可很好地理解最好和最坏情况，并从中吸取教训。这也提供了一个验证算法是否符合预期的机会，也是在实施生产版本之前记录算法有效性的好方法。

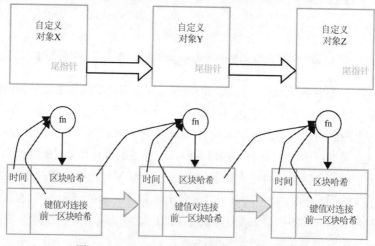

图 13.20　链表与区块链数据结构的相似性演示

模拟环境作为测试系统，包含若干验证节点、一个模拟控制器和相关区块链基础设施，如图 13.21 所示。区块链架构是一种基于链表的简单数据结构，链表中的每个区块都是由哈希值、键值和消息组成的对象。哈希值和消息由字节数组表示，键值则是整数。利用前一个区块的哈希值和新区块的消息计算出新的哈希值就可添加新区块。哈希算法使用来自 C# 系统密码库的 SHA256。如果想使用其他不同的哈希算法，也可以测试一下。

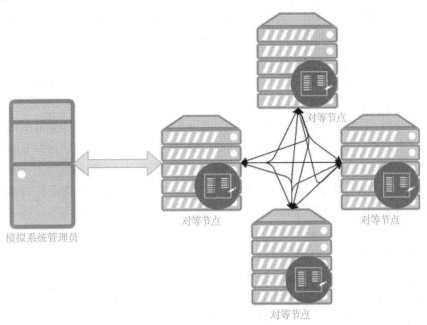

图 13.21　模拟的区块链系统示例

在模拟环境中最先测试的共识算法是 PoS。模拟系统中的每个验证节点对象都保存一份账本副本，用于与其他验证节点的最新状态比较，并在达成共识时添加数据。验证节点对象可根据随机分布或设定值选择所需的权益值进行测试。所需的权益值作为当前权益值正态分布的平均值。每个验证节点的权益值设计为 0 到 100 之间的值，也就是验证节点为 PoS 系统投入的资源数量。模拟系统中，在验证节点选择权益(表示自己占用资源的时间)的过程中引入了延迟。在验证节点相互通信的过程中也可引入延迟表示网络延迟。

模拟控制器运行模拟系统，引导通信流程并跟踪统计量以便分析。上述算法在模拟控制器和验证节点对象中得以实现。用户告诉模拟控制器要使用多少验证节点，以及要处理多少交易数。有了这些信息，控制器就可初始化所有内容，并在所有验证节点都接收到的账本上创建创世区块。

验证节点一旦有了账本，就成为可写入账本的唯一控制者。然后，控制器指示所有验证节点对象为即将到来的交易选择权益。控制器编译所有验证节点所声明的权益以及基于每个验证节点权益的加权列表，并与网络上的所有节点共享该信息。接下来，开始选举领导者。此时，启动一个指定了循环迭代次数的计时器，在启动领导者选择过程之前，希望成为领导者的每个验证节点都可提交若干次申请，申请次数与该验证节点自己选择的权益值有关。当然，如果在此过程中所有验证节点就谁是领导者已达成共识，模拟控制器就会退出循环。所选领导者将验证这个交易，并广播给所有验证节点，以将这个交易提交到验证节点的本地账本。验证节点接收到这个广播消息后，就开始将这个交易写入区块链。

领导者选举过程由系统中的每个验证节点以轮询方式启动，每个验证节点从基于当前权益分配产生的验证节点 ID 加权列表中随机选出推荐的领导者并广播。每个验证节点接收请求，检查并确认发送者的 ID 是否存在于系统中、所推荐领导者的权益和发送者报告的是否一致。如果其中任何一项结果不正确，验证节点将返回 false，表明不同意推荐的领导者。如果初始数据良好，验证节点将从相同的验证节点 ID 加权列表中选择自己推荐的领导者。如果验证节点所选的推荐领导者 ID 等于广播消息中的推荐领导者 ID，则将返回 true。如果一个验证节点从网络一半以上节点获得 true，将被授予领导者角色。验证节点一旦成为领导者，就被授予向所有验证节点广播已验证消息的权限，可指示这些验证节点将当前交易区块提交到各自账本了。

所述模拟系统中设立了如下性能指标：

- 验证节点的平均权益。
- 验证节点平均领导次数和总领导次数。
- 权益并非最大的验证节点选为领导者的总次数。
- 寻找领导者的平均迭代、最大/最小迭代次数。
- 扩展新区块的平均、最大/最短时长(毫秒)。

模拟去中心化系统也存在挑战，这是由于分布式系统的异步特性、并行处理能力、模拟时潜在的资源或可扩展性问题，会导致去中心化特性很难模拟实现。有一种实现方式是将模拟系统分布在并行处理类型的模拟环境中。这是完全有可能的，每个代表对等节点的对象都作为单独的线程或作为运行在多核和多处理器硬件系统的一个节点。这么做将创建一个最接近实际系统的模拟系统，其中每个对等节点都可同时处理。如果资源不足，那么建模人员始终可使用轮询调度之类的技术。

# 13.5　区块链模拟系统简介

上节描述的示例演示了如何使用开源工具集Hyperledger Fabric以及模拟环境实现区块链系统。为观察区块链对现有系统的影响，本节将侧重介绍真实(常称为活动的)而非模拟的区块链系统和模拟环境或系统集成。这样的测试可用来显示区块链的性能将如何影响模拟环境，还可证明区块链系统的有效性。在实现区块链系统之前，最好先模拟未来的工作环境或过程，并在其中测试区块链。这对大型或高成本的系统也有好处，可在代价高昂的实施开始之前先了解到有哪些真正的益处。

## 13.5.1　研究方法

在不同的建模和模拟范式中，有实体表示的范式往往更适合与区块链技术一起使用。除了基于实体的模型和模拟外，在时间对系统有重大影响的情况下，动态模拟更有意义。这类模拟系统往往是基于代理或离散事件的建模与模拟。基于代理的建模与模拟(Agent-based Models and Simulations，ABMS)是对实际状况的表示或抽象，其中一些实体会根据周围环境变量做出决策。离散事件模拟(Discrete Event Simulations，DES)是现实的表示或抽象，主要基于重要事件对动作或时序进行模拟。这两种范式之间的区别可归结为时间的表示或推进方式，以及实体所需的情报数量。区块链系统的影响不必模拟即可作为速率指标应用于其他 M&S (建模和模拟，Modeling and Simulation)范式，如系统动力学或其他类型模型等。这可通过生成性能和安全度量的定量数值实现，定量数值可用作静态模型或基于流的动态模型中的参数、权重或速率。

## 13.5.2　与真实区块链的模拟集成

前几节描述了模拟和真实/正常工作的区块链示例。模拟集成可设置为利用其中任何一种区块链。模拟系统可与真实的实时区块链结合，图 13.22 显示了模拟系统与Hyperledger Fabric 系统集成的场景。阻碍模拟系统和区块链集成的主要挑战或限制条件是两者之间的时序差异和通信集成能力。许多模拟系统默认情况下都没有内置模拟系统之外的通信协议，但提供了应用程序编程接口(API)和通过代码编程实现这种功能的方法。

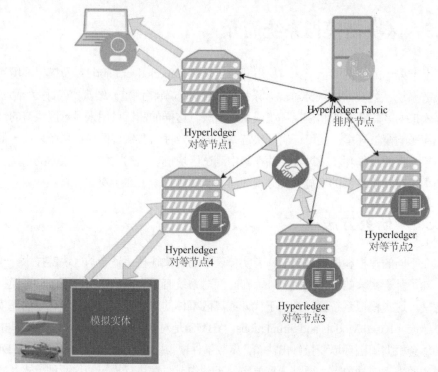

图 13.22 Hyperledger Fabric 与模拟环境连接和交互的图解

时序差异问题可能是最困难的挑战,尤其是在模拟系统与实时的真实区块链系统而非模拟系统交互的情况下,更是如此。这种情况下,模拟系统的执行速度可能比实时系统快。在 DES 范式中,与区块链交互时可根据来自区块链系统的事件限制时序推进。对于运行速度比实时系统快的时间步进模拟系统,其时序也可限制为仅当与区块链交互后才推进。这样做的结果是模拟系统整体较慢,但应能成功地将真实区块链系统与模拟系统集成。图 13.23 显示了模拟世界中的实体类型。

图 13.23 模拟世界中的实体类型图片

实际的集成可能更容易解决，但这在很大程度上取决于模拟器与外部系统通信的能力。如果模拟器在这些通信点上提供了能力程序，开发者就可使用 API 和 API 所支持语言的任何可用网络库，简单地编写与区块链交互所需的消息函数。然后运行模拟系统，利用基于对区块链查询的输入，并在需要将状态更改写入区块链时向区块链提交数值和函数调用。

## 13.5.3　与模拟区块链的模拟集成

与模拟区块链系统的模拟集成组合起来更轻松，因为两者之间的时序和通信可调整为相同的。如果建模人员能访问模拟系统的源代码，那么最好在模拟系统源代码中实现区块链表示。否则，建模人员将不得不构建模拟系统和模拟区块链之间的通信连接，这样，开发者将需要采用前述方法来决定时序和通信的实现。

最大的挑战还在于模拟系统和模拟区块链的时序同步。为提高整个系统的效率，最好将模拟区块链的时间步长与模拟系统的时间步长匹配。由于通信流和事件也几乎是实时的，因此对区块链系统的实时建模比较容易。在离散事件模拟范式下，并不一定需要对区块链系统的各个方面都进行建模，区块链系统更应该为排队物流问题建模。为此，需要了解交易的时间指标、网络带宽和延迟。有了这些数据，就可形成一个分布，模拟区块链中发生的交互将变成基于该分布中数值的动作。仍可模拟区块链的消息队列和延迟，但细节将被抽象为分布值。要将模拟区块链扩展到更大范围，如系统动力学等基于流的模型，需要在更高级别的度量中进一步观察区块链系统的抽象水平。这只需要通过观测实际区块链系统所获得的速率指标来实现。这些速率可反映各种不同条件下(例如糟糕的网络连接、带宽)甚至是不同区块链结构(例如对等节点的数量、智能合约所需的计算量、使用的共识算法等)的平均交易时间。

## 13.5.4　验证和确认

既然已经讨论了使用涉及区块链系统的模拟，就必须讲述一下对建模和模拟进行验证和确认的必要性。建模人员必须意识到对真实系统进行抽象时所做的既定假设。如何生成数据、如何收集数据以及如何在实际系统建模中使用数据，这些情况中都存在假设。开发区块链模拟系统后，强烈建议花些时间验证系统或观察系统的行为，以确保行为结果符合预期。

同时，强烈建议建模人员确认区块链模拟的结果，这需要利用数据，也需要时间。应记录和存储一组独立数据，供开发结束后确认时使用。这组独立数据不应在建模和模拟的开发中使用，而应将之视为校准过程。保留一组数据用于校准模型，另一组独立数据则在结束时做一次单独检查,以给出确认后的得分。校准过程结束后,采用某种错误度量指标,用保留的数据集对建型和模拟系统进行评分。这一措施将使建模人员和模拟系统的任何其他使用者能从验证数据集这一角度来了解这个区块链模拟系统对真实系统的表现程度。

如果建模和模拟是探索性的,正在模拟一个虚构而非真实的系统,建模人员可能就没有可生成的数据集来执行验证。这种情况下,建模人员必须尽力检查并验证动作,以确保模拟系统是开发者、用户和建模人员所要求的。这可用敏感性分析来完成,建模人员测试极端或理想场景,查看结果是否符合主题专家的意图。

## 13.5.5　示例

用 Unity 3D 模拟一个简单的战场作为示例。在一台网络服务器上启动一个使用 Hyerledger Fabric 平台搭建的区块链网络。这个区块链可利用 Hyperledger Fabric 支持的任何共识算法。测试使用 Kafka 共识,启用三个对等节点、一个排序节点、一个客户端节点、三个 Kafka 节点及相关的 Zookeeper 节点。这个区块链系统可进行简化,使用单独共识算法以及更少的节点。开发的模拟战场近乎实时的第一人称射击( First-person Shoot )类游戏,用户可在世界各地自由移动并环视四周。Unity 3D 是一个游戏引擎,可供学术界免费使用,但如果用于商业目的则需要授权。Unity 提供了许多免费模型和功能齐备的物理引擎,开发者可快速进行原型或游戏建模。

模拟其实很简单,有坦克实体、飞机实体和立方体实体。图 13.24 提供了世界的俯视图。立方体实体表示区块链网络中的托管部分,在本例中为对等节点。坦克和飞机实体与真实区块链上维护的 ID 关联。

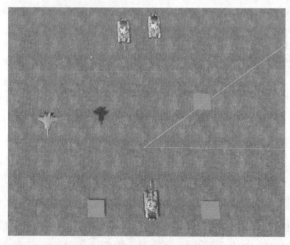

图 13.24　模拟环境的俯视图

模拟开始时展现一个世界，用户可使用第一人称视角移动，如图 13.25 所示。右上角有一个小地图，是战场上方的一个静态摄像头，其视野范围内包括表示对等节点的三个立方体。小地图充当审查员，利用区块链确定视野中的实体是友好的还是未知的。用户还可注意到，小地图上有一个飞机实体盘旋。如果移动摄像头向上看，3D 喷气式飞机将在视野中盘旋。小地图上还有一个靠近用户起始位置的坦克。该坦克充当用户的静态起始节点(假设玩家走出坦克，就可四处移动)。如果用户向北移动，将看到另外两辆坦克，但这两辆不在小地图传感器范围内。按下空格键将使坦克在小地图范围内向南移动。小地图通过在实体上显示蓝色或绿色立方体来表示哪些是经过区块链网络验证的友好实体。如果实体是未知的且未在区块链上经过验证，则小地图将在这些实体上方显示一个红色立方体。图 13.22 显示的用户视图中，包括了带有基于实体 ID 和区块链状态彩色立方体的小地图(注意，本书是黑白印刷，无法显示彩色)。

图 13.25　实体连接到真实区块链系统的模拟世界游戏视图

在本例中，区块链运行一个链码，链码向区块链写入一个简单的数据结构。数据结构包含以下值：

- EntityID: string
- EntityVal: string
- Message: string

这个链码在区块链中查询 EntityID。如果 EntityID 不存在，或者 Message 值为空或 null，则认为该实体是未知的。该链码允许特权账户向区块链中添加实体或更新 Message 和 EntityVal 字符串。这个区块链使用 Hyperledger Fabric 自带的 JavaScript 软件开发工具包(SDK)启动和运行，这是为了在客户端和托管链码的对等节点之间提供一个更清晰的接口。区块链网络启动后，Web 服务就开始监听来自服务器 IP 地址特定端口上的请求。

# 13.6　小结

区块链系统现在尚处于早期开发阶段，为证明那些已经存在的理论，相关验证工作还在继续。在模拟或真实的区块链系统中测试那些理论，对于理解系统中决策的真实效果至关重要。讨论和思考如何让去中心化区块链系统更好地工作当然很重要，但除非有恰当的测试能表明这些想法确实有效，并提供一种比较方法，否则这些技术无法从论文里走出，进入现实生产中。

如果使用得当，模拟的区块链系统可以成为非常有价值的工具。如果要用真实系统的模拟做决策，开发者应确保对正在建模和模拟的系统进行适当的验证和确认。此外，模拟还能测试系统的极端变化，这些变化实现起来可能代价极高，甚至根本无法实现。

开源区块链系统的未来是光明的，大型社区会更好地对其进行审查并能快速部署。此外，开源区块链系统还使开发者能根据特定场景定制修改这些工具代码，以便更贴合实际场景。Hyperledger Fabric 平台受到非常广泛的支持，是新的开发者实现和构建系统的极佳途径。在接下来的几年，平台能否成功将在很大程度上取决于社区以及开发者是否支持该平台并在其上进行构建。在选择平台时，查看支持该工具的开发者数量和质量，就可以对该平台的未来发展有所了解。

展望未来，在去中心化区块链系统的可扩展性和性能改进方面，还有大量工作可做。未来的工作在于为这些系统找到最佳用例。早期开发者和研究人员可能迅速尝试使用区块链系统解决许多问题，但这并不意味着区块链可很好地解决所有这些问题。随着时间的推移，成功案例会大量涌现。应用区块链系统解决问题的故事中希望既有好的案例，也有不好的案例。这样能对区块链何时起作用，何时不起作用有更好的理解。最后，还需要更多文献来证明更多系统性能指标和功能，并由开源社区和学界同仁审查。

# 第 14 章

# 总结与展望

本章由 Sachin S. Shetty[1]、Laurent Njilla[2] 和 Charles A. Kamhoua[3]撰写。

## 14.1 简介

作为解决分布式系统安全问题的一种可行方式，区块链技术引起了包括金融、医疗、公共设施、房地产和政府机构在内众多利益相关者的兴趣。随着商业、政府和军事部门对区块链技术越来越熟悉，区块链平台将在云和物联网(Internet of Things，IoT)安全方面发挥关键作用。同时，在将区块链平台与现有的后端云和物联网系统集成之前，有必要解决区块链平台的安全和隐私问题。

区块链平台的成熟将引起新的关注。例如战场物联网(Internet of Battlefield Things，IoBT)的信任、安全和隐私问题、性能保证和安全指标、对许可制区块链中错误和不可信验证节点的恢复能力、平衡风险与回报的激励机制以及安全风险评估等。学界和业界正在合作研究开发区块链平台，以解决这些云和物联网中紧迫的安全问题。

本书前面的章节已建议使用区块链平台解决云和物联网系统中的安全问题，以及云数据溯源、信息共享、云存储、智能车辆、物联网运输安全、攻击面分析、双花预防、许可制和非许可制平台安全、容错共识协议、模拟环境和性能指标等。本章作为最后一章，将总结对区块链平台研发的见解，以及在各种关键任务系统部署中尚存的问题和障碍。

---

1　就职于美国欧道明大学弗吉尼亚建模、分析与仿真中心。
2　就职于位于美国纽约州罗马市的美国空军研究实验室网络保障分部。
3　就职于位于美国马里兰州阿德尔菲市的美国陆军研究实验室网络安全分部。

## 14.2  区块链和云安全

商业实体和军方已采用云计算来支持数据存储、按需计算和动态供应。云计算环境是动态且异构的，涉及不同供应商的不同软硬件，因此需要安全的互操作能力。第4章提出基于区块链的解决方案来保护云存储服务。

保障云内和云间数据的安全至关重要。典型的数据保障包括保护数据内容的机密性、完整性和可用性。数据溯源的安全保障同样重要，但在云环境中极具挑战性。基于区块链的解决方案通过为云服务收集可靠溯源数据来解决这些问题(数据溯源基于数据对象的详细谱系来提供数据来源信息)。基于区块链的溯源对于医疗记录和供应链项目的追踪非常有用。

第4章介绍了基于区块链的数据溯源系统，以审计云存储服务中的操作。但部署该系统前必须先解决几个问题，例如，如何以适当粒度对交易中的操作编码，以平衡透明性和性能开销？如何实现实时响应？如何在智能合约中自动整合访问控制规则？选择许可制区块链还是公有区块链？选择哪种共识协议？

## 14.3  区块链和物联网安全

物联网(IoT)已成为寻求最大限度地实现网络和物理世界互联互通的主要平台，其中包括车辆、基础设施、家庭传感器、智慧医疗系统和可穿戴电子设备等，不一而足。尽管在过去几年里，通信工程领域在安全保障方面已取得显著进步，但应用层安全仍是有待解决的研究课题，特别在跨域和跨场景的异构安全方案方面有待深入研究。

智能交通系统(Intelligent Transportation System，ITS)中的车载通信系统(Vehicular Communication System，VCS)就是一个关键的物联网组件，该系统将先进的通信技术集成到交通基础设施和车辆中。第5章和第6章介绍了两种使用区块链解决 VCS 安全问题的方案。

智能车辆越来越多地与附近的其他车辆、路边基础设施(如交通信号灯和高速公路上方的显示器)等联网。互联网使智能车辆成为不折不扣的物联网对象。这种高度的网络连通性为智能车车主以及制造商、供应商和保险公司等服务提供商(Service Provider，SP)引入了新的复杂的、个性化的服务，也意味着智能车辆的安全很难得到保障。由于传统的安全和隐私解决方案通常是中心化的、隐私保护不足、安全容易受到威胁，因此这种传统方案往往在智能车辆方面无效。

第5章介绍一个去中心化的、能保护隐私的、安全的、基于区块链的智能车辆生态系统架构。智能车辆、原始设备制造商和其他服务提供商共同组成一个互通的覆盖网络。覆盖网络中的节点组成集群，而集群头(Cluster Head，CH)全权负责管理区块链并执行其核心功能。这些集群头称为覆盖区块管理器(Overlay Block Manager，OBM)。交易由覆盖区块管理器广播和验证，从而消除对中心化代理的需求。为保护用户隐私，每辆车都配备内部存储器，用来存储定位、跟踪敏感的隐私数据。车主自行定义给第三方提供哪些数据以及以什么粒度提供这些数据，以换取有益的服务，车主也自行决定将哪些数据保存在车辆存储器中。从这个角度看，加强了车主对所传播数据的控制力度。

　　VCS 的安全性在很大程度上取决于交换消息的内容，这通常称为安全消息。安全消息中信息的准确性(如速度、方向、位置和车辆大小)，可帮助车辆和基础设施理解周围环境的状态，决定了智能交通系统(ITS)能否以正常且可持续的方式运行。安全消息的完整性可使用预先确定的密钥加密实现。然而，这样就把 VCS 的安全问题转变成在所有通信参与者之间可靠地分发或更新密钥的问题，特别是在节点切换过程中如何及时地将密钥传递给另一个安全域。此外，车辆的高流动性、海量的规模数量和广泛的活动范围给 VCS 的集中管理和接入点部署带来新的挑战，分布式管理结构有助于VCS 提高网络管理效率，减轻网络管理者的负担，并可降低基础设施建设成本。

　　第 6 章介绍了 VCS 场景下一种基于区块链的安全密钥管理方案。该方案利用区块链简化网络结构，可在节点切换过程中减少消息握手和延迟。

　　公共账本由所有网络参与者维护，不需要专门的矿工。这种方式也不需要中央密钥管理器。参与者把消息广播到网络上由节点进行身份验证，如果身份验证过程确定消息有效，则将新区块追加到账本中。因为信息直接发送到目的地，完全绕过中央管理器，这种简化方式加速了安全域之间的数据传播。另外，在单点故障情况下，区块链网络的分布式结构能表现出更高的健壮性。

　　根据预测，物联网最终将连接一切，包含人类生活的各种细节。因此，物联网环境中的恶意用户会威胁到个人信息，可靠的隐私保护可使恶意用户无法将攻击重点集中在任何具体设备上。为解决隐私问题，未来将进一步研究这些问题，例如研发出能同时提供安全性和隐私保护的系统。

# 14.4　区块链安全和隐私

　　区块链平台容易受到安全和隐私方面的攻击，这一问题在多个章节中都有分析和讨论。例如分析攻击面、确定共识协议中的漏洞、讨论对非许可制和许可制区块链的安全和隐私威胁、识别和应对双花攻击的方法、专门介绍区块链技术中涉及的或研究人员提出的能减轻这些攻击影响的有效防御措施，以及研究修补区块链漏洞方法。

第 3 章探讨了区块链的攻击面和可能的攻击方法。攻击面中的攻击可行性归因于三个因素。一是区块链的密码结构,二是使用区块链的系统分布式架构,三是区块链的应用环境。本章概述对每种影响因素的若干种攻击,例如自私采矿和关联节点行为、51%攻击、域名系统(DNS)攻击、分布式拒绝服务(DoS)攻击、两可攻击、共识延迟(因私利行为或分布式拒绝服务攻击导致)、区块链分叉、孤立区块和陈旧区块、区块链摄取、钱包盗窃以及隐私攻击等。然后探讨这些攻击之间的因果关系,并举例说明一个欺诈活动是如何导致其他可能的攻击的。

第 9 章讨论了安全设计的两个考虑要点,并将其应用于许可制和非许可制模型。第一个考虑要点是委员会的选择,即将大量参与者压缩到一个很小的、公平采样的子集,从而限制攻击者的存在。委员会的选择可通过控制参与者的访问权限来提高性能,因此同样适用于非许可制和许可制区块链;第二个考虑要点是隐私。区块链应用通常需要为用户提供隐私保证,例如,涉及金融交易的敏感信息,或者物联网设备的实时位置(可用加密技术实现这一目的)。如果对等节点间存在高度信任(例如,在许可制设置中,会假定大多数对等节点不会违反机密性),那么秘密分享是自然而然的。另一方面,在信任度较低的情况下,客户端可用零知识证明,阻止对等节点看到受保护的数据。

第 10 章分析了 DoS 攻击对区块链的影响,特别讨论了一种 DoS 攻击变体。这种变体通常作用在区块链系统的内存池(Mempool)上。通过研究,可了解到这种攻击对合法用户交易费用结构的影响,因此,提出了基于费用和交易龄的设计等,以优化内存池规模的应对措施,从而有助于减轻这种攻击的影响。本章采用模拟方法来评估优化设计,并分析其在不同攻击条件下的效果。该分析可扩展到使用证明概念且将费用作为参与激励的各种区块链系统。

事实证明,不诚实的挖矿策略,例如扣块攻击、自私挖矿、日蚀攻击和顽固挖矿等,会降低工作量证明(Proof-of-Work,PoW)协议的有效性。因此,有必要规范挖矿过程,并追究矿工对任何不诚实行为的责任。第 10 章对基于 PoW 的矿池中普遍存在的扣块攻击进行了建模分析,目的是了解矿池成员的奖励分配策略。分析结果表明,攻击者使用额外的计算能力可能会破坏区块链云中的诚实挖矿行为。该章基于两个不同奖励方案来分析攻击者的策略,结果证明,在最小化攻击影响方面,最近 N 份奖励(Pay Per Last N Shares,PPLNS)方案比按比例奖励方案更有效。未来研究将把基于 PoS 的区块链云分析应用到实时私有区块链平台。

第 11 章为区块链 PoW 计算提出一种全新的基于声誉的框架。该框架将有助于激励矿工进行诚实挖矿,同时阻止针对其他矿池的恶意活动。通过对矿工奖励或惩罚的解释,进行博弈论分析说明这一新框架是如何阻止不诚实的挖矿策略的。在研究环境中,矿池管理员和矿工组成的群组重复进行多次博弈,其间持续衡量每个矿工或挖矿联盟的声誉。在每一轮挖矿开始时，矿池管理员根据矿工声誉值，按照非均匀概率分布向矿工子集发送邀请。该模型考虑了长期效用以及随时间推移对矿工效用的影响；使用提出的解决方案，诚实的挖矿行为可实现纳什均衡。换句话说，即使矿工采用不诚实的策略短期获利，其利益也不会最大化。

## 14.5　试验平台及性能评价

市场上出现了多个区块链平台，这就需要评估各个平台用于云和物联网部署时的性能和安全性。第 12 章对最适合物联网部署的几种区块链平台进行了评估，还讨论了区块链平台的配置和参数，介绍了区块链网关和区块链终端设备这两种私有区块链配置的实现。研究者针对这两种配置设计了实验，在树莓派设备组成的实验平台上进行实现，并分别在以太坊和 Hyperledger Fabric 上进行评测。第 13 章为许可制区块链环境提供了一个模拟实验平台，该平台有助于评估本书中提出的算法和协议。模拟环境提供了量化协议性能的能力，有助于了解实验环境中的最佳区块链平台。在实验环境中，对 Hyperledger Fabric 框架在不同现实条件下的可伸缩性和韧性进行了评价。

## 14.6　展望

尽管市场上已经出现了多个区块链平台，并且正在对区块链进行大量的研究和开发，但以下领域还需要做进一步研究：

- 公有、私有或混合区块链架构
- 激励机制
- 匿名和数据隐私

### 1. 公有、私有或混合区块链架构

公有区块链架构提供一种真正的以去中心化方式来执行交易机制。但由于数据隐私、性能和响应方面的考虑，商业企业对将公有区块链集成到企业解决方案中尚持怀疑态度。要解决这些问题，需要对公有区块链平台做进一步研究和开发。

同时，商业利益相关者越来越倾向于采用私有/许可/联盟区块链架构。这种架构因治理风格而异，治理范围从单个成员到监管区块链平台的财团不等。这些区块链平台在架构、协议或交易验证过程中具有中心化的组件。

## 2. 激励

在比特币中，参与区块链平台的动机是货币性的，而在溯源和身份管理等用例中，动机是非货币性的。为确保最大程度的参与，要在协议中加入激励机制。激励机制的设计需要考虑具体的用例，以确保区块链协议针对这个用例达到效用最大化。尽管区块链平台的信任特性可消除篡改或欺骗，但如果能设计出可阻止欺骗或防止不公平情况的激励机制，还是十分重要的，因此有必要建立理论模型来捕捉与激励参与者相关的动力。

## 3. 匿名和数据隐私

区块链交易的公共可用性允许使用数据分析技术来评估其中的大量数据。这种分析可揭示有价值的信息，例如参与者的身份和参与者执行的具体交易。要达到所需的隐私安全级别，必须结合使用各种技术，例如公有区块链平台可使用隐地址、同态加密、零知识证明等解决隐私问题。